根·本·魂

——聚焦三线建设辽宁亲历者

辽宁省政协文化和文史资料委员会
辽宁省档案馆 ◇ **编著**

万卷出版有限责任公司
VOLUMES PUBLISHING COMPANY

图书在版编目（CIP）数据

根·本·魂：聚焦三线建设辽宁亲历者 / 辽宁省政协文化和文史资料委员会，辽宁省档案馆编著. -- 沈阳：万卷出版有限责任公司，2025.1. -- ISBN 978-7-5470-6670-6

Ⅰ. F427.31

中国国家版本馆CIP数据核字第202416Q3X9号

出 品 人：王维良

出版发行：万卷出版有限责任公司

　　　　　（地址：沈阳市和平区十一纬路29号　邮编：110003）

印 刷 者：辽宁新华印务有限公司

经 销 者：全国新华书店

幅面尺寸：170mm×240mm

字　　数：350千字

印　　张：21.75

出版时间：2025年1月第1版

印刷时间：2025年1月第1次印刷

责任编辑：王雨晴

责任校对：刘　洋

封面设计：白　冰

版式设计：张　莹

ISBN 978-7-5470-6670-6

定　　价：88.00元

联系电话：024-23284090

传　　真：024-23284448

编 委 会

序

辽宁省政协主席、党组书记　周　波

　　今年是中共中央作出三线建设战略部署60周年。60年前，我国以备战为指导思想开展大规模国防科技工业和交通基本设施建设，对工业进行一次大规模调整布局，开启了我国中西部地区工业化、现代化进程。辽宁作为"共和国工业长子"，责无旁贷地成为支援三线建设的主力军。中共辽宁省委坚决落实党中央决策部署，牢固树立全国"一盘棋"思想和大局意识，按照"好人好马上三线"的指示，毫无保留地将沈阳、大连、鞍山、抚顺、本溪等工业实力雄厚城市的优秀干部、技术骨干和先进设备陆续迁往四川、贵州、甘肃、宁夏、青海等地执行援建任务，涉及军工、钢铁、机械、化工、电力、医药等多个重要行业。

　　在援建过程中，辽宁三线建设者们表现出艰苦奋斗、团结协作、顾全大局、不怕牺牲的精神，为了党和国家利益，义无反顾地从生活便利的大城市奔赴边远山区。在几乎封闭的环境里，广大干部职工及家属遇到了基本生活物资短缺、家中长幼无法照顾、自然灾害频发等诸多困难，他们住的是帐篷、席棚子、干打垒，吃的是玉米杂粮，喝的是浑浊的河水，但他们面对困难不退缩，舍弃小家为国家，以坚定的意志、长子的担当默默践行着"献了青春献终身，献了终身献子孙"的"三献"精神，在艰苦的环境中创造了人间奇迹，为我国打造了坚实的后方基地。

为抢救性挖掘和保护辽宁支援三线建设史料，辽宁省政协文化和文史资料委员会携手辽宁省档案馆，历时三年，重走三线路，寻访扎根在大西南、大西北的辽宁三线建设单位，向各个层面的三线建设者征集"亲历、亲见、亲闻"口述史料，收集整理了300余篇，精选了30篇，在三线建设60周年之际，特编辑出版《根·本·魂——聚焦三线建设辽宁亲历者》一书，以此纪念并致敬三线建设的先辈们。

本书以辽宁三线建设者生动鲜活的事迹为基础，以援建地为单元，汇编了部分三线建设者平凡而伟大的援建故事，史料真实、记叙翔实，其中既有决定企业发展方向的管理层，也有攻坚克难、勇于创新的工程师，还有兢兢业业、一丝不苟的一线工人，他们全方位、多角度的讲述展现了辽宁三线建设者在全国各地扎根奉献、建功立业的立体场景，还原度高，生动感人。

本书的出版，体现了人民政协"存史、资政，团结、育人"的担当和作为，不仅以史料的形式留住了一段历史、弘扬了"艰苦创业、无私奉献、团结协作、勇于创新"的三线精神，也为新时代爱国主义教育和革命传统教育提供了生动鲜活的教材。希望省政协文化和文史资料委员会不断守正创新、再创佳绩。

研究历史，必须经常回眸历史；把握历史，才能更好面向未来。讲好三线故事、留存时代记忆，厚植长子情怀、强化责任担当，三线精神必将为推动辽宁实现全面振兴提供强大的精神力量！

目录 content

黄明安
勇于创新的大国工匠

采访时间：2020年11月3日
采访地点：四川省攀枝花市黄明安家
采 访 人：陈亭宇
摄 制 人：王 坚
整 理 人：陈 倩

　　黄明安，男，1959年生，辽宁海城人，中共党员。1970年因父母支援三线建设而来到攀枝花，1981年成为攀钢职工。曾获全国五一劳动奖章、全国劳动模范、全国技术能手、四川省十大杰出技术能手等荣誉和称号，被誉为"大国工匠"。

父亲把我带到攀枝花

1969年，我父亲主动申请到攀枝花参加三线建设。来了以后，生活不太习惯，因为他不能吃辣椒，我母亲怕他吃喝不好，对身体有影响，所以我们就全家都过来了，我母亲也在攀钢上班。由于我母亲工作干得很出色，1982年就获得了四川省劳动模范的称号，1986年获得全国五一劳动奖章，还多次获得市级劳动模范称号。

在父母的影响与带动下，到攀钢工作后，我积极工作，也获得了无数的荣誉：1995年获得冶金部全国冶金系统劳动模范称号，2000年获得四川省劳动模范称号，2001年获得全国五一劳动奖章，2010年获得全国劳动模范称号，2014年获得中华技能大奖，被誉为"大国工匠"。

今天坐在这里和你们谈起三线建设，首先要感谢父亲给我带到攀枝花来，其次我要庆幸能在攀钢工作。我在这儿工作一年比一年顺利，有自己喜欢的工作岗位。生活一年比一年好，收入一年比一年高。在这儿娶妻生子，生活过得很幸福。

我父亲当时为啥到这儿来，是因为这里是让毛主席"睡不着觉"的地方。建设攀枝花不是钢铁问题，而是战略问题。另外，这个地方这么受国家重视，将来也不能差。所以当时父亲就决定出去闯一闯，去看一看外面是个什么样的。因为国家重视这个地方，毛主席关心这个地方，所以他就到这边来了。

我父亲来到这儿以后生活不习惯，豆瓣不能吃，辣椒不能吃。每次打完饭，他都会用开水把菜烫一烫，烫完了把辣味滗出去，再放点盐拌一拌吃。我妈一听我父亲这样一个状态，很是担心，怕他身体吃不消，决定干脆迁家。我当时也小，才十岁出头，说心里话，我也愿意来。为啥愿意来呢？就感到跟父亲母亲一起生活会更好一些。后来父亲就打报告说我们家同意迁家。

那时候这里叫渡口市。当时母亲在鞍山工作很好的，她在鞍山市

◇　母子两代劳模

天津包子铺做面食，很有名气，收入也可以，但是还是来了。在父亲接我们来的路上，他指着路边的大山说，今后我们家就住在这样的山里，都是干打垒的房子。当时我觉得是有点儿苦，因为鞍山当时还是不错的，都是楼房，市区里有电车和公交车。

到了以后，我们越发感到生活的艰苦。去买菜，那是人山人海，可挤了。我们吃的粮食不是苞谷面，就是红苕（地瓜）干，就是红苕晒干了磨成粉，真的挺苦的。说到吃肉，十天半个月能买一回肉。肉两块八毛钱一斤，一次买两斤肉。考虑到父亲上班累，我妈每次都让我爸多吃点儿，还得给他买点肥的。我天天能跟父母在一起，晚上一起吃饭，一起在一个房间里睡觉，感觉还是挺幸福的。

苦日子过得确实挺长，有十年八年，生活一直都不太好，收入也低，条件也不好。记得小时候拉痢疾，一会儿拉一丁点儿，一会儿拉一丁点儿，都没跟父母讲。现在回想起来那次得痢疾是很严重的，但拉个十天八天就慢慢好了，有些病那时候都是这么靠过来的。到了70年代，感觉日子开始逐渐好转。到八十年代，生活进一步好转，父亲收入也高了，又搬了新房子，感觉

家里变化挺大。特别是我参加工作以后，生活就更好了。

梦想有一天能在攀钢当工人

小时候跟父亲到工厂，看到厂子很壮观，看到钢锭变成重轨，感觉很震撼。当时攀钢生产的重轨是很好的，在国内很畅销，而且产品质量也很好。所以我的梦想就是有一天能在攀钢当上工人，感觉在这里工作很幸福。

1979年我参加工作了，但刚参加工作时，没有在攀钢上班，因为我是家里老大，得到市里工作。到市里干了一年多，我申请转到攀钢工作。因为我是攀钢子弟，父母也愿意让我回攀钢工作，因此母亲就找了一个熟人，说我儿子想到攀钢工作，你们看看能不能让他回来。后来攀钢劳资部门一看小伙子挺壮实的，精神状态挺好，就同意了，我就回到攀钢了。

1981年，我到攀钢初轧厂上班。初轧就是把钢锭打成钢坯。在攀钢初轧厂上班，感到特别幸福，一直干到退休。

在攀钢工作，我很荣幸，有特别喜欢的岗位，工作环境也喜欢，真是有使不完的劲儿。现在我都退休七年了，但回想起来，还是很充实很有收获的。中午睡觉的时候，人家睡得呼呼的，可我记得我很少睡。当时精神头很足，要么干点儿这个，要么弄点儿那个，要么就是看看设备。后来当了班长，当了劳模，当了先进，中午干点儿啥？这时想的就多了，如明天的活怎么干，哪些活累，哪些活脏，哪些设备需要修一修，等等。但有一点，我晚上睡觉比较早，在家最晚十点就睡觉了。我也是检修工，子承父业，跟父亲干一样的工作。检修工就怕抢修，因为一旦晚上需要抢修，如果十点钟就睡觉，半夜喊我时已经睡了两个小时了，我状态会很好，我可以再连续干八个小时而没有累的感觉，所以我也养成习惯了，睡得比较早。我一心想着把工作干好，不给父母丢脸，更何况调到了自己向往的攀钢初轧厂工作，所以当时自己暗下决心，我一定要当个好工人。

让我参加抢修，感到很荣幸

后来我就练基本功，练锉，练锯，练铲，练刮，还有制作各种工具，做滑轨、卡钳、卡轨、角尺，做各种小刨锤。在练基本功、做各种工具的同时，我心里也想过，是不是还有机会参加技术比武？后来，我多次参加攀钢初轧厂技术比武都拿了第一名，这个功夫果然没有白费。

1989年，我参加全国的技术比武，很荣幸得了第四名。成绩不是很好，但是为啥还感到很荣幸呢？因为在那个年代，国内有攀钢密闭机修，有晋江机修，还有好多更精密的厂，我所在的攀钢初轧厂技术相对粗糙一些，但是我作为钳工，也感到荣幸，不仅获得了比武第四名，还获得了"技术带头人"的称号。

有一次现场抢修，班长喊我，让我去。当时我到企业工作才一年多，班长能喊我到现场去抢修，给我兴奋得不得了。当时，我外衣都没穿，穿上裤子就从家里往下跑。那一刻，我感觉自己有用了，现场出大事、出事故了，班长能把我喊起来了，让我参加抢修，我感到很荣幸。这一路上我兴奋的，真是有干了多少活、干多少

◇ 工作中的黄明安

事都不累的感觉。参加工作才一年多，现场出事，班长抢修喊我，还那么远打车来接我，这是我长这么大，感到最荣幸、最兴奋的一次了。

当普通工人不到十年，由于领导的信任，我当上了班长。刚当上班长的时候，说实话，还真有点儿怕干不好，就跟组织说先试一试，先干三个月或半年，如果我能干好就继续干，干不好就换人，别影响生产。但是我这一干，就干了二十五年，一干就干到了退休。

"五本账管理创新奖"

我确实在工作中找到了乐趣。由于性格原因，我特别喜欢利整（方言，意为利落和整齐）。比如：重新把我们的休息室粉刷一遍，重新把高低不平的箱子腿全给截齐了，把吃饭的小桌子重新做成大桌子，还配置了大长条椅子。之前大家都端着饭碗吃饭，现在可以坐着吃，不但便于吃饭，还便于开会，便于中午休息。

上任班长不到一个月时间，我的班组面貌焕然一新。厂里一看变化这么大，这么干净，这么带劲儿，就把工作室砂轮机操作规程、电钻操作规程、前台操作规程都写进厂里的规章制度。后来我们又把库房清理了一下，全部做成架子，货物重新摆放，把螺丝、螺帽都重新摆放整齐。大概用了半年时间，就把这库房全部弄利整了，大家觉得库房也带劲儿了。

整理现场这个工作是无止境的，越干越爱干。后来就挂上了牌，然后写上名称和数量，班组自己建了五本账，把所有的备件、设备、材料、修旧利废等都建账。我们班组建五本账的事例，当时在公司影响很大，电视台的记者到班组采访，别的班组来参观的特别多，后来还邀请我到其他班组去讲课，给班组长去讲如何当好班组长，如何把班组管理好，如何建立五本账，为什么建立几本账，建立几本账有什么用，等等。因为我的带动，攀钢的班组管理上了一个新台阶。后来我获了一个奖项，名称就是"五本账管理创新奖"。得这个奖，我非常荣幸，不但获得组织的认可，还完善了企业管理制度。后来按上级的要求，重新整改一下，就作为全公司标杆班组在全国进行推广了。

为企业赢得大订单

做好这些日常工作我还觉得不够，我感觉还应该创新。作为工人来讲，创新还是挺难的，最值得一提的就是改造初轧厂6米长钢坯。初轧厂6米长钢坯，工艺上的设计就是轧6米长的钢锭。但是到了1999年，中国台湾、韩国客户说不要6米的，要8米的。他们说价钱可以高，因为要做钢板桩，就是在沿海造地，往海里打桩子建机场、建跑道。往海里打桩子，桩子要长，短了不够用。当时厂里有的人说，这工艺轧了二十多年了，一直就轧6米的，工业设计的就是轧6米的，咱也轧不出来其他的呀！

遇到这个事以后，车间主任找到我，他说厂长让他问问我，看能不能有办法改一改，轧出8米到10米的钢坯来。当时我听到这话以后，觉得有点儿搞笑，我说这应该是工程师的事，怎么能让我改呢？但是我心里也是美滋滋的，我觉得厂长挺信任我，我是不会放过这个机会的。

当时我做了好多小革新、小改造，但是还没有太大的突破。如果革新改造成功，不要说轧8米，轧10米、15米、20米都没问题。攻关的难点主要在于出钢坯的抬架，抬架上面有横杆和横梁，有两个柱子，柱子中间就6.5米，7米左右的轧钢就是用这个抬架。当时我就合计，如果把这俩柱子去掉，在焊梁上弄个配重来，做成支撑式的，柱子往这边移一移，移2米过去，不就解决啦？

当时我有了这个想法好激动，在家我边画图边思索，觉得是可行的。上班后就跟主任说，之所以8米轧或10米轧推不出来，是因为这两个柱子碍事，我把柱子给改掉，不要了，将悬臂式的改成支撑式的，可以不？主任说可以。就跟厂长说，厂长说需要什么东西尽管说。我说要多少钢坯，要多大的钢坯，要多少焊条，要多少焊工。经过一次检修，我看没什么影响，改完以后第二天就开始轧了，当时来了好多人参观。

后来边检修边试验，再移出2米，这不就10米了吗？又经过两天的检修，开始轧10米。试验刚成功，合同就来了，就签订合同。生产科长、厂长都知道这事，后来公司好多领导也知道了，说一个工人班长将6米轧改造成10米，都想去看看是怎么弄的。他们都很赞赏，说既降低了成本，又缩短了时间，花很少的钱就把这问题解决了，而且对设备检修一点儿没有影响，检修反而更简便了。

当时我感觉我在企业当工人、当班长做了最大的贡献就是这个事。当时轰动很大，因为那时候我已经当上劳动模范了，压力很大，不是得了劳模就完事了，怎样对得起这劳模称号，怎样对得起这份荣誉，其实就在于为企业做出多大贡献，创造多大效益。

这次改造成效很大，第一批合同四百多万。你们到攀枝花市档案馆可以看到，我的证书都留存在那里，都是科技部门盖的章。关于这次创新，来了几十个专家，专门开了鉴定会并进行了考评，给了我攀钢科技创新二等奖。当时作为一名普通工人，一个班组长，获得这个荣誉很不容易，奖励也很重，我觉得很开心。从此以后，我又因为一些大项目而获得了荣誉，又当上了四川省劳动模范和全国劳动模范。

获得攀钢集团公司金点子奖

后来攀钢技术改造，初轧厂与轨梁厂合并了。合并以后，初轧厂就没有了，但我是初轧厂工人，又当了多年的班长，我说初轧厂设备咋办，就是卖废铁都没人要。所以我到轨梁厂后，主动申请去抢修室，一是为了锻炼队伍，二是为了了解轨梁厂的设备。不久，我就了解了这边的设备，知道了设备怎么检修，看懂了这边的图纸。于是，我就建议我们初轧厂的设备再利用，哪些设备可以归轨梁厂使用，哪些设备不用订货，就像咱们居家过日子一样，怕浪费。初轧厂虽然黄了，但还有很多设备和配件能用。因为我有建账的习惯，我当班长时就有一本账，我把账本一翻，并把班组的骨干和技术尖子弄在一起开会，评估一下这些设备还能用几年，坏的能修复不，一项一项评估。评估后，我给厂里打了个报告，建议这些设备不用订货，我担保，如果设备坏了，有这些备件就能用，如果出现意外，我会提前三到五个月进行评估，之后再进新货，保证设备正常运行。

当时其实我也害怕，怕设备真坏了，没有配件换，我们不就前功尽弃了吗？不是让企业损失更大吗？所以，怎么办？我每天上班都要检查设备，哪些坏了，存货还有多少个，都要做到心中有数。这样坚持两年，初轧厂真正关闭那天，有用的设备很少了。虽然很少，但也是能用尽量用，特别是通用的设备，比如辊子。我们初轧厂的辊子是500直径的，他们轨梁厂辊子450直径的。我就想，我们报废的辊子，能不能磨细了，改成他们的辊子。这个建议很快就得到轨梁厂的采纳，用初轧厂的辊子作为毛料加工轨梁厂的辊子，给企业省了一大笔资金，带来了很大效益。想办法给企业创效益，给企业做贡献，我的这两项建议在公司影响确实挺大，当时也引起很大轰动。

　　到了2014年，攀钢因为轨梁厂设备落后，改用年限又到期了，需要更新设备，更换初轧厂的老设备。按现在的话讲，修拖拉机的现在要到修宝马、修奔驰的厂子里去，能行吗？所以当时我也怀疑自己的文化水平，都不敢上手。后来领导还让我当班长，所以我又当班长。外国的尤其是德国的设备，设计得很精密，不但人性化，毛病还很少。所以，我就到了万能轧钢车间组装班，负责装轧钢轴承座，这一干就干了十年，一直干到退休。

　　在万能轧钢车间组装班，当时图纸有一人多高，全是英文，我真的一个字都不会，看不懂ABCD，幸好自己带了很多徒弟，都是大学生，英文没问题。因为有大学生指点，自己再反复看，并且图纸是一通百通，什么德国的、英国的，图纸都是一样的，螺钉、螺母、螺栓一看都是跟中国图纸一样的，只是英文字母咱不懂，经过这些徒弟翻译，标注以后自己再记一记，很快就把设备熟悉了。后来到了两车配件，都是零散件，我带了三四个人，用了一两个月时间，全组装好了，上线试车，一次成功。厂长说给你班组集体最高奖励，因为你们就这几个人，还能将这么多配件安装得这么好，而且一次就成功了。

　　但我感觉这些还不够，后来又开始努力。我们是万能线，攀钢万能线不单单轧重轨，重轨只是几十种型号的一种，大的、小的、胖的、瘦的都能轧。还可以轧啥呢？可以轧工字钢，还可以轧一字钢，还可以轧H型钢，还可以轧帽型钢等，很多种品种。但当时的设备一直就轧重轨，轧成功以后，想开始轧H型钢，轧工字钢。因为企业资金有限，购买这些设备以后，备件没跟上，想要订货就得两年以后。所以后来就想办法，想把重轧的轴承取下来装在H型轧机里，但取不出来，打电话问老外，人家说德国人设计就是一次性的，装里面拿不出来是正常的。

　　怎么办？怎么把装在重轨的轴承取出来装在H型钢里去，我一直在琢磨。我回家看电视都没心情，一门心思地想这件事。突然有一天，灵感就来了，我画完图纸，告诉徒弟，我说我先回公司开职代会，你先试一下。后来他电话告诉我，说拿不出来，弄坏了都拿不出来。我说你先别动，别出安全事故，我明天开完会就回去。第二天一看，确实是用怎么大的劲儿都拿不出来。之后我说这样，其他人该干啥干啥，只留一个年轻人，我俩一起来。我说拿煤气接个管子点上火烧。大立轨是大圆的轴承，在外面加热，用火烧。大家知道热胀冷缩这个原理，一鼓胀就出来这么多，我说赶快使劲。十分钟的时间，砰的一声掉下来了，八九万的轴承一下就出来了。用这个方法，我们就取下了几十套上百套，工作效率很高。

有了轴承，就开轧H钢，轴承还可反复使用。后来这个项目令我获得了攀钢集团公司金点子奖。在攀钢公司的重大项目中，这个项目产值上千万。虽然我们没有直接出效益，但如果没有轴承，H钢就轧不上，如果轴承不取出来，就相当于报废了。所以让它重复使用，使用两次后我一看还能用，就用三次、四次，最多用到了五次，这给企业创造多大的效益啊！这是我一生中给企业做的最大的一个项目，创造效益最大，而且最实惠的。德国人看了以后，他们竖起大拇指，说办法很简单，而且费用很低，成本很低，半小时就把他们十万八万的设备给拿下来了。现在这样的轴承更贵，都是好几十万了。我退休快七年了，有时我到厂看，他们依然还在使用，这样给企业带来很大效益。这是我值得一提的，走到哪儿都值得一提的。

企业创造效益了，走起路来都是很得意的

还有其他项目给企业创造效益的，能获得全国劳动模范称号和中华技能大奖，就是因为这几个项目。当然，班里的管理工作不能差，只有这样才能连连获奖。但还得再说一点，说实话，我也有很多预见性的东西。我跟我的

组员、跟我的徒弟讲，以后我不在了，咱们东西一旦坏了，出现什么情况怎么处理，我都做好了预案留给他们使用。但是我在那儿的时候，一直没出现这种情况。

给企业创造效益了，连走起路来都很得意的，就是感到很牛的那种感觉。组织确实也给咱们很多荣誉，第十二届中华精英大奖，奖牌都是纯金的。另外，回来以后，我享受国务院津贴，还奖励一些现金，这个荣誉给得也很高。

一路走来，我确实给企业做了很多贡献，但是也确实得到了很多荣誉。我退休以后，还得了一个"十大感动攀钢人物"奖，历史上攀钢就十个，从建厂开始就评上十个，2014年给我评了，同时获评的大多是老总、专家得奖，工人就我们一两个，所以我感到很荣幸。

退休以后我真的还挺忙的，第一个是给公司班组长上课，让我去讲如何当好班组长，如何管理好班组，就讲一个多小时的课。还有就是其他单位请我去讲，交流怎样当好班长，怎样把班组管理好。

特别是前年（2018年），档案馆把我的事迹拿去展览了。他们当时本来是说要找一个解说员，我只是配合把这东西都拿去就行了。但去了以后，开馆那天是我讲的，给市委宣传部来的几个领导讲。后来领导感觉我自己讲更好一些，听起来更实在，都是我的亲身经历，我做这些东西，我怎么管理班组，怎么创新的，让我讲，我就讲。

我的一生是很荣幸的，在攀钢工作还挺开心的。

薛启奎
我在攀钢的运输生涯

采访时间：2020年11月6日

采访地点：四川省攀枝花市攀钢集团

采 访 人：陈亭宇

摄 制 人：王　坚

整 理 人：徐春旭

薛启奎，男，1945年生，辽宁鞍山人，中共党员。1960年7月在鞍钢参加工作，任运输部火车司机。1969年到攀枝花支援三线建设，曾任攀钢运输部车间主任、运输部副主任、党委书记、主任等职。

三个蚊子炒盘菜

我生于1945年，1960年7月份在鞍钢参加工作，在鞍钢运输部做火车司机。在鞍钢工作了10年，1969年支援三线建设来到攀枝花。支援三线建设，备战备荒为人民，这是三线建设大的历史背景。当时也提"好人好马上三线"这个口号，也在号召好男儿志在四方。

第一批我们支援的是水钢，没有我的名字。第二批支援攀枝花，当时领导找我谈话，自己从内心来讲是不想来的，但是组织上找我谈话了，也是服从组织的安排嘛，就调到这边来了。当时领导谈话时是说我和我爱人双调，因为家里头也比较困难，当时已经有3个孩子了，我们北方人结婚早。后来又决定让我自己先来，领导问我有什么困难，我也没提什么条件，只说家里没有房子，领导说只要我们单位有一栋房子，就先给你解决。这个承诺最后真兑现了。我来到攀枝花以后，第二年回家探亲，就住上了新房子，就在立山区，这也得感谢领导。

领导谈完话以后，按照要求，我们是5个人结伴而行，前往攀枝花。途中坐了6天6夜的火车，因为当时火车的速度非常慢，都坐硬板，也不准许买卧铺。困了就铺上报纸，钻到车座底下睡一觉。就这样，坐了6天6夜的火车到了昆明。昆明有接待站，住一宿后又坐了3天的汽车。一路上只见高山大川，也不知道把我们拉到了什么地方，当时心里也是很悲凉的。当汽车停下时，我们已到了渡口（当时攀枝花叫渡口）。汽车停在了金沙江边上一个叫东风村的地方，这地方就是我们的单位。

当时有两栋席棚子，我们就被安排在席棚子里住下。安顿后的第一份工作，就是让我们继续搭建席棚子，给后来人住。搭席棚子就是用木方做立柱，四周围上席子，上面盖上牛毛毡，这样席棚子就搭好了。席棚子四处漏风，我们不习惯。当时蚊子多，蚊子也大，所谓"云贵川三个蚊子炒盘菜"，大家都得买一个蚊帐。另外，席棚子不隔音，在这个屋说话，其他几个屋都能听得见。由于天气炎热，席棚子非常爱着火，一着火，呼一下几栋席棚子都没有了。我经历过两次，一次是我们大花地的席棚子着火，第二次是我们攀钢运输车间的席棚子着火。

当时我们挣得也不多，也就三四十块。每次发工资，得从40左右块钱的工资中拿出10块或20块钱，在地下挖个坑，埋上土。为什么这样呢？为了防火，真要着火了，埋在土里的钱烧不着，扒出来还能再花。

不想孩子，不想她，不出铁，不回家

我们弄弄坪三面环水，一面靠山，面积2.5平方公里，是个沟壑纵横的地方。弄弄坪是攀钢的主厂区，后来经过开发建设，形成了3个大台阶、23

◇　1970年7月，成昆铁路通车

◇ 第一车钒钛磁铁矿石运送下山

个小台阶的整体布局。

我们住下以后，因为当时攀钢没有投产，成昆铁路也没有通车，我们的主要工作就是为铁道兵服务，运材料，运备件。铁道兵修建成昆铁路，付出了巨大的代价，据说一公里铁路就牺牲了一到两名铁道兵。他们非常艰苦，尤其是打山洞子。当时党中央下了两道死命令，一是1970年7月1号攀钢高炉必须出铁，二是成昆铁路必须通车。

命令下达以后，我们攀钢一切工作都是围绕七一出铁而奋斗的。当时我们每人都有12天休假时间，但是为了七一出铁，没有人休假，也不能回家。所以，当时流行的口号就是："不想爹，不想妈，不想孩子，不想她，不出铁，不回家。"整天奋斗在现场，一切都是为了高炉出铁而努力工作。

我是搞铁路运输的，因为要出铁，火车必须要有相应的备品、备件和配套的设备。火车头是从唐山机车车辆厂拉运回来的，火车头是320型号的，是我用20多天从唐山拉运到攀枝花的。这台机车回来以后，被单位命名为"青年号"；在70年代，还在全国安全工作会议上进行展示；在90年代，又被全国总工会命名为"五一号"。这台机车是蒸汽机车，现在已经存放在攀枝花三线建设博物馆，被确定为省一级文物。

为了保证七一出铁，国家发动了6个省进行支援，调动了1500多辆汽车，真是逢山开路、遇水架桥，用汽车往攀枝花弄弄坪上运备品、备件，我们铁路搞运输的，也是配合单位进行施工。为确保七一出铁，当时的口号就是："先生产后生活，一切为了七一出铁。"

1970年7月1日，攀钢高炉正式出铁，成昆铁路也正式通车。从此，攀钢进入到新的建设和发展时期。这一阶段，特别重要的就是攀钢用普通高炉解决了钒钛磁铁矿的冶炼问题。攀枝花的铁矿是钒钛磁铁矿，被世界专家称为呆矿，他们断定，凭你中国的技术是炼不出铁的。但这个难关被我们攻克了，在广大攀钢职工和技术人员的共同努力下，我们成功用普通高炉将钒钛磁铁矿冶炼出铁，攻克了世界难题，让外国专家哑口无言。

人手三件宝：草帽、水壶和毛巾

作为铁路运输工人，攀钢厂区百里铁路线就是我们的战场。在工作的现场，我们手里都有三件宝贝：一个是草帽，草帽不戴不行，要遮阳，还能扇扇风；第二个是军用水壶，每个人都背个水壶，接水喝；第三个宝贝就是毛巾，擦汗用的。这三样宝贝每人必须随身携带。

穿的嘛，大家都一样，上班工作服，下班也是工作服，当时就这条件。

吃饭怎么解决？就是在车间选出两个愿意做饭的职工，由他们给大家做。饭是四川产的粳米做的。菜就是粉条、海带。粉条是干粉条，海带是干海带，都是从外地运进来，大家把它称为钢丝菜。上顿粉条，下顿海带，反正就吃这个，根本没有什么青菜。

文化生活就更单调了，有时候能下下象棋，打打扑克牌，谁输了就在脸上贴个纸条，或者在凳子底下钻一下，这也是苦中作乐。

宿舍也有一宝，就是小板凳。这个小板凳吃饭、开会、学习都用它。当时两个月能看一次露天电影，就是《地道战》《地雷战》《白毛女》这几部黑白片反复看。

当时生活非常艰苦，但是为了保证七一出铁，我们战天斗地，不怕苦不怕累，当时口号是"与天斗其乐无穷，与地斗其乐无穷""世上无难事，只要肯登攀"。这口号就是我们的精神支柱。毛主席说三线建设要快，但不要潦草，这也是一项政治任务。所以大家工作时也是不怕苦不怕累，不分白天晚上，为保证七一出铁而全力奋斗。

当时还流行一个口号："你活着是攀枝花的人，死了变成肥料，让攀枝花开得更美丽！"为了巩固队伍的稳定，特别是年轻同志，像我们来的时候都很年轻，二十五六岁，领导就找我们做思想工作。慢慢地我们都安心了，决心在渡口扎根，好好工作，全力以赴投入到攀钢的建设和发展之中。所以说我们这一代人，是献了青春献子孙，三代人最后都扎根攀枝花了。

甘蔗当水果

后来家属过来了。我家属是1975年来的。当时两地生活，工资很低，有三个孩子，家属来了以后，生活也是非常困难。孩子都长大了，粮食不够吃，工资低是一个原因，另外一个原因是我和我爱人的身份变了，由工人变成干部了，干部粮食定量是27斤半，而我爱人原来定量是43斤，我的定量是52斤。所以为了维持生活，就得买点粮票。有时候没有烧的，也捡过煤核儿。但在当时的历史条件下，我们都感觉一家人能在一起生活就好，比两地生活要好得多。

随着时间推移，单位也采取了一些措施解决生活问题，比如说办农场，但是办了一段时间后，由于各种原因，农场被撤销了。另外我们车间也给大家创造些方便，比如有的时候会安排一辆汽车到周边拉点儿菜和水果，其实也没有什么像样的水果，有时拉点儿甘蔗，米易产的甘蔗，拉一车回来，一个人分一捆，往床底下一扔，就当水果吃嘛。即使这样，也比刚来时好多了。

随着攀钢七一出铁，成昆铁路通车，生产、生活条件逐步向好的方向发展。攀钢额外投入一些资金，统一到外地购买一些水果、肉、鱼等副食产品，职工生活逐步得到改善。特别是80年代，职工福利越来越好，攀钢与生产厂家主动联系，为职工团购冰箱、彩电，每家都发个桌子，吃饭的圆桌，这些都是企业搞的福利。当然，企业也办学校，办重点学校。另外，随着时间的推移，职工逐步住上楼房。当时企业确实做了很多工作，我们参加全国冶金行业铁路运输会议，其他单位了解到我们攀钢的情况，都很羡慕，所以说当时攀钢福利搞得还是比较好的。

借外资成"第一个吃螃蟹"的企业

当时攀钢效益并不高，只出钢坯，没有其他产品。攀钢要建设，要发展，这种生产状况肯定是不行的，所以就提出建二期工程的设想。二期工程主要生产冷轧板、热轧板和建设重轨钢材厂等。但当时没有钱，没有资金。最后经国家批准，我们借外资2.5亿美元，是改革开放初期第一家向外国借资的企业，成为第一个吃螃蟹的人。

2.5亿美元的利息一天就26万元，压力很大。在这种情况下，全体职工发扬艰苦奋斗、勇攀高峰的三线精神，特别是中层以上干部，我们连续104个星期天不休息，不拿一分加班费，一心只想生产和建设的问题。

一天利息26万元，真正验证了"时间就是金钱"的说法。所以攀钢领导在职工代表大会上形象地说，我们是一手拿瓶五粮液，一手拿瓶卤水。如果二期建不成，大家都得喝卤水；如果建成了，我们就喝五粮液！这段话，充分体现了我们广大职工建设二期工程的决心和魄力。

后来我们二期工程建成了，攀钢形成了250万到300万吨的生产能力，也由所谓的钢坯公司转变为了钢材公司，特别是扩大了钒钛的生产能力。钒和钛，是搞上天入地的物资，是搞飞机搞火箭的材料。而我们攀枝花铁矿中有钒有钛，是我们的特点和优势。所以，通过二期建设，大力发展钒钛，使攀钢得到了进一步发展和巩固。

攀钢一期建设，是集全国力量，发挥自力更生、艰苦奋斗精神的一个典型代表。1975年至1985年的二期建设，借外资发展自己，也是改革开放的一个典型。

怀念老单位鞍钢

攀钢和攀枝花市，已经走过50多年的历史，取得了长足发展。现在的攀枝花，是百里钢城，瓜果飘香，青山绿水，被誉为阳光花城、康养胜地，并且还在不断地发展。我们这一代人为攀枝花是献了青春献终身，献了终身也献了子孙。我在攀枝花已经定居50年了，我有3个孩子，一个在广州，两个在攀枝花，都在攀钢工作，都成家立业。我们这一代人已扎根在攀枝花了，所以回忆起这段历史，这段峥嵘岁月，也感到很骄傲，感觉很光荣，感觉自己这一生无愧于生活，无愧于组织吧。

有时也特别怀念自己的老单位鞍钢。我们是鞍钢调出来的，我也是鞍钢的一名职工，工作了10年。我父亲原来也在鞍钢工作，所以咱们也知道鞍钢的历史，被日本人占领了14年，1947年我党接收鞍钢以后，开始恢复生产，支援抗美援朝。特别是在五六十年代，鞍钢支援了全国的建设，包括包头、武汉、水城、攀钢等各大钢厂。鞍钢总计支援了6万多人，这是我上次去博物馆参观时知道的数据。鞍钢支援攀钢6700多人，把生产骨干和各方面人才都派出去支援，生产了钢材，也培养了人才，确实感觉鞍钢是中国钢铁工业的长子，也是中国钢铁工业的摇篮。

鞍钢是培养我们成长的地方，最后调到攀钢，我觉得还是应当感谢我们的鞍钢。在鞍钢时，我已经是共青团员，又是团支委，也写了入党申请书。由于某种原因，"文化大革命"期间没能发展成党员，我来到攀枝花后，组织上继续培养，终如所愿。

我在鞍钢时也算是技术能手和标兵，到这儿后做了1年多的技术工作，就是工人以工代干，后来我被提拔为车间主任，当了2年多，然后又被提拔为运输部革委会副主任、攀钢运输部副主任。当时提倡老中青结合，我当时才27岁，就成为副处级干部。在副处的岗位上干了15年，又做了4年党委书记，从党委书记岗位上又转到运输部，当了13年的主任，就是行政一把手，一直干到退休。

在塌方上开车让我一直后怕

当初攀钢厂区的铁路只有100多公里，是铁道兵修的，非常不完善，被铁路系统评价为耳聋、眼瞎、腿瘸，就是没有信号，没有通信设备，没有行车手段。当我们开车时，道岔不对了，需要停下来自己扳。扳完道岔，再继续开车。在凸凹不平的钢轨上行车，还得自己扳道岔，自己联系和调度，但当时为了保产，就得这么操作。当时火车司机室温度高达50多摄氏度，作业条件非常艰苦，可没人退缩，都奋斗在第一线，既不怕流汗，也不怕流血，就是这么一种精神状态。

当年我还经历过一件非常危险的事，就是在我们渣厂翻铁渣时差点儿出事。当时铁渣堆积高达几十米，需要一层一层往下翻渣。翻完一层渣后，我们铁路运输部就要拨一次道。但有一次火车进去以后，这个道就塌方了，塌了能有一米多，塌方的后果就是铁路悬着。当时我已任运输部生产副主任，发生这种状况后，我和我们主任马上就到现场。因为我是火车司机出身，我知道如何脱险，我说你们先把风泵打开，把车的指轮器拿下来，把送风器打

◇ 攀钢提钒炼钢厂一号转炉投产

开，让蒸汽锅炉气压达到标准，之后我说刘主任你负责看道岔子。一切就绪后，我就直接把车开出来了。过后我也是很害怕的，觉得非常危险，当时也是幸运没掉下去，要是掉到渣厂底下，那就完了，车毁人亡。后来公司领导也都知道了，对我们的做法也非常肯定。但现在想起来确实很后怕，因为那时年轻，没想太多。

我们攀钢的火车在厂区的铁路上运输，每列火车都配有铁水罐和渣罐，火车在高炉下面通过，高炉是先出渣后出铁，渣倒在渣罐里，铁淌在铁水罐里。我们火车司机把铁水拉出来送去炼钢，再把渣罐拉出来送到渣厂翻罐倒渣。铁水送到炼钢厂，把铁水倒出去再把罐拉回来，渣罐倒完后也把渣罐拽回来。运送铁罐和渣罐也是非常危险的，时常会发生跑铁跑渣的情况。尤其是先期的时候，高炉操作不规范，人员没有熟练掌握操作技术。一跑铁跑渣，就会把铁路埋上，把火车焊住。焊住以后，我们就得钻到车底下去抠渣，把渣抠出来，然后再把火车拽出来。发生跑渣，也必须抓紧处理，在渣子没干的时候就把铁水罐拽出来，这样清理道上的渣子就省劲儿了。我们火车司机有时候也会被铁水、铁渣崩一下或烧一下，调车员也会遇到这种情况。现在环境好了，操作规范了，但那时是为了保产，所以说铁路运输也是很艰苦的工作。

技术改造确保250万吨产能

刚才说了，我们攀钢是三面环水，一面靠山，2.5平方公里，容下250万吨钢的产量，等于一平方米接近一吨钢，1∶1的比例在我国冶金行业历史上，是吨钢占地面最少的，是一个奇迹。

当时，我们铁路要保250万到300万吨钢铁的生产运输能力，是非常困难的，需要我们工程师进行精准的计算，计算怎样才能完成运输任务。但无论怎么算，都保证不了。问题出在哪儿？出在道岔子上，比如我这个车要过去，你那个车也要过去，是不是得等我这个车过去，你那个车才能过去？这就需要计算每一辆车的通过时间。按24小时1440分钟计算，全天没有休息时间，过一趟车多长时间，扳道多长时间，到下趟车过去又用多长时间，整个流程下来一共用多长时间。经过计算，保证不了生产运输需求。所以，我们运输部压力非常大。

当时我管生产，我就组织技术人员、工人和干部到现场，不用你算了，就目测，看着火车扳道岔，保证一定的安全距离，机车一通过，就换道。于是，卡脖子的问题就这么在现场解决了。整个厂区铁路运输有两处堵点，都是这么解决的。现在攀钢环境变好了，运输效率提高了，才解决了运输通过能力的问题。

随着时间的推移，我们运输部为了提高生产能力，进行运输电气化改造。当时，我们选最难的车站进行电气化实验，实验既要保证生产，又要提高生产效率，最后经过多方协力和现场研究，实验安装取得成功。现在，所有的站场全部实现了电气化。这是一个改造。

另外一个就是蒸汽机车改造。蒸汽机车烧煤，劳动强度大，驾驶室50多摄氏度的高温，驾驶员难以忍受。蒸汽机车改造，就是经公司批准，每年给我们解决两到三台内燃机车，用内燃机车替换蒸汽机车。随着时间的推移，慢慢地我们就把35台蒸汽机车全部淘汰，都换成了内燃机车。实现了牵引动力大型化、站场吊车电气化、调度联系无线化。过去调车员是两杆旗、一盏灯：举起绿旗，叫你走；举起红旗，你就停。全是人工的，现在实现了无线电调度。

这些改造和更新，当时我都参与了，组织搞实验、搞攻关，最后都成功了。随着运输效率的提高，运输这一块也跟上了攀钢的生产节奏。

攀钢最早生产的是12.5米长的钢轨，后来生产50米长的，现在生产的是100米长的。百米长的钢轨，如何装载加固成为运输上的难点。怎么能把它运走？这么长的钢轨需要动用两个平板车皮，然后再进行捆绑。做这个试验我们自己搞不了，得请铁道部或当地铁路局一起搞。好在功夫不负有心人，经过几次装载加固试验，最终成功。

现在全国高速铁路的钢轨，有三分之一是攀钢生产的，你们可以到轨梁厂参观参观，那里很有名气的。

解决了重轨装载加固问题，使攀钢生产更加顺畅。从整个攀钢来说，我们运输部广大职工还是做了突出贡献的。因为钢铁行业是运输先行，没有铁路运输是万万不行的。所以我们铁路运输各方面都要提高，提高安全系数，提高自动化作业水平，还要保证安全。我们运输部主要任务是内部要保产，保证炼钢、炼铁正常生产；外部要及时运送生产出来的产品。

从鞍钢到攀钢，对我个人而言是组织的培养和领导的关怀让我从一名普通工人走上领导岗位。我个人获得了一些荣誉，最高的荣誉是被省里评为优秀管理者，在市里被评过优秀厂长，都是年度的。太高的荣誉也没有，因为铁路运输在冶金企业里不同于炼铁、炼钢、轨梁、出渣这些成材厂，他们都有一些高端产品研发的科技奖，我们做铁路运输的，是为整个钢铁行业服务，能做到安全保运，不影响生产，就是做贡献了。另外，在70年代，我当时任运输部副主任，我们攀钢运输部每年都参加全国大钢厂评比，曾连续多次被评为流动红旗优胜单位，这也算是荣誉吧。

吕宪功

我在攀钢的一些事

采访时间：2023年7月20日

采访地点：辽宁省鞍山市吕宪功家

采 访 人：陈亭宇

摄 制 人：胥翔译

整 理 人：曹铖媛

吕宪功，男，1936年生，山东海阳县人，中共党员，高级工程师。1953年到鞍钢供电厂动力处工作，1968年支援三线建设到四川攀枝花钢铁公司选矿厂，1973年从选矿厂调到矿山机修总厂，1980年回到鞍钢矿产公司。1988年获鞍山市劳动模范称号，1992年享受国务院政府津贴待遇。

小家服从大家

我叫吕宪功，1936年出生，山东海阳县火城人。1953年入职鞍钢，援建攀钢之前一直在供电厂动力处工作。

1968年，冶金部决定鞍钢承包建设攀枝花钢铁公司。在鞍钢矿山公司党委决定的包建名单中，有我的名字。当时这个厂址在地图上是找不到的，既不叫渡口市，也不叫攀枝花市，只是因为处于江边，有渡口，被大家俗称为"渡口"。当时去支援的人员需要具备一定条件，不是随便就能去的，一是需要家庭历史比较清白，二是工作要认真负责。为了建设攀钢，鞍钢前后去了6000多人。

我一看地图，发现四川那里又远又偏，刚开始确实有点儿承受不了。冷静思考后，觉得自己身为党员，组织让我去哪里我就要服从安排。我们这一批算是先遣部队，先到渡口做准备工作。领导介绍了当时的情况，开发大西南是国家决定的，环境是比较艰苦的，没有充分准备，人又少，那个地区还是不毛之地，昼夜温差比较大，白天最高温度有40多摄氏度，需要戴着草帽，要不然承受不了。

决定去渡口以后，我就告诉我爱人，说党组织决定让我去渡口工作。我爱人听了感到很吃惊，说咱们家里这个条件能不能缓一缓再去。因为我和爱人都是山东过来的，鞍山没有亲属，当时我爱人刚怀孕两个月，身体也不太好，大儿子刚上小学。在这个情况下，我到攀枝花以后，我爱人要上班，还要承担家里的一切，确实很困难。但她也是很要强的人，既然我已经决定要去渡口，她说咱们就小家服从大家吧，困难慢慢克服，有些事情靠邻居帮忙，靠单位同事帮忙，这样基本能缓解家里的一些困难。家里的事安排好以后，我就乘火车前往四川。

自己动手建竹石房

　　我们这批去了5名同志，乘火车走南线路过北京、武汉和韶山。特别是到韶山后，我们瞻仰了毛主席旧居，这也是一种革命传统教育。后来坐火车经过桂林、贵州一直到昆明。

　　从昆明到渡口，我们坐的是汽车，这段是不通铁路的。为了生产建设，国家当时在西南地区成立了五大汽车队，咱们辽宁有个车队。我们在成都就是乘坐辽宁车队的解放车，连人带行李，敞篷车厢里一共坐了34个人。从昆明到渡口路上走了3天，一天到一个县城。公路条件不好，汽车一跑就尘土飞扬，所以称之为扬灰马路。

　　到了渡口以后，发现建设部队已经先期到了一部分人员。我们住在渡口瓜子坪——就像瓜子那么大的一小块平地。当地平地特别少，都是高山大川。

　　刚到的时候，我们住在建设部门的一个招待所。由于招待所太小，住不下太多人，于是我们就自己动手建房子。我们就地取材，因地制宜，在新建厂房附近选了一个较为适合居住的场地，用木材和石头做房屋的框架，外面用竹子和石头一围，上面再搭一层席子或油毡，房子就建好了。

　　建房速度挺快，我们5个人两天就盖成一栋房子。这样我们就可以放

◇ 攀钢员工在席棚里办公

床，一人一床住下了。住下以后，还要准备给下一批来渡口的人再建造新房子，解决他们的住宿问题。就这样，我们一批一批地接力建房，解决了所有职工的住宿问题。

◇ 用三块石头架口锅而建起来的攀钢工地食堂

我们刚去的时候，全国都比较困难，渡口的食堂还在建设中，我们就自己把芋头捡回来，再加点儿豆子做菜，后来才慢慢地好起来。那个年代粮食供应是定量的，当地一个月粮食定量24斤，（辽宁一个月是30斤）其他的副食如油给1斤，猪肉一个月给2斤。

攀枝花用的是金沙江的水。金沙江的水常年比较浑浊，大肠杆菌严重超标，不能直接喝。大家就把水从江里打上来，装到水桶里，放入明矾，把杂物沉淀后，再用来做饭和烧开水饮用。

当时攀枝花建设的指导思想是贯彻中央的指示——抢时间早生产，口号是"先生产后生活"，所以一些生活设施简单一点儿，重点是工厂的建设。

自力更生，解决球磨机维修难题

攀枝花的位置很特殊，位于四川、云南两省的交界处。后来为了成立攀枝花市，把云南的一部分区域划到四川省。为什么攀枝花划到四川省呢？因为各种矿产都在四川这边。四川不仅有铁矿石和煤炭，而且金沙江水源充足，上游还有森林资源。

　　先期我们的工作是白天盖房子和参加工业设备安装调试，晚上看资料、看图纸，熟悉工艺设备，制订计划，做生产前的准备工作。计划经济时代，一切都得有计划，事先没有做好计划，想买东西都买不到。攀枝花地区远离城市，在这里建立钢铁基地，生活用品和工业用品全靠内地计划供给，由于路途较远，交通不方便，很多物品供应不及时。

　　我发现这个问题后，就和领导研究，计划把当时渡口仅有的一个小维修点扩大规模，建一个选矿厂的机修车间。这样就能制作一些生产机具和部分易损件，以满足生产需要，填补计划供给的不足。经过3个月的扩建和改建，机修车间建成了。之后我们又发动大家自力更生，用土办法手工制作了一批设备。我们这个做法受到渡口市建委的重视，专门召开现场会对我们进行了表扬。

　　1970年7月，攀枝花钢铁1号高炉即将投产，投产后会带动选矿规模的

◇　建设中的攀钢1号高炉

扩大。可当时攀枝花生产比较难的地方是什么呢？主要在选矿上，在矿石上。这里的铁矿主要是钒钛磁铁矿，这种铁矿冶炼的时候黏性大，这也是当时全世界需要攻

◇　攀钢采样队职工采矿石下山

关的难题。为此，我们国家在西昌成立了冶金研究院，搞冶炼的专家在钒钛磁铁矿中添加了部分其他矿石，就攻破了这个难题。

　　1号高炉投产以后，攀枝花选矿厂必须加大生产力度，才能满足高炉冶炼。当时选矿厂生产需要的大型设备球磨机未能到货，厂里就从别的单位调来两台比较旧的1100千瓦的球磨机，以满足生产需要。可选矿厂投产两个月以后，其中一台球磨机的电机出现故障，剩下一台球磨机，不能满足高炉生产需要。当时，中央决定派领导来剪彩，庆祝高炉出铁。这使得选矿厂从上到下都很着急，召开会议研究怎么办。当时，攀枝花地区还没有能力修电机，必须送到内地制造厂那里修理，来回运输时间太长，影响生产。后来，我们就靠着大伙的智慧，自己琢磨，自己干，只用了三天四夜时间就把电机修好了，生产得以恢复，我们也得到领导好评。

参加科技大会见到了毛主席

　　1973年，公司决定扩建矿山小型机修厂，成立矿山机修总厂，以满足部

分矿山生产设备维修需要。我从选矿厂被调过来参与扩建工作。机修厂扩建工作分两期，一个是完成现有部分备品备件的生产，第二个就是达产后，生产其他备品备件，以解决渡口生产的供需矛盾。通过大家的努力，第一期生产铸铁250吨、钢件112吨、铜件60吨，完成了设计规划。

矿山机修总厂是为生产服务的，生产当中遇到的问题，机修厂都会帮助解决。当时选矿厂的传统小齿轮球磨机2吨多重，规格（直径×长度）是4.5米×3.5米。虽然叫小齿轮，但重量和尺寸都很大。这小齿轮是从东北齐齐哈尔机械厂运输过来的，制造与供货都不及时，满足不了生产需要，选矿厂因此会被迫停产。为了不影响生产，公司计划处决定试制小齿轮，研制任务落到了机修厂。我们订购了小齿轮的毛坯，用六五车床加动力头，改变车床速度，变成大型锯木式的铣床。我们厂技术人员充分发挥不怕苦不怕累、以厂为家的主人翁精神，经过一个星期昼夜不停的试制打磨，如同蚂蚁啃骨头似的一点点儿攻破难题，终于成功把齿轮做出来了，弥补了外部订货不及时和供应不足的问题。

当时矿山动力厂是通过金沙江来供水的。江上放置浮船，通过船上的大型水泵将江水抽到动力厂。水泵一直放在船上，时间久了船体就会被腐蚀。船体腐蚀严重了就需要大修，大修就要返回造船厂，一方面费用高，另一方面还得我们自己带造船用的特殊钢。为此，大家又开始集体研究，打算自己动手维修船体。俗话说，隔行如隔山。对于造船，我们根本不了解，什么工艺啊、专业知识啥的都不懂。但通过3个月锲而不舍的钻研以及请教专业造船师，我们先后攻克了如何将船从江中心移到岸上、如何更换船钢板、如何检验更换钢板后船体是否漏水等一个又一个技术难题。最后，在雨季水位上涨期间，我们如期将船重新放回江里，没有耽误生产供水。这次我们攻克的是矿山外的产品，从此之后，我们就自己解决江上的浮船问题。通过这件事，我们也学到了不少专业知识，如造船厂栓船的桩不叫桩叫地龙等。

我们还解决了当时电力机车轮毂的坡度问题。矿山用的电力机车上的轮毂必须要粗，而且机车在运行中轮毂要有一定的坡度才能进行转弯，没有坡度就会脱离轨道。可现成的轮毂都是平的，矿山公司也没有成形的轮毂打磨坡度的技术，将轮毂运到外地处理费用高且时间长。后来，经过大伙集思广益，形成我们的解决方案，即把电力机车开到不通车的轨道上，用千斤顶把需要加工的轮毂抬起来，把动力头卡在轨道上，再安装一个打磨的道具，通过电力让电力机车车轮空转，达到一定速度后，工人躺着操作，就可以打磨轮毂了。一个礼拜的试验，我们就解决了电力机车轮毂坡度问题，使电力机车能够正常使用了。

虽然大家都很累，但是当攻克了一个又一个难题，大家内心也都充满自豪感。这期间，党组织给了我很高的荣誉。我参加了渡口市科技大会、四川省科技大会，还参加了在人民大会堂举行的冶金部"工业学大庆"科技大会，看见了毛主席。这些荣誉不是我个人的，单位同事都有份，亲属邻居们也都有一份。我也从中体会到，一个人的力量是有限的，集体力量才更强大，所以在攀枝花的12个年头，我个人做着有意义的工作，更主要的是靠大伙的智慧和团结才出了这么多成果。

领导家访使我又回到鞍钢工作

我在攀枝花工作期间，我爱人在鞍山经历了两次危险，但为了不影响我工作，都没有告诉我。1975年，我爱人和孩子在鞍山煤气中毒了。什么原因呢？我们家住在二楼，一楼为了取暖用煤炭烧火炕，火熄灭后煤气就窜到了二楼。幸亏早上被送牛奶的人发现，把我们家两个孩子加我爱人送到了医院，否则后果不堪设想。当时我爱人单位问她用不用叫我回去，我爱人说：

"他回来也没有用，还影响他的工作，没等他回来我基本就好了。"1977年，我爱人在工作中受了工伤，也是单位要通知我回来照看，我爱人也拒绝了，说不要让我知道，她怕我工作受影响。这些困难最终都在同事的帮助下克服了。

1971年，我家第二个孩子2岁多，我沈阳的哥哥把自家9岁的二女儿送到鞍山上了一年半的学，帮助照看我家孩子。我哥工作也很忙，在这种情况下，还让自家孩子来我家帮忙。这些事情都是我回来探亲以后才知道的，以前我哥不让说，怕耽误我工作。

1976年之后，渡口矿产公司领导开始家访，到鞍山得知了我家里的困难。但由于工作需要，当时还不舍得让我回鞍山，1979年让我大儿子回到鞍山，暂时帮着克服家里的困难。1980年，矿山公司负责生产的副经理向矿山公司党委汇报了我的家庭情况。经过党委会研究，让我回到鞍山工作。

王聪河

情系散射通信天线

采访时间：2020年12月8日

采访地点：贵州省都匀市王聪河家

采访人：王　瑜

摄制人：王　坚

整理人：陈　倩

　　王聪河，男，1949年生，辽宁铁岭人，中共党员。毕业于长春无线电技工学校，1969年2月分配到铁岭七〇五厂（铁岭路平机械厂），1971年11月参加三线建设来到都匀，历任四一九一厂（都匀红旗机械厂）主管调度员、副厂长、厂长等职。

到这里一看都是东北老乡

我叫王聪河，今年72岁，1949年生人。我毕业于长春无线电技工学校，1969年2月25日，分配到铁岭七〇五厂（铁岭路平机械厂），在四车间当钳工。不久，七〇五厂按照党中央、国务院三线建设的要求，要把全厂的人分成三份：一份留在七〇五厂，一份作为骨干力量到贵州都匀建一个厂，再有一份就是到湖北襄樊再建一个厂，俗话讲的"一个厂下两个蛋"。

因为在此之前我来过贵州，对贵州没有太好的印象，所以我想去湖北襄樊。但由于1971年的"九一三"事件，襄樊这块不建了，我就到了贵州。我是1971年的11月7号到达都匀四一九一厂（都匀红旗机械厂）的，这个时间节点我记得很清楚，到现在已经几十年了。

到了厂里头，我当了不到3个月的工人，然后调到了科室，当时叫计调组，就相当于现在的生产计划科，一直管生产。后来组织又派我去大学深造，回来又当副厂长、厂长，一直到2003年，我才把自己的职务全部卸掉。

来到贵州三线，等于说我把青春献到山沟里头，还有子孙也献在这个地方，终身也献在这个地方。我就打算在这块养老了，哪处黄土不埋人哪。

总体感觉起来，来到贵州几十年，苦中作乐，虽然咱这山沟当时很苦，但是职工的精神面貌还都是很好的。当时的口号就是"先生产后生活"，像我们这个厂为国家做出了很多的贡献。因为三线建设是国家的一个大战略，在60年代中期，毛主席、党中央做出这样的部署，也是从备战这个角度来考虑的，要在贵州建一个三线重要基地。我们厂属于电子部，当时叫四机部，在这块有一个大的系统，有个管理局叫东巴山基地。还有一个航天系统和一个航空系统，在遵义那边。三大基地都在贵州这地方。咱们沈阳一一二厂来了很多人，建了很多厂。我们和他们也都有一些外勤协作，到这里一看都是东北老乡，都是东北过来的。

文件下发日就是建厂日

说到我们这个厂，它就是延续了原来铁岭七〇五厂的产品。当时筹备这个厂，从1968年就开始了。那时候是我们七〇五厂的革委会副主任叫温华锋（音）带队来的，带一些人来到贵州的都匀，做一些前期的筹备的工作。

1968年12月6号，中华人民共和国国家计划委员会（简称"国家计委"），还有当时中国人民解放军驻国防工办的军管领导小组、国防工办，批准了原来的四机部"关于在贵州都匀地区建设炮瞄雷达基地"的报告。四

◇　当年红旗机械厂职工和家属在工厂大门合影

◇ 都匀三线建设场景（都匀博物馆藏）

机部的军管会于1968年的12月25日下达了文件，这个我记得特别清楚，就是"关于在贵州都匀地区建立炮瞄雷达"建设方案的报告，这个文件是1968年的12月25日下发的，所以我们四一九一厂的建厂日就是这个文件下发之日。当时这个文件一下发，不光涉及我们厂，还有另外两个厂。我们厂主要是雷达车厢和雷达天线，这和原来七〇五厂产品都是一样的。另外两个厂，一个是搞岸基雷达的，一个是搞陆基雷达的，我们雷达车厢就为他们配套，所以这一个文件就决定了三个厂的诞生。我们厂在都匀的东边，那两个厂都在都匀的西边。

　　文件明确四一九一厂定员2100人，厂区整体面积16.6万平方米。我们厂在1969年的9月份破土动工，到1971年基本上完成了建设。1973年9月份，生产出了第一部15米口径的抛面天线，这个是为云南军区生产的测侦雷达天线。当时在这种艰苦的环境里头，厂房也不是那么完善，设备有的还没有到位，反正当时职工就有这种拼命的精神。毛主席号召三线抓紧建设，我们听毛主席的话，想尽一切办法赶紧把这个产品搞出来。有些都是土法上马，现在都想象不到的。当时四一九一厂人员结构以七〇五厂为主，从技术工人、技术科研人员，再到各个科室的管理人员，都来自七〇五厂，所以说国家把七〇五厂分成三份，都是有综合考虑的。另外，七〇五厂在铁岭又招收了200名学员，刚才你们见的佟主任就是其中一员，就在七〇五厂培训过。七〇五厂老职工，再加上这200名学员，也就1000人左右。后来我们又招收了当地的一些上山下乡的知识青年、一些当地复转军人，还有各个大专院校的学生，整个人员加在一起，也就2000人，人最多时也没达到定员，定员是2100，这是人员的一个基本情况。

三线建设带动了当地经济的发展

当时都匀不是这个样子，比咱们铁岭不知破烂到什么程度，木板房、草房，满地跑狗。另外，当时气候也不好，冬季天天牛毛细雨，我们厂里的水泥路还没有修好，穿你这样的鞋是不行的，黄泥一粘就能粘掉。我们都穿靴子，男男女女都穿靴子，一天穿着几个小时，回到宿舍把靴子一脱，脚指头都是白的。后来，厂里给各个科室、车间下令，划出标段都来修路，自己的路自己修。路修好了，才穿上皮鞋、布鞋、胶鞋。

你看刚才佟主任他们那一批学员，有的是被安排到农村住的，集体宿舍也没有。那时候包括先前来的一些老职工，拖家带口的，都住在油毡纸搞的棚子里。没有棚子住的，就安排到附近的农民家里居住。附近农民盖的木板房，底下养牛、养猪，上面住人，有的女孩子早晨一穿鞋，鞋里会有一条蛇，都吓得要命。

另外，那时候也搞不清怎么回事，就是在我们厂周围的山上，经常有信号弹出来。我刚来的时候，在车间值班，就不能睡觉了，所以我们几个人打扑克牌，过一会儿得出去看一看。我曾亲眼看到信号弹从山上打出。当时军管会主任是个师长，他有个警卫班，包括民兵营，就把这山给悄悄围上，可第二天天明之后到山上找，却啥也找不到。后来分析可能是敌特的侦察机，定时往下撒信号弹，那是千真万确的事。

当时建厂的时候很苦，如果没有这种奉献精神，没有亦苦亦乐的乐观主义，三线建不起来。虽然现在有些企业在改革以后破产，但是我认为，当时三线建设确实起到了中西部开发的作用，带动了当地经济的发展。我们刚来的时候，都匀市没有冰棒卖，面包也没有，汽水也没有。糖块不像咱们北方的有花花绿绿的糖纸，他们就是把白糖熬制成一个球一个球的。所以我们厂里自己做面包，高温时给当班的职工发降暑的汽水、冰棒。后来当地的职工说能不能卖给他们一点儿，带回家去，因为家里人都没吃过。慢慢地带动，地方上这些东西就逐渐都有了。

当时这个地方很落后，包括农民到厂子里卖菜、卖鸡蛋，账都不会算。他们把鸡蛋用稻草5个10个地绑上，绑得跟棍子似的，论串卖，一串多少钱。慢慢地，我们把附近农村的经济也带动了，给他通水、通电，家里也都搞成水泥地面，也吃上自来水了。改革开放以后，农民搞多种经营，因为他们离我们厂近，采点儿菜到厂里一卖就变成钱。那时候我们一天能吃几头猪，几千人吃饭嘛，他们就在那儿卖肉、卖鸡、卖蛋、卖鸭、卖鱼。

以苦为乐，先生产后生活

三线精神是以苦为乐，以清贫为荣，当时那一代人，都具备这种精神。我22岁来贵州，像佟主任他们来时是十八九岁。那时候吃食堂，食堂有1000多职工吃饭。每人一个月一斤肉，食堂里一个月做两次红烧肉。一做红烧肉，大伙都抢，我这个人不善于抢，所以我一个月连一顿肉都吃不上。现在要是一个月不吃肉，那还了得。

那时候家家都烧煤，烧煤就得到山上去捡松塔、枯枝做引柴。住得都简陋，像我刚成家的时候，分了我18平方米的房子，这个房子没粉刷之前，你在屋里点上蜡烛，外边的风都能给吹灭。因为是预制板房子，像摆积木似的，也没有钢筋。我搬进去后，又把里头抹了一遍，要不你在外边都能看到里头，风能不进来吗？这个房子连个卫生间都没有，天天早上都端着便盆往那个公厕跑。这样的房子，共47栋，只有5栋有卫生间，大部分人享受不到那个待遇。

那时候贵州生活很艰苦，说起来你们可能不敢相信。一个月一斤肉，三两油是菜籽油。我们厂离都匀市内30华里，在山沟里头，就是买一斤肉，也得坐着解放牌卡车到都匀市去买。过年的时候办年货，都得到都匀市来。这个地方当时不让种菜，也不让养鸡、养鸭的，物资是比较匮乏的。虽然这样，职工干劲十足，哪有什么加班费？如果晚上来了材料，一声号令，大喇叭一广播，我们都出去。谁要不去，会感觉很内疚，都怕别人瞧不起。

那时候是先生产后生活，把生活放在后面，生产放在前面，每个时代有每个时代的特点。回想我们年轻的时候，在山沟里虽然艰苦一些，但是想想也值得，为国家做出了贡献，体现了人生的价值，不愧这一生。

卫星上天有我们四一九一厂的功劳

从产品这块来看，因为当时都是计划经济，所以这个厂建成之后很快就走入了正轨。像当时我们国家卫星电视都没有，现在我们有时候宣传卫星上天，这里头就有我们四一九一厂的功劳。卫星上天，需要比较大型的15米口径的卫星地面地球站天线，这个天线就是我们厂生产的，填补了我们国家的空白。

后来，还要往大口径来发展，要搞30米甚至50米口径。我们当时建的这个厂房，看来就有点儿不太适应了。所以当时四机部批准我们在这个厂的旁边，又搞了一个二厂区，准备建大的厂房，能够研制生产大口径的天线。当时搞30米口径天线，我是主管调度员，为了搞外协件，我在北京住了好几个月。但后来下马了，为啥要下马？因为当时科技发展了。卫星上的转发器信号比较弱的时候，地面上为了能够接收到比较清晰的高强度画面，就要增加天线的口径，才能把微弱的信号接收下来，画面才清晰。但是随着科技的发展，卫星上的转发器，它的发射功率增大了，就不再需要地面上大口径天线了，小口径天线也可以，现在我们已经发展到零点几米的都可以接收。新转发器的功率增大了，不需要那么高的接受增益，小口径、小增益天线就可以把它接收下来，实现图像的转播。二厂区227亩地都征了，山头移平，

◇ 红旗机械厂生产车间

围墙都搞起来了，最后下马了，但我们厂在卫星上天这个方面是做出了贡献的。

散射通信天线也是我们厂研制生产的，填补了国内的空白。通信有不同的方式，卫星通信就是把地面信号发送到卫星上，地面上各个点对着卫星就能接收。散射就是点对点，通过电离层发射出去，电磁波通过电离层再接收下来。20米口径像广告牌似的天线，也是我们研制的。当时发射导弹制导卫星，遥控遥测导弹，导弹一旦偏离方向，就发指令让它自爆，监控导弹的天线就是我们厂研制生产的。当时我们厂应该说在部里头还是比较出名的，是西南地区最大的一个雷达车厢、车辆、雷达天线厂。

厂里实行准军事化管理，早晨起床有起床号，晚上有熄灯号，因为刚建厂时这些三线厂都是军管，像我们带队来的温华锋，原来是七〇五厂革委会副主任，到这儿来他就是筹备组的组长。筹建过程中军队里头来了一些军人，最大领导是个师长叫梁义海（音），他是这个厂的革委会主任、军管会主任，是党的核心组的组长，像我们七〇五厂来的温主任是副主任、党委副书记、核心组的成员。当时都是军管，军管会到1973年撤销了。以后就是从革委会主任变成厂长、党委书记这么一任一任地传下来了。

到了80年代，我们厂又自主研发了卫星电视接收天线，由原来的6.2米口径，发展到9米、11米，再往后是4.5米、3米、2米直到0.45米，形成一个系列。咱们沈阳有好多单位都是用我们的卫星电视接收天线，搞闭路，或者搞单收。在这一块上，我们是国家的骨干企业，为广播电视的发展做出过贡献。

80年代，我们研制出短波通信天线，这也填补了国内的空白。应该说，在1985年之前我们厂还是比较红火的，国家很重视，那时候有军品计划，随调拨单配套各方面物资，如四机部给提供银行贷款，都不用厂长去，去个科长就可以办。

1985年企业下放地方

工厂的转折应该是在1985年，电子部把大多数企业给下放了，只把电子部的研究所、咸阳的四四〇〇彩管厂、无锡的七四二厂大型集成电路厂留下，其他的170多个企业全部下放到地方，所以我们厂和贵州其他企业共21家，还有学校、医院、总部，将近30个单位全部下放。下放之后，部里也管，省里也管，部、省共管，结果是谁也不管。最后，为了把体制理顺，就成立了中国振华电子集团，属于集团公司。1985年我们和集团公司整体下放到贵州省，就不属于原来的四机部（电子部）企业了。

下放以后，由于军品少，银行就不支持这些企业了。另外，那时候改革开放，人家大学毕业生谁愿意到你山沟来呀？原有的人员知识结构老化，没有新生力量。我们也曾做了很多努力，国内、国外的，比如说搞合资，我们把西德的客人请来、美国客人请来，但人家一看你这地盘，就不跟你合作了。

民品生产这方面，我们搞了好多民品，想冲出重围去找一条路子。如搞过吉普车，搞过面包车，什么洗衣机、电视机都涉猎过，到最后我们比较成功的还是搞卫星电视接收天线系列、微波通信天线系列，别的产品都没有搞成功。这两种天线我们厂有这个实力，有研发实力，有生产实力，但是市场份额有限。另外，原来研究所研究出的新成果，都交给企业来生产，但现在市场经济了，人家自己生产，不交给你企业了。还有，在山沟里面，人的思想都麻木了，从计划经济到市场经济这么一转变，企业不适应，在山沟里头人也不适应。反正种种原因，这个厂在1985年以后，就陷入了颓势。

脱险调迁使职工走出山沟

到了90年代，企业生产经营只能自保了。1991年，根据我们厂的实际情况，搞个"八五"脱险调迁。因为我们厂当初建厂时是自己打的水井，水一直不达标，大肠杆菌超标，汞的含量超标。另外，因为我们厂的车间地下、家属区宿舍地下都是溶洞，当初说是先把厂子建起来，未来再进行二次重建。所以，这次我们厂子和家属区都列入脱险调迁计划。还有两个厂，一个是哈尔滨包建的，一个是齿轮厂，三个厂捆在一起算作一个项目，振华公司对这个项目负责统贷统还。1991年下的文件，我们三个厂一个项目，但实际情况是另外两个厂给政策给资金，我们厂却只给政策不给资金。当时我负责这方面工作，就跑国务院三线办和部里的投资公司，最后经过争取，实现了我们厂的待遇和另外两个厂一样，都是给政策给资金。

从1991年脱险调迁一直到2000年，我们把全部职工家属和大部分生产车间搬出来了，山里头只留下一个铸造和电镀车间。就这样，我们厂里的职工，在山沟生活了几十年之后，于2000年终于融入到城市生活之中了。

原来我们在山里头都是预制板的房子，47栋宿舍只有5栋带卫生间，剩下都是没有卫生间的，家家都得预备马桶，这样的房子住了几十年。搬出来以后，职工的居住条件得到了改善。另外，和社会的接触比较广泛了，退休的职工或者下岗的职工，谋个职业都比山里方便多了。

我当了这么多年领导，感觉比较欣慰的就是在我任内把职工从山沟里头搬出来，融入到城市，开始了城市生活。谦虚点儿说，我也就这么大能耐了。我上任厂长的时候，根本都没想到我能当厂长。当时企业太困难了，开了这个月工资，就得想着下月工资怎么开，不像过去计划经济时，如果开工资有困难，一个电报打到电子部的雷达局，雷达局一天都不会耽误，就把钱打到你的账户上。现在不行，企业太困难了，没有人愿意当这个厂长了。因为我是学企业管理的，企业的状况，一看报表我就清清楚楚。我也不想干，但是总公司领导说，你是不是共产党员？是共产党员，是党的干部，你就无条件地服从。所以我无条件地服从了组织的安排，当上了这个厂子的厂长。我干了几年厂长，老百姓有说你好的，把他们带出山沟了，但也有人说你不好的。好不好自有公论。

黄震泽

三线精神是六盘水市
的根、本、魂

采访时间：2020年12月10日
采访地点：贵州省六盘水市黄震泽家
采 访 人：陈亭宇
摄 制 人：赵　健
整 理 人：胥翔译

　　黄震泽，男，1940年生，重庆人，中共党员。1962年7月毕业于重庆大学冶金炼铁专业，被分配到鞍钢工作，任鞍钢高炉工长。1968年11月参加三线建设来到六盘水，曾任水城钢铁厂主任工程师、总工程师等职。

毛主席的战士最听党的话

谢谢你们来采访。看见你们专门从辽宁过来，我很高兴，因为我和我老伴都是鞍钢的人，是在一个特殊时期到了这个地方。我先做个自我介绍，我叫黄震泽，草头黄，地震的震，毛泽东的泽。1940年出生，今年已经是80后，看起来还相当年轻吧？

1962年我在重庆大学毕业，在重大学的是钢铁冶金炼铁专业，毕业以后就分配到了鞍钢。60年代能够成为一个钢铁工业的战士，心里感到很自豪，尤其是到了鞍钢这个地方。在这个地方，经过几年的锻炼，我当了高炉的工长，成为一个技术员。

1966年，毛主席发出号召，要搞三线建设。毛主席说三线建设要抓紧，备战、备荒、为人民。三线建设搞不好他老人家睡不好觉。60年代那是一个特殊的时期，毛主席、党中央为什么要提出三线建设？我们当时没有那么大的全局观，也没有那么好的政治觉悟，但是有一条，因为我们是学生，对毛主席非常崇敬，毛主席怎么说，我们就要怎么做。

现在看，当时毛主席、党中央提出要加快三线建设，其实有一个很重要因素，就是对周边国际环境的一个政治考量。有军事常识的人都知道作战的时候有一线，就是直接面对敌人。一线的内地是二线中枢。当时党中央、毛主席高瞻远瞩，认为一线对抗，二线中枢，还必须有一个良好的三线后方，只有三线的后方比较好，才有可能让整个局势更加稳固。我们年轻人当时哪里想到这些，只不过是现在我们才体会毛主席他老人家的高瞻远瞩。三线建设一声令下，全国各个地方积极响应，有400多万人从沿海周边这些比较发达的地区，到达了西部地区。

我们水钢这个地方是由鞍钢包建，要在水城这个地方建设水城钢铁厂，那是国家冶金部下的文件。当时鞍钢和鞍山市委响应国家号召包建水钢。事实上鞍钢包建还不只水钢，同时包建的还有攀枝花钢铁厂。鞍钢当时提出好人好马上三线，那也就是说要在鞍钢这么一个范围之内，抽出两股力量，一股来建设水钢，一股来建设攀钢，而且要尽可能地挑比较好的技术人员、管理人员和相应的设备到这两个地方，那才是真正做到好人好马上三线。好人就是人，就是要有技术的人，要有觉悟的人，要有水平的人；好马就是设备，要把好的设备运到这里来，这都充分体现了鞍钢的无私奉献精神。

当时像我们这些人，因为很年轻，才20多岁，没有这么高的政治觉悟，但我们有年轻人的热情，有对毛主席的崇拜。毛主席说要像人民解放军一样，毛主席的战士最听党的话，哪里艰苦哪安家。三线这个地方肯定是艰苦的，能够响应毛主席的号召，到艰苦的地方去，并不是感到很难受，从精神上、状态上是感到光荣的，所以我们就从鞍钢报名到水城这个三线地方。

由于当时三线建设属于一种保密状态，不能说建水城钢铁厂，对外宣称的是一个代号，它的代号叫"603"，攀钢那边的代号叫"40"。这两个代号就代表了鞍钢派出人员要去的地方。如何派遣援建人员？首先在鞍钢成立了两个办公室，把人先集中在办公室，到需要的时候分批转过来。不久，我和我的老伴就一起来到"603"这个地方。

水靴、雨衣和棉袄是每个人的标配

虽然之前没有来过贵州，但听过形容贵州的谚语，说贵州"天无三日晴，地无三里平，人无三分银"。说明这个地方气候恶劣，没有三天晴天；地理环境很差，没有三里平的地方，都是山旮旯，不像北方大平原一望无际，给人一个宽阔的感觉；人无三分银，那更说明了这个地方穷得叮当响，兜里一掏，掏不出三分银子，说明相当落后。知道这个地方很难受、很落后，来不来呢？肯定要来。已经向毛主席表过忠心了，哪里能够后退啊？勇往直前，踏上贵州。

从贵阳坐火车到六枝，从车窗往外一看，底下就是山谷，很深，火车是在山谷边边上走，真是有点胆战心惊，说明这个地方修铁路真是不容易。从鞍山到水城，我们当时坐火车要四天五夜，下了火车双腿全是肿的。那个时候坐火车从贵阳到水城要8个多小时，就那么200多公里，火车没有汽车快，也是当地一大怪。

全国400多万人到各地搞三线建设，我们水城这个地方，当时有5个省、13个市3万多人来到这里。这个地区由于天气、地理环境影响，农业生产相对不发达，一下来了这么多的人，吃住行都是问题。因为当地的自然生产条件不能满足来的这么多人的需要，因此在水钢建设初期，那些建设单位都成立了各自的食堂。施工人员、管理人员、领导干部通通都在食堂里吃饭。当地解决不了这些伙食，就要从外地、外省把粮食、蔬菜运进来。经常去采购的地方，就是云南昭通和贵州安顺一带。安顺相对来讲，物资比较丰富一点儿。云南气候好，它出的东西也比较多。水钢当时为了解决这些施工人员、生产人员的生活需要，还在发耳那个地方自己建了一个农场，种一些东西。

大家在食堂里吃，住怎么解决？来了这么多的人，山沟里没有现成的房子，就用竹子、木桩，把四个边角立起来，四周用席子围起来，上头用油毛毡一盖，就成了工棚。油毛毡是那个时候的一种防水材料，实际上它就是沥青和一种纤维融在一起，做出来就是防水的了。

居住条件稍微好一点儿的房子是用土打成承重墙。用夯土做的墙四周相对比较严实，不怎么透风，屋里的保温条件比用席子围的好得多。

当时水城钢铁厂选址在这个叫三块田的小地方。所谓三块田，就是窝头山中间有三块地是平的，能种水稻。因为一年300多天有200多天下雨，天无三日晴那是真的，所以道路就比较泥泞，走起来很费劲，一脚踩下去，就能把鞋给粘掉。因此当时施工人员的标准配备有三样，水靴、雨衣和棉袄。为什么要用水靴？因为道路泥泞，稻田地一脚踩下去，你一抬脚，脚出来了鞋却陷到泥里了。所以要穿高腰的水靴，靴腰需要超过泥泞的深度。但穿雨衣还不如戴草帽实用，因为这个地方有个特点，它下的是毛毛细雨，不是倾盆大雨，所以为了施工方便，戴个草帽，就可以把脑袋罩住，身上也基本上能挡住，扛或者抬都比较方便，而雨衣却有点碍事。棉袄呢？因为这里一年365天200多天都下雨，贵州这个地方下雨和北方不一样，北方冬天外面是寒风刺骨，脸上寒风一刮，像刀刮一样。这个地方它外面不像刀刮，它是内心冰凉，因为它的湿度太大。北方是从外到里冷，这个地方是从里往外冷，那叫透心凉啊！所以一年四季多数时间都要穿棉袄。

1966年，作为第一批工程技术人员，我从鞍钢抽到603办公室。随着基建的顺利进行，我们这批工程技术人员也陆续到位。1968年11月，我和老伴带着小孩儿，从鞍山坐火车就过来了。我的小孩儿那个时候刚好1岁，在火车上一晃荡就会摔跤。

我们一下车就真正体会到什么叫透心凉。下车后有接待人员把我们送到现在三线建设博物馆旁边的一栋楼里，是当时水城县的招待所，让我们在那儿住。头一天晚上，我老伴抱着小孩儿，一床被没够，盖了两床被，但还冷。我盖一床被子，蜷在那地方直哆嗦。所以头一天就给我们来了一个下马威。

从招待所搬出来后，就去建设现场了。到现场，我们的办公室也是席棚子、干打垒。但席棚子、干打垒有一个好处，里头烧个大炉子，能烤火取暖。上班的，换班的，只要里面有人，就烧火，一直不灭，屋里头就不那么冷。

那个时候虽然带家属来了，但基本上不是自己做饭，也都是在食堂买，带回去一家人吃。只是偶尔休息日，自己做点饭。但是这个饭是很难做的，因为当时所有东西都是定量供应，每人每月只有一斤豆腐、半斤肉。豆腐也不是在水钢这个地方能买到，要到现在三线博物馆旁边的一个山洞，那地方有个豆腐房，去那个地方才能把一家三口人的三斤豆腐买回来。自己在家做饭，也没有别的东西，只有豆腐。平时在食堂打菜，食堂卖什么，我们就买什么。

我们用的酱油也不怎么好买，怎么办呢？就等我们的同事回家探亲，路过北京，在北京买固体酱油。固体酱油是长方型的，有这么厚，实际上就是那种酱油膏。因为有好几个成家的，也不能只给你一人，所以每一家就分那么一块两块。拿来以后舍不得吃，就用刀切成几条，一次放杯子里头或者罐罐里头一条，用开水冲开，为了节省，要往里多加盐，这就是我们的调味品了。

那时候人很怪，生活艰苦，却没有什么怨言。我们那时候思想很简单，就说能吃饱就行。如果食堂做点儿好的东西，能够买到带回家来吃，就很满足。当时没有什么过高要求，能够承受这种生活，在某种程度上好像觉得很光荣。

我们的文化生活也很简单，八个"样板戏"来回看，而且都是露天电影的方式，但即使下雨打伞也要看《智取威虎山》《沙家浜》，百看不厌。虽然文化生活简单，但是精神上觉得还是很丰富。

共产党员是用钢铁做成的

按照国家的要求，水钢从1966年开始建，用3年时间建成。达到年产50万吨铁、40万吨钢、30万吨材的生产规模，是铁钢材配套的一个企业。由于"文化大革命"的原因，施工的进度受到了影响。一是整个运输环节不那么畅通，物资供应也比较困难；二是受"文化大革命"影响，出现了一种所谓的"造反精神"。"造反精神"它体现到什么地方呢？就是认为领导干部说的都不对，领导干部不是"牛鬼蛇神"，就是"走资派"。

当时鞍钢把一个最年轻的副经理派到水钢，大家都认为这位副经理今后一定会得到提拔和重用。到这个地方来，是一种所谓的考验和锻炼，为今后进步创造条件。但"文化大革命"中，他不但没被重用，而是受到了非常不公正的对待。当时领导干部和大家一样都在食堂里面吃，住都是很简陋的房子。领导干部吃住行和大家没有什么区别。我们整个指挥部只有一台北京吉普，到什么地方去，只有比较着急的时候，领导干部才坐北京吉普去，平时都是走。他唯一与大家不同的地方，也是"特殊待遇"，就是他还要受批斗。他白天挨批斗，晚上还要抽时间到工地上研究问题，所以这些领导干部真的很辛苦。他们是任劳任怨挨批斗，踏踏实实干工作，是真正的共产党员。那个最有前途的，是我们水城钢铁厂的指挥长，叫陶惕成，他40多岁就死了。

现在回顾历史，我们充分体会到谁是共产党员。陶惕成这样的就是共产党，他们是用钢铁做成的。那时我们年轻，不是党员，但是他们值得我们学习，值得我们怀念。所以艰苦的环境，能够锻炼人的意志，看出人的品德，越是困难越向前，这就是共产党员的本质。

在乌蒙高原上诞生了一座钢铁联合企业

原定3年时间建成高炉，结果没有建成。1969年10月，水钢的第一座焦炉建成，但是高炉还没建好。焦炉建好以后，烘了炉就不能停，就始终用煤炭在那儿烘，热气就在炉膛里窜，让它保持一种恒温状态。在当时"政治第一"情况下，建成焦炉并进行烘炉，那就是胜利。烘炉持续了一年多时间，就在那烘着，烘炉需要好煤，都是从山西大同运来的。那么远运来的煤，然后就那么天天烧，你说奇怪吧。

1968年的时候，水钢来了一批大学生。他们很重要的一份工作，就是到焦炉工地去运煤。因为把煤从火车上卸下来，需要运到现场去，到了现场还要加到焦炉里，这批大学生就干这种工作。当时大家开玩笑，把那批大学生叫作倒煤大学生。1968年还有一批中专生，他们也经历过这个过程。

1970年10月1日，水钢一号高炉建成投产。我们水钢高炉出铁比攀钢早，攀枝花出铁在我们后边。当时水钢员工还去攀钢，给他们帮忙，我也去了。我们出铁在他们前面，还觉得挺光荣的。

1978年，贵州省委书记马力决定举全省之力，搞两炉大会战。两炉就是要建第二座焦炉和第二座高炉，目的就是要把水钢尽快地搞上去。二号焦炉和一号焦炉是一样的，50孔的年产25万吨焦炭，二号高炉比一号高炉大一倍。一号焦炉是从鞍钢整体拆迁过来，在这个地方异地重建。568立方米的

◇　六盘水地区庆祝青冈林第一座高炉胜利出铁大会

一号高炉，设计能力是年产25万吨铁。两炉大会战时修的二号高炉是1200立方米，能力翻了一番，这就使水钢有一个比较好的发展基础。

1981年，水钢第一座轧钢厂，也叫一轧厂建成投产。它是生产ϕ6.5毫米的线材，盖房子用的那种钢筋。可能大家很奇怪了，说水钢建这个高炉，又没见炼钢，为什么先建个轧钢厂呢？因为那时国家是计划经济体制，什么东西是按照计划来。按照中央的统一计划，让水钢先建轧钢厂，生产钢材，供给周围地方，搞建筑使用。钢坯从哪儿来的？从攀钢或从其他地方调过来，然后水钢轧出成材。水钢不销售，按照冶金部的指令，调进来钢坯，轧出材，再调出去。

◇　水钢高炉

1984年，水钢建成第一炼钢厂，三座15吨的转炉，年产40万吨钢的规模就是在这时打下的。

1988年，水钢从西德引进320连续螺纹钢轧机，我们的第二轧钢厂建成投产，具备年产30万吨钢材的能力。至此，水钢有了两座高炉、两座焦炉，有轧线材的，有轧螺纹钢的，在贵州省乌蒙高原土地上，一座比较完整的钢铁联合企业诞生了。

三年扭亏目标两年实现

按道理，1988年建成的水钢，是一个规模较大的联合企业，应该有一个比较好的发展契机。但是任何一个企业，如果在发展道路上没有一个正确的理念，没能提高职工素质，没能把设备能力发挥好，那么这个企业就有可能出现曲折。1996年，由于各种因素影响，水钢的发展走到了崩溃的边缘。当时非常困难，是冶金部所辖的钢铁企业里面五大亏损企业之首。

但是冶金部、贵州省没有看着水钢走向崩溃，没有不管，而是给予了强有力的支持。1997年2月22日，冶金部、贵州省在水钢召开大会，叫"222大会"。时任冶金部部长刘琦、贵州省省长吴仪侠出席大会。同时从攀钢调来了攀钢公司经理助理朱继民到水钢任总经理，请邯钢派来专家组援助水钢。

"222大会"，确定三年扭亏为盈。处于生死边缘的水钢职工并没有退缩，他们奋力求生，背水一战。当时因为亏损，发不出工资，我们有的职工上班没有饭带，就带上几个土豆，烤熟了当饭吃。

由于水钢职工的团结一致，奋力拼搏，新来领导干部强力领导，加上中央、贵州省的全力支持，三年扭亏，两年实现。钢产量由1996年的36万吨，提升到1998年的78万吨，1999年突破100万吨。同样是这些人，同样是这些设备，产量却是36万吨、78万吨、100万吨，说明了什么？说明人的潜力是挖不尽的，人的力量是需要发掘的。靠什么？靠领导。

三线精神会使六盘水明天更美好

回顾水钢的发展历程，就是回顾三线建设的发展历程。你们参观过六盘水市三线建设博物馆，那里面就说到六盘水市是由三线建设而成长起来的城市，三线建设是六盘水市的根，三线企业是六盘水市的本，三线精神是六盘水市的魂。根、本、魂，成为一座新兴城市的脊梁。在六盘水这个地方，市领导对三线精神认识非常深刻，所以建成一座三线建设博物馆，就是希望把三线建设的精神代代相传。通过展览，让后人充分认识到三线建设的艰难，充分认识到三线建设的作用，充分认识到三线精神传承的重要。

我们说回顾历史，展望未来，只有经历了艰难，才能体会到现在生活的美满、幸福和欢乐。回顾历史，展望未来，只有在中国共产党的领导下，才有可能真正前进。六盘水市坚持发扬三线建设精神，相信乌蒙高原的各族人民，中国的凉都，一定会更加美好。我们水钢继续发扬和坚持三线建设精神，也一定能够为六盘水市的碧水蓝天贡献新的力量。因为钢铁企业如果不注意环

◇　六盘水工人获得流动红旗时合影

保，它就是污染大户，所以我们水钢一定会为美好的凉都贡献一份力量。

那么三线建设精神究竟体现在什么地方呢？我个人认为体现在三个方面：

第一，自力更生、艰苦奋斗的精神。三线建设初期，国家这么困难，各个地区这么困难，但是都在坚持三线建设，靠什么？靠的自力更生。因为靠外援靠不了，国际环境它不行了嘛。靠什么？靠的是人民，靠的是大家努力。有条件要上，没有条件创造条件也要上。凡是参加三线建设的人，应该说还真没有当逃兵的，没有埋怨的。在那个时候，吃苦很自豪，是一种精神的体现，所以这种精神是要传承的。

第二，团结协作、无私奉献的共产主义精神。三线地区那么困难，没有全国400多万人到这些地区去，就没有今天西部地区的崛起。400多万人是种子，像我们这些技术员，最后成了总工程师，虽然退休了，但我们也培养了一批人，扩大了影响，代代相传。鞍钢包建水钢，没有讲任何条件，要人给人，要物给物，要是没有一种共产主义精神，大家都搞本位主义，哪里有你三线建设的成功？几百万人，舍弃了比较好的生活条件，到了艰苦的地方，立足扎根。不管是三线的钢铁企业，还是国防、航空、航天企业，通通都是在三线地区发展起来的。没有这种团结协作、无私奉献的共产主义精神，实现不了。

第三，官兵一致、同甘共苦的精神。没有官兵一致，三线建设绝对搞不起来。你看领导干部吃住行和老百姓一样，多了一项待遇，就挨批判、挨批斗。他们的行动，他们的形象，是广大职工的榜样。有了这么坚强的领导，没有什么困难克服不了。所以官兵一致首先是官，官要保持和兵一致，那这个队伍是不可战胜的。因为官兵一致，红军的二万五千里长征，才有可能胜利，没有官兵一致早就散了。没有官兵一致，怎么能在那么艰苦的环境下，把日本侵略者打出中国去？没有官兵一致，小米加步枪，怎么能够打败800

万蒋介石美式装备的军队？所以从中国共产党成立到现在，艰苦奋斗、不屈不挠、官兵一致、团结人民、发动群众，都是非常重要的，必须代代相传。

党的十八大报告强调，只有我们胸怀理想、坚定信念，不动摇、不懈怠、不折腾，顽强奋斗、艰苦奋斗、不懈奋斗，才能够在中国共产党成立100年的时候，全面建成小康社会。我们现在已经全面建成小康社会。在新中国成立100年的时候，把我国建设成富强、民主、文明、和谐的社会主义现代化国家。十九大强调增强四个自信：道路自信、理论自信、制度自信、文化自信，加上要把我国建设成社会主义现代化强国，就体现了中国共产党从成立以来的坚持不懈的精神，这种精神在三线建设精神里得到了充分的体现。作为三线的人，我们感到光荣，我们感到自豪，我们受过苦，吃过苦，我们不后悔。我退休了，也希望将三线精神一代一代传承下去，一代更比一代强。

徐春刚

我为水钢献青春

采访时间：2020年12月10日

采访地点：贵州省六盘水市凉都印象酒店

采访人：陈亭宇

摄制人：赵　健

整理人：佟瑷池

　　徐春刚，男，1946年生，辽宁本溪人，中共党员。1968年赴贵州六盘水参加三线建设，高级政工师。曾任水城钢铁公司离退休处处长、党总支书记、水钢关心下一代工作委员会副主任等职。

我是班干部，积极报名参加了三线建设

我叫徐春刚，1968年毕业于本溪钢铁学校，学的钢铁专业。毕业以后，学校就把我们59个同学直接分配到贵州水城。因为贵州水城是三线建设地区，要建钢铁厂，三线建设需要我们，所以我们就来了。

当时我们这个学校，是冶金工业部办的，1958年叫本溪钢铁学院，1960年改为本溪钢铁学校了。但是师资力量都是学院的师资力量，学院的院长后来也是我们学校的校长。我们这个学校是全国招生，全国分配。1958年到1960年期间，还是本溪钢铁学院的时候，我们学院还有阿尔巴尼亚、朝鲜、越南等国的学生来学习。

1968年我们毕业，学校的领导、老师给我们开毕业分配的动员会，说贵州是毛主席提出三线建设的地方，三线建设需要人，你们应该积极主动地报名参加三线建设。当时我是团支部书记，又是班长，我肯定要积极响应党和毛主席的号召，所以我就报了名。后来我们59位同学都分配到贵州水城，参加六盘水的三线建设。

我在水钢参加工作，又在水钢退休，在水钢工作了38年。我是2004年预退的，2006年正式退休。我退休以后，一直没有闲着，在水钢教育处当辅导员。我再补充一点，在六盘水，我们三线建设大军一共来了18万人，在水城地区就来了8万人。来这么多人，要上学的孩子自然不少，当时水城这个小县城只有几所小学，中学只有一所，不可能一下子把这么多的三线子女都吸纳进去，所以各个企业就自己办学校。我们水钢办了6所小学、6所中学，还有技工学校，所以我们就有个水钢教育处。2009年，学校统一归到地方，水钢教育处自然也就撤销了。2005年6月1日，我被聘任为六盘水市少先队水钢教育处辅导员。2007年，六盘水团市委、市少工委、市教育局又聘任我为全市少先队总辅导员，一直干到现在。

六盘水的发展离不开三线建设

三线建设是党中央、毛主席于1964年作出的重大战略决策，当时做出这个决策有两个历史背景：一个是国际背景，一个是国内背景。国际背景就是当时存在两个霸权主义国家，一个是美帝国主义，一个是苏联修正主义。我提到苏联，你们年轻人可能会感到非常的陌生，苏联有15个加盟共和国，包括俄罗斯。1991年苏联解体以后，这15个加盟共和国都各自变成独立的国家了。

1964年，我们国家正在搞第三个五年计划，当时的国际形势非常紧张，美国和苏联对中国进行政治上的打压、经济上的封锁。所以搞第三个五年计划，一定要对帝国主义的威胁有所防备。怎么样防备帝国主义发动的突然袭击？毛主席就提出了"备战、备荒、为人民""深挖洞、广积粮、不称霸"的战略思想。根据这一思想，决定"三五"期间一定要加强西部的开发，一定要搞三线建设。

国内的情况是怎样的呢？由于历史原因，我们主要的工业、工厂、铁路，还有交通、通信等设施，大多数集中在沿海地区的大城市。西部地区占国土面积三分之一，但是西部地区工业却是寥寥无几，西部的交通又很闭塞。西部有资源，但是没有很好地开发出来，西部人民的生活仍然是非常苦的，甚至穿衣吃饭都成了问题。所以毛主席就说了，一旦打起来了，那么东部地区叫一线，中部叫二线，我们西部叫三线，当时一线二线三线就是这样划分的。战争一旦打起来，我们的主要工业基地被摧毁了，我们的经济建设就无法进行，所以毛主席说一定要搞三线建设。三线建设的背景、起源就是这么来的。

我们响应毛主席的号召，从全国四面八方来到贵州，来到水城支援三线建设。云贵川、陕甘宁，包括青海，这叫大三线。大三线当中的云贵川应该说是大三线的重点地区。而云贵川这三个省相比较，不论文化底蕴、经济实力、社会发展，还是人民生活水平，四川都要比云南、贵州好得多，云南也要比我们贵州好得多，所以说这三个省最贫穷的就是贵州。贵州借三线建设的开发，不断地追赶发达省份。50多年来，六盘水从无到有、从小到大发展到今天，我觉得都得益于当年的三线建设。我就是三线建设的参与者、经历者、见证者，六盘水能发展成现在的宜居、娱乐、旅游、度假、休闲于一体的现代化都市，都是因为六盘水人一代又一代传承了三线精神。

至于说我来了以后看见了什么，听到了什么，我想讲一点儿。我是1968年从本溪来到贵州水城的，应该说本溪那个地方是百年的城市了，城市的功能很健全，不管是交通、物资供应，还是人们的思想境界，都是非常不错的。来到水城，用当地人话说就是由米箩来到了糠箩。米箩就是盛米的，糠箩就是盛糠的，就是吃糠咽菜的糠。来的时候，一下火车，我们就深深感觉到六盘水是一个什么样的城市了。当时还不叫市，叫六盘水地区，1979年1月，国家才批准六盘水地区改为六盘水市。六盘水地区是由三个县组成的。1965年以前，在中国版图上你甚至看不到六盘水这三个字。1964年中央提出三线建设后，为了整合煤炭资源，就把毕节地区的水城、安顺地区的六枝，还有兴义地区的盘县，这三个县组合在一起叫六盘水地区。六盘水地区就是这么来的。六盘水当时还没有中山区，中山区是建市以后才成立的。来了以后我们主要工作生活在水城。水城是什么样子的？是一个贫穷落后、荒无人烟的地方，这是我的直观感受。当时只有厂坝和老城，算是人员比较集中的地方。三线建设博物馆你们去参观了吧？那地方有一个老县委，县委、县政府都在那块儿，县公安局也在那一个小院里，像现在的广场、黄土坡、德坞、凤凰山，还有双水，那里是寸草不生、没有人烟的地方。你看现在六盘水市建设得多好，可以说是原来水城县的多少倍，城区比原来水城县的10倍、20倍都要大，从面积到人口，都是这样。

吃一顿豆腐都算是改善生活

当年我们来的时候，听到这么一个顺口溜，叫作"四川的太阳，云南的风，贵州下雨赛过冬"，就是说贵州雨天特别多。雨天特别多会带来什么问题？道路泥泞，当时没有一条像样的路，没有什么柏油路，水泥路根本看不见，都是泥巴路。泥巴路也就几条，还不宽，只能过吉普车和小马车。下了雨以后，这个路有什么特点呢？就是汽车一过，泥巴甩得到处都是。你在路边走，看着汽车来了，得赶紧躲开，不然会溅一身泥。要是晴天了，就叫扬灰路。所谓扬灰路，就是尘土飞扬，汽车一过，你在后边走，汽车都看不见。

来的时候没有房子住，都靠我们自己盖一些席棚子、帐篷、干打垒，住的都是这样的房子。这样房子都是我们自己动手建的，水城县委、县政府也没有能力来解决这么多人的住房问题。我们住的席棚子有什么特点呢？外边下大雨，屋里下小雨，外边雨停了，屋里还在滴滴答答地下，有时候我们睡觉睡到半夜，雨点掉到脸上就会把我们惊醒，下半夜就睡不着了。

当时生活条件是非常艰苦的，我们吃的是什么？地瓜干、土豆干、萝卜干，少量的那么点儿细粮，大部分都是粗粮——苞谷糁子、苞谷面。菜是吃什么呢？吃干豆棒、干豆角。干豆棒是豆子做的，干豆角是豆角晒干了，都是从外地运来的，当时我们也不知道从哪儿运来的，反正一车一车运进来，我们吃的就是这些东西。一年很少能吃到一顿肉，如果说能吃到一顿肉，那是特别改善生活了，就是吃一顿豆腐都算是改善生活。物资供应非常匮乏，当时全国都是一样，什么都要票，买棉花要棉花票，买布要布票，买粮食要粮票，买肉要肉票，买副食品要副食票。有时就算有票也买不着，当时我们来的时候就连肥皂、香皂、牙缸、牙膏、牙刷都很难买到，没办法，我们写信让东北老家的亲人邮到这里来。另外，做菜需要的酱油，当时我们也买不着。我们是从东北来的，来的时候路过北京，北京有那种块状的固体酱油，有豆腐块那么大，买回来后切成小块，然后放在锅里加点儿盐，加点儿味精，熬一熬就成酱油了。就是这样的酱油，还得省着点儿吃。

运大型设备都靠马拉人扛

我们水钢是建在三块田上，高炉也好，焦炉也好，工地离指挥部都比较远，也没有路，路也是羊肠小道，仅能过去马车。所以我们这些大型设备，完全靠马拉人扛运到施工现场，可想而知那时候我们多辛苦。我是学采矿的，应该分到观音山，后来因为汽车队也需要人，就把我们三十几个人分到汽车队。我在汽车队干了一年半的装卸工，还有养路工。那时候路很糟糕，动不动就出现大深坑，没办法，就得用翻斗车拉碎石填，填了以后我们就负责把它铲平。另外，我们还负责装卸，在动力厂卸煤。当时翻斗车也很少，就用很多大板车拉煤，用大板车拉煤我们就得一锹一锹往车上装，再一锹一锹往下卸，我们整整干了一年半，后来大部分同学又被分到观音山去了。我被分到供销组，担任生产调度，专门接车和分配车皮，如往料场送还是往哪个动力厂、焦化厂送，当时我就负责这个工作。

◇ 人抬肩扛是水钢建设初期的家常便饭

　　因为我住在汽运厂，所以后来我申请调到汽运厂，被分到汽运厂宣传科。宣传科管学校，我又被分到学校，在学校教了两年半的书，教中学。后来汽运厂团委缺人，又把我调到汽运厂团委，担任团委书记。1981年，水钢组织部又调我到水钢组织部老干部科，担任副科长。1981年到1986年整整干了6年老干部科科长。1986年到1990年又给我调回汽运厂，刚开始是组织部部长，第二年汽运厂党委改选，我又选上党委副书记。1990年水钢成立了老干处，又给我调到老干处当处长、当总支书记。1995年到1999年期间，又在水钢钢材公司当工会主席，又到生活公司当党委书记。1999年到2004年又给我调回老干处，后来改为水钢离退休干部管理处。我们主要负责离休干部和退休干部的管理和服务，后来又把整个水钢的退休工人也都归到一起，统一管理了。

我把一生献给三线建设，不遗憾

应该这么说，我在水钢做了很多工作，团的工作做了，工会工作做了，党委工作做了，行政工作做了。我虽然做了这么多的工作，但很遗憾，没有在主体厂矿干过，像炼铁、炼钢、焦化、烧结这些都没有去过。

我觉得三线建设初期的三线建设者们，确确实实是非常辛苦的，但是他们想到的是什么？想到的是"苦不苦想想红军长征两万五，累不累想想革命老前辈"。你们都学过历史，红军二万五千里长征多辛苦，长征期间，上有国民党飞机扫射，前有国民党军队堵截，后有国民党军队追击。在这种情况下，红军战士不畏艰险，不怕牺牲，为了中国人民的解放事业，很多人都牺牲了自己的生命。和他们比起来，我们现在条件应该说优越很多嘛。第一，我们没有安全的问题，很安全了。第二，我们毕竟有住的地方，尽管是干打垒、席棚子，但你看红军哪有住的地方，吃上顿没下顿，就露宿野外。我们有住的地方，吃虽然差一点儿，但是我们每天都能吃饱，比较起来我们感到很幸福。

另外，毛主席说三线建设搞不好他老人家睡不着觉，我们就是要把三线建设好，让毛主席他老人家能够睡好觉。所以，这项工作是既艰巨又伟大又光荣的。这么一想，我们就干劲十足、干劲倍增。当时建设工地也好，职工宿舍也好，还是回职工宿舍的路上也好，到处都能听到一首歌，这首歌是什么？是《大海航行靠舵手》。你们可能也会唱，会不会？我给你唱一遍，"大海航行靠舵手，万物生长靠太阳，雨露滋润禾苗壮，干革命靠的是毛泽东思想。鱼儿离不开水呀，瓜儿离不开秧，革命群众离不开共产党，毛泽东思想是不落的太阳！鱼儿离不开水呀，瓜儿离不开秧，革命群众离不开共产党,毛泽东思想是不落的太阳!"这首歌极大地鼓舞了我们三线建设者的斗志。

人是有思想的,有了毛泽东思想来鼓舞我们,我们什么困难都能克服,什么艰险都不怕。可以说,我们三线建设者是献了青春献终身,献了终身献子孙。比如说我,来到六盘水时我才22岁,今年我都74岁了,马上再过年到2021年我就是75岁了,所以我可以这么说,我把一生都献给了三线建设,都献给了六盘水经济和社会的发展,我感到我的一生很好,不遗憾。有的三线建设者,不但献了青春献终身,而且献出了宝贵的生命。下面我举几个例子,给你们讲一讲三线的故事。

毛泽东思想是指挥我们前进的动力

我讲第一个故事,讲我们第一代老领导——陶惕成,陶是陶瓷的陶,惕是警惕的惕,成是成功的成。因为水钢是鞍钢包建的,所以他是从鞍钢调过来的。他调来以前是鞍钢的副总经理,他的身体很不好,调来以前在鞍钢的汤岗子疗养院疗养。冶金部一个调令,调他到贵州水城青冈林场建设指挥部任指挥长兼工地党委书记。当时为什么不叫水钢叫青冈林场,因为三线建设初期是保密的,比如说像水钢叫青冈林场,矿务局叫大华农场,水城水泥厂叫一二五厂,还有发电厂叫什么来着?都有代号的,这样保密。我们给家写信的时候,都不能写水钢。陶惕成46岁来到了水钢,时间是1966年3月份,他是水钢的一把手,是来筹建水钢的。所以他来了以后,没有白天没有晚上地干工作,再加上生病又得不到及时治疗,还有一个因素就是当时正值"文化大革命",凡是当权派,都要遭批斗。当时有一种说法叫什么当权派就是"走资派","走资派"就要批倒斗臭,甚至就要把他置于死地。所以,陶惕成就是被"造反派"给斗死的，很可惜。他是抗日战争时期参加工作的，是安徽合肥人，参加过抗日战争、解放战争。解放战争胜利后他就到鞍钢，刚开始当计划处长，后来又当副总经理。这人又年轻又有才能，结果就这样牺牲在三线建设的战场上，很痛心的。他是1966年来的，1967年2月份就去世了，不到一年。我是1968年来的，来了以后就听到陶惕成这个事。如果他不去世的话，水钢的建设说不定扩大几倍，会特别好的。

我再讲第二个人，叫刘剑萍（音）。刘剑萍也是鞍钢调来的。调来以前他是炼铁厂的厂长，调来以后就当副总指挥，协助陶惕成，是陶惕成的副手。他来了以后也是赶上"文化大革命"，白天斗晚上斗。他说什么？他说你斗我可以，我也接受你们的批斗，但是你得让我工作，我是毛主席派来的，我是搞三线建设，三线建设搞不好，我不好向党中央毛主席交代。就这么苦口婆心跟"造反派"说，"造反派"说那好吧，让他一边工作，一边挨批斗。就这样，他1978年去世了，也是因为有肝病。不知道你们知不知道，1978年水钢搞两炉大会战，第二座焦炉、第二座高炉大会战。这场大会战全省动员了9个地州市级一把手、各厅局的一把手，当时省委书记、革委会主

◇　六盘水人心齐、泰山移

任叫马力，他带着9个地州市人员到水钢开誓师大会。誓师大会头一天，刘剑萍作为我们厂长、一把手，还在改稿子，准备做报告，结果第二天早晨，他就去世了。

我再举个例子，你们知道贵州有一个梅花山，从水城到昆明要经过梅花山，梅花山的洞子（隧道），是铁路部门打的。当时非常艰辛，因为贵州是喀斯特地貌，我们这个地下有很多的溶洞，下边有流水。打梅花山隧道，在施工的过程中，洞内突然冒出涌水，结果40多名官兵都被冲走，壮烈牺牲了。这也是建设成昆铁路的一部分，成昆铁路是三线建设的重点工程之一。成昆铁路牺牲了我们铁道兵指战员共计130多人，从成都到昆明，几乎平均每修一公里的铁路，就要牺牲一名战士。成都到昆明，有8座烈士陵园，埋藏着我们三线建设者的忠骨。1968年我们来时，我亲眼看见从贵阳到水城这一段铁路，沿线两侧有很多的坟墓，后来才知道都是建设铁路的时候牺牲的战士。从贵阳北坐高铁到这儿，你们会有感受，一进到六盘水界，出了洞子（隧道）就是桥，出了桥就是洞（隧道），你从车窗往下看万丈深渊，火车就在山半截腰转。那时候我们是坐慢车，从贵阳到水城7个半小时，现在好了，通高铁了，只要1个多小时就到了。当时坐慢车7个半小时，车窗子允许开着，我们往下一瞅，万丈深渊。

哪有什么平地，真正是"天无三日晴，地无三里平，人无三分银"。所谓"人无三分银"，不是人长得不好看，是手头没有钱；"地无三里平"属实是这样，当时建三线的时候，最早厂址是选在平坝，在贵阳和安顺中间，那个地方比较开阔，但是不利于隐蔽。为什么要隐蔽？就是防止敌人原子弹来攻击，甚至我们水钢的变电所都是放在洞子里，免得敌人来轰炸。要是没有电，我们企业就无法生产了，生活也无法正常。

就拿我们水钢汽运厂来讲，它是由鞍钢交运队派出的干部、工程技术人员和工人组建的。有很多鞍钢来的老工人从60年代来到这里，一直到他们去世，都没有回去过东北一次，甚至他们的父母去世了，都没来得及回去。当然有多种原因了，有经济条件不允许，也有没有时间的。另外，他们的孩子还不是都丢在这边了，也没法回东北，想起来这些人还是很痛苦的。所以我就觉得，三线建设没有这些人的艰苦创业、勇于创新、团结协作、无私奉献这样的精神，就没有六盘水的今天。三线建设是六盘水的根，三线精神是六盘水的魂，三线企业是六盘水的本。我们既不能丢了魂，也不能忘了本，更不能丢了根。

　　我再给你们讲个小故事。刚开始来的时候，我们亲眼看到老百姓穿得破衣烂衫，这是北方的方言了。他们穿的大部分都是更生布，背个大背篓，背篓底下有个棍子，累了就用棍子支着背篓，可以稍微休息一会儿。我们到了一个苗寨，叫马坝村苗寨，到一个老乡家。他家是木头房子，屋里什么家具都没有，就有一口吃饭的锅。这口锅是吊在房梁上，锅里添半锅水，水烧开了以后，把萝卜缨子、白菜叶子往里一放，然后盛一小碗苞谷面，稀释了以后，倒在开水锅里一搅，再加点儿盐，又当饭又当菜。有的老乡告诉我们，就这样的饭菜，有的人家还吃不起，可想而知他们生活苦到什么程度。冬天特别冷，俗话说四川的太阳、云南的风、贵州下雨赛过冬。就是冬天我们都得穿棉袄，外边又套雨衣，白天干活，晚上回来了以后，把水鞋一倒能倒出一缸水来，这缸水是雨水和汗水的结晶。我们浑身都湿透了，回来了以后怎么办，也没有洗澡的地方，就打一盆水用毛巾擦一擦。说实在的，现在一个星期不洗一次澡，都感觉到非常难受，很不舒服，我们一年一年都不洗澡，那是什么感觉？都是这样的，我们就是这样过来的。但是我们不抱怨，我们也不后悔，我们一心一意响应毛主席号召。毛泽东思想哺育了我们，从少年到青年到壮年甚至到老年。可以这么说，没有毛泽东思想作为我们精神支柱，做任何工作都不会有积极性的，所以说毛泽东思想是指挥我们前进的动力。

三线精神要一代一代传下去

追忆三线历史，传承三线精神，三线精神要靠一代又一代来传承。三线历史是国家历史的一部分，三线精神和井冈山精神、长征精神、延安精神，甚至抗美援朝精神，都是一脉相承的，它是中华民族宝贵的精神财富，这些宝贵精神财富要一代一代地传承下去。我退休了，但是我仍然没有闲着，发挥余热，老有所为。我把三线精神一直传承到今天，包括我今天讲三线故事，这都是传承三线精神的具体体现。我退休了以后，用15年的时间从事青少年的教育事业，帮助青少年树立正确的人生观、世界观和价值观，也帮助他们健康成长，给他们讲革命故事，给他们讲雷锋的故事，给他们讲怎样做人，怎么样做一个好人。这十五六年我讲了多少课记不清了，至少有100多次了，我写了100多篇讲稿就是教材，我讲课的讲稿都是我亲手写的，有2万多人听了我的课。我的课不单单在学校讲，在市政府机关讲，也给市委办公室的同志讲，给检察院的同志讲，给市总工会讲，给市委统战部讲，给市民宗委讲，也给社区讲，给企业讲，给农民讲，给工人讲。这100多堂课都有资料，我把资料都带来了，到时候你们也可以拿回去。我有一本书——《艰难岁月三线情》，这本书编得非常好，当然其中也有采访我的内容，你们可以结合我的采访，再看这些内容。这本书很宝贵的，印的不多，一个区县才发了四五本，由于我是参加采访的，给我发的多些。我到机关或学校讲课，和我认识的人特别多了，各个学校的校长、政教主任和少先队总辅导员、大队辅导员，遇到他们，我就把这本书给他们，叫他们好好地学一学，教育孩子们要心中有党不忘本、心中有民不忘根、心中有责不懈怠、心中有戒不妄为。我跟老师们讲这四句话，叫他们听党话、知党恩、跟党走，让他们一辈子从事党的教育事业。我还跟老师讲，你们不单单要教书育人，还要以德树人，让孩子们从小热爱党、热爱祖国、热爱我们可爱的家乡，让他们吃水不忘挖井人，幸福不忘共产党。就因为这样，所以我也得了不少荣誉，我把我这些荣誉都带来了。这些荣誉不是我自己夸耀自己，主要就是体现出各级组织对我工作的肯定，同时荣誉就是我工作的动力，人要有动力才行。

华北荒

两代人为鞍钢和水钢
都做出贡献

采访时间：2023年7月20日

采访地点：辽宁省鞍山市鞍钢东山宾馆3号楼

采 访 人：李思慧

摄 制 人：胥翔译

整 理 人：佟瑷池

华北荒，男，1948年生，黑龙江省佳木斯市集贤县人，中共党员。50年代初随父母来到鞍钢，1976年到水钢基建指挥部工程科工作，1981年回到鞍钢，先后在鞍钢炼铁厂附属企业公司计划处、鞍钢组织人事处工作。

父母的峥嵘岁月

我1948年12月26日出生在黑龙江省佳木斯市集贤县。当时我父亲在集贤县当县长，我母亲是集贤县妇工委的书记。我父亲叫华民，生于1919年11月。我母亲叫张蔚然，生于1923年5月，"蔚然"二字出自欧阳修《醉翁亭记》"望之蔚然而深秀者，琅邪也"。父亲的籍贯是河北深泽县，母亲的籍贯是辽宁开原。他们二人都是鞍钢的"五百罗汉"成员。

我父亲1938年参加革命，并于当年入党。抗战时期，父亲一直在河北参加地道战。抗日战争胜利后，第一站到达沈阳，在大东区任公安局局长。国民党进入沈阳之后，我父亲按照党组织的安排一路向北，来到佳木斯。

母亲原在开原读书，我舅舅是党的地下工作者，当时任奉天伪满洲警备区司令，所以我母亲就以沈阳的名额作为伪满洲国的"留学生"被派往北京女子二中学习，准备报考北京大学中文系，后来因参加革命到晋察冀边区工作，便在华北联大上学。大学毕业后，由于我母亲的东北口音较重，不适合在北京做地下工作，于1944年被华北局城工部派回沈阳做地下工作。1945年"八一五"光复后，按照组织安排，母亲留在沈阳东北日报社做记者。后来国民党进驻沈阳，母亲也撤退到佳木斯，任合江日报社的特派记者。

有一次，我母亲去佳木斯的集贤县采访土改工作情况，时任土改工作团团长的韩天石说："你去采访一下土改工作队队长华民吧。"于是，我母亲认识了说一口河北话的我父亲，父亲虽然出身贫农，但是他爱好学习，也很羡慕文化人。就这样，在韩天石和刘英（张闻天爱人）的撮合下，他们恋爱了，我母亲也从合江日报社调到集贤县工作。我是1948年生的，1950年1月，我父母便带着我来到了沈阳，他们在东北局宣传部工作。

鞍钢五百罗汉之夫妻档

1948—1954年，党中央及东北局开始抽调县级以上干部支援鞍钢。于是，1950年的五六月份，他们两个就一块儿调到了鞍钢，后人把这批干部称为"五百罗汉"，而我父母成为鞍钢五百罗汉的夫妻档。

我父亲任鞍钢工会生产部部长。我母亲任炼铁厂工会主席。当时炼铁厂的厂长兼书记是温良贤，冶金工业部的副部长周传典（时任鞍钢技术员）就是我母亲和温良贤培养起来的。当时周传典在鞍钢炼铁厂任技术员，后来历任炼铁厂副厂长、厂长等。在我母亲支援水钢的时候，周传典到水城视察，没有听从工作人员的接待安排，他说："不行，我得见见我的老领导去。"就到我们家找我母亲去了。我母亲说："你别'老领导'了，你现在是我的领导。"

担任过炼铁厂厂长的还有蔡博，我们家当时跟他家楼挨着楼，住得很近。那么，蔡博是谁呢？蔡博是毛主席的战友蔡和森和向警予的儿子。蔡和森和向警予牺牲以后，党就把蔡博送到莫斯科的国际儿童教养院了。中学毕业后，蔡博在莫斯科钢铁学院学习冶金，回国后在鞍钢工作，是冶金方面的专家。我跟我母亲说："他家的报纸怎么全是外文？"什么苏联的《真理报》，什么《人民日报》外文版，都是外文，因为当时蔡博不会讲汉语，每天上班讲话的时候，旁边得有一个翻译。对于这件事，蔡博很苦恼，他就跟我母亲说："老大姐，我怎么办呢？我不会说汉语。"我母亲就经常安慰他，让他慢慢学，不要急躁。

父亲、母亲均参加了鞍钢三大工程建设。1952年，父亲因车祸去世，定为烈士。母亲因此受到很大打击，身体出现状况。鞍山市委书记韩天石便把我母亲调到鞍山市委工作，任市委宣传处处长，后到鞍山市文化局任鞍山市文化局局长。所以这一段时间我母亲离开了鞍钢，直到"文化大革命"开始。

当时，鞍钢包建的贵州六盘水钢铁厂发展遇到了瓶颈，急需冶金企业的管理干部，就派原为鞍钢政治部副主任、也是鞍钢"五百罗汉"之一的张子雄来鞍山寻求支援。但由于鞍钢干部多被派往乡下，或者众多干部被打倒等原因，抽不出来合适的干部支援水钢。于是张子雄就跟我母亲说："老张，你愿不愿意跟我去水城？"当时，我母亲是改行做文化工作的，所以她就说："原来我就搞冶金的，我还是搞老本行吧，我去！"就这样，1970年，我母亲就去了六盘水钢铁厂。

◇ 集贤县人民政府欢送华县长、文局长等同志离别纪念照
　（一排左六为张蔚然，二排左六为华民）

特殊时期队伍不能散

我是1968年下乡的，属于第一批下乡青年，1970年入伍，1975年复员。复员后我在北京工作了一段时间，1976年我回到水城，回到我母亲身边。

当时水城钢铁厂的情况非常乱，第一个原因是受"造反派"的干扰影响；其次是因为鞍钢过来的干部，他们经过大企业的历练，管理水平很高，跟当地的有些干部存在管理上的矛盾。当地一些干部的经历都是什么呢？他们大多都是解放战争随着大军南下的干部，农村干部比较多，接触工业很少，一看鞍钢来的这些干部一讲企业管理都头头是道，一讲到钢铁工艺什么都非常明白，当地这批干部就有一定的抵触情绪。工作开展不下去，把东北来的这些干部急得够呛。但是那个特殊时期，他们能做的只是维护好队伍，不能让队伍散了。

我当兵回六盘水探亲的时候，看到我母亲这些老干部，天天在那研究如何开工，如何解除外部的干扰。后来大家达成共识，那就是咱们东北来的这些工程技术员、干部、工人不能散，怎么艰苦都得稳住队伍。这些干部到处去寻求资金支援，一是上冶金部汇报，虽然冶金部那时候也是军代表（主政），但是也得汇报，因为三线是毛主席最不放心的地方；再有就是到贵州省争取资金，维持企业的生存。

我母亲那一批支援水钢的干部是1970年到的水城，但由于配套设施跟不上，直到1975年水钢基本上还是处于一种停滞状态。当时，虽然水钢动力厂和焦化厂建设完成，但没有炼铁、炼钢、轧钢生产设备，如果这三项设备要投资的话，投资量是非常大的，国家没钱，省里也没钱。1976年粉碎"四人帮"以后，水钢才开始真正起步。

为水钢建设付出生命的鞍钢人

1966年，中央决定由鞍钢包建水钢，由鞍钢副经理陶惕成牵头负责，任水钢建设工地党委书记和指挥长。陶惕成亲自带领技术人员实地勘察、选定水钢钢铁厂厂址，着重抓好厂区总体布置、初期技术设施建设、协调厂矿地方关系等工作。动力厂和焦化厂都是在他的带领下建起来的。陶惕成依靠群众，尊重知识和人才，崇尚先进，虽然他自己身体不太好，但依然亲自陪同行动不便的劳模参观新工厂，他说："你们干得好，我背着你们参观都行！"

"文化大革命"开始后，在"四人帮"的干扰下，水钢建设无法正常进行，陶惕成也挺迷茫，导致他神经衰弱，睡不着觉，加上他又老想水钢建设

◇ 华北荒与工友们在水钢1号高炉前合影（二排右二为华北荒）

◇ 1969年9月28日水钢1号焦炉出焦

这些事，就更睡不好觉了，每天需要吃大剂量的安眠药，这样恶性循环，最后身体垮了。1967年2月，陶惕成突发脑出血，倒在了工地的帐篷里，年仅47岁。

鞍钢计划处原处长刘剑萍同陶惕成一起到的水钢，担任水钢建设总规划师，陶惕成去世后，水钢建设的重担落在了刘剑萍身上。水钢后来的建设与发展都与刘剑萍千方百计争取政策、走群众路线、含辛茹苦地工作分不开。1978年，刘剑萍操劳过度，积劳成疾，也英年早逝。

解决3250鼓风机安装难题

1976年，我到水城钢铁厂基建指挥部工程科工作，经历了炼铁厂建设、炼钢厂初期设备安装和轧钢厂线材生产三项工作。

当时在基建指挥部的时候，我负责炼铁厂动力车间3250鼓风机安装。炼铁高炉就跟我们家里烧炉子一样，必须得有送风系统，这样才能充分燃烧。

3250鼓风机和高炉都是鞍钢支援的。水城钢铁厂在鞍钢大白楼专门有一个办公室，就是跟鞍钢设备部协调。因为鞍钢要建大高炉，就把580小高炉支援给水城，但对于没有钢铁的贵州来说，这个小高炉运到水城也很不得了。3250鼓风机是苏联援建鞍钢的，当时同高炉一起支援给水钢。

　　我在北京工作时做过电力建设，安装过套频鼓风机，而且我学的是苏联时期的教材，因此负责鼓风机安装的动力厂的厂长找到我，他说："小华，为什么这台鼓风机的大盖扣不上？"他说的大盖就是鼓风机的上下两瓣要扣在一起，他们怎么扣也扣不上，而且互相之间的隔板还不在一条直线上。不能严丝合缝地扣上，他们就想改动设备。我说："你先别改，把装箱单给我。"他说："工人哪懂什么装箱单，拆开箱就开始装。"真是蛮干！后来我就趴在地上查看箱号，我一看箱号，便知道了大概。我问从鞍钢接收设备的人员："这个设备是不是有两套？""对，有两套设备，都放在鞍钢的仓库里了。"我说："这个大盖是另一个鼓风机的，你马上告诉鞍钢那边，把另一个鼓风机的大盖拉过来，这边的马上包装给拉回去，千万不要动。"我就跟工作人员讲："套频鼓风机出厂的时候是经过整体试车的，所以你们一定要看好箱号，每个部件的箱号是一个号。假如这辆车是第一辆车，他所有东西的第一个打头字母必须是'1'，要不是'1'，这个箱子装的就是别的设备。"经过调整，3250鼓风机安装很顺利，试车一次就成功了，高炉也正常投产。

英雄不问出处

　　水城钢铁厂当时是敢于培养人才、发现人才的，没有那种论资排辈的等级观念。只要有能力有水平，就像坐直升飞机一样，能直接上去。我母亲当时任水钢副厂长，负责基建指挥部的整个日常管理工作，同时也负责干部和工人的培训，培养了一大批干部。

当时水城钢铁厂的几个主要部门，如电建部门是搞电力和仪表安装的，人员都是1968年以后分来的大学生，人家工作确实出色，一方面技术过硬，另一方面有组织领导能力。不长时间，这些大学生就都提职了，有些大学生才30多岁，工作只有三四年时间，就提拔到其他厂当副厂长了。

在水钢不唯成分论，因为水城钢铁厂刚开始分来的大学生没有出身好的，出身好的全留在大城市了，但是这些人真有才干，所以领导说不唯成分论，就看他对水钢的贡献，能做出贡献、具有一定的领导能力，就提起来，所以提了一大批人。这些人开始在水城钢铁厂工作，后来有不少调到六盘水市和贵州省政府机关工作了。

我母亲还负责文教方面的工作，水钢一中归我母亲管理。我母亲从分配到水钢的大学生里为水钢一中挑选教师，水钢的师资水平当时在六盘水是非

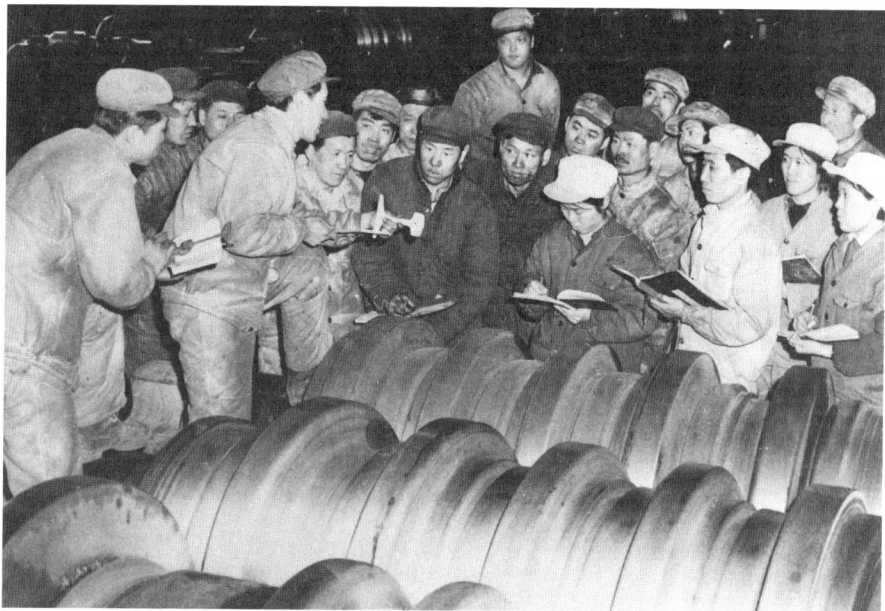

◇ 鞍钢举办专业技术学习班

常有名气的。我母亲最后要离开水钢的时候，这些老师说："老张太太你要走啊？你不在这儿待啦？"我母亲说："你们在这儿我就放心了。我年纪也大了，该把这个班交给你们了！"

这期间有个插曲。我们家邻居是上海人，东北大学电力专业的毕业生，跟一个小女孩儿谈恋爱。但小女孩儿的父母是河南人，是在地方工作的南下干部。父母一听她找的是上海人，还是资本家出身，她母亲就不干了，不仅不给她户口本，还把她关起来。后来那小女孩儿就跟我母亲说："张阿姨啊，我母亲怎么不像您那样开明呢？"我母亲就去找小女孩儿母亲了，说："她找这个对象非常好，虽然家庭出身不好，但他是我们的重点培养对象。"经过母亲劝说，促成了一桩姻缘。后来这个男孩儿当上了第一副厂长，是处级干部。女孩儿的父母经常到我们家，对我母亲表示感谢。

回归故里

我母亲是1981年初回鞍山的，当时水城钢铁厂恢复正常运转，而且我母亲年纪也大了，所以她没有留在贵州而是选择回到鞍山。当时，辽宁省的省委书记是来自贵州省的陈璞如，他给我母亲两个建议，一个是到沈阳，一个是到大连。后来我母亲还是选择回到故里，但没有回鞍钢，而是到鞍山市委宣传部当副部长兼文化局局长，又回到文化口了。

我也是1981年回的鞍钢。当时鞍钢成立附属企业公司，是大集体，能有10多万人，我觉得集体企业有活力，就跟组织人事部说我要到附属企业公司。这样，我就被分配到了附属企业公司计划处，负责长期工业规划，一干就是10多年。后来鞍钢就把我们这批派到附属企业公司的干部往回抽，我回到鞍钢组织人事部，工作几年后，为了减轻企业负担，我们这批人就居家了。

印象深刻的高炉记忆

1977年，水城钢铁厂高炉首次点火，盛况空前。高炉点火就像咱们家里过去烧煤炉子似的，底下得用木材。煤炉子是先放劈柴，劈柴点着了以后才能压煤，煤还得是大块煤，这样才好透气，高炉点火也是一个道理。

高炉即将点火的时候，就如同一声号令，所有的领导干部全到现场，一个人把一个风口，里面有人垛枕木，就是铁路上用的那种枕木。那天晚上，就像一个非常盛大的节日，全水城的男女老少都去水钢了。大家从火车皮上把枕木卸下来后，一根接一根地通过楼梯送上高炉的平台。那个时候挑灯作业，人们都有一股劲儿，也没有食堂送饭啥的，大家就是无条件地付出，都希望快点儿把高炉里面的枕木垛起来，因为第二天贵州省委书记马力要来看点火。

这天，水城钢铁厂的厂长刘剑萍病重，生命垂危。我母亲、水钢书记张子雄等人探望回来后全哭了，大家都知道他的生命不长了，他的高原性心脏病很严重。这边刘剑萍病重在抢救，那边大家伙还得抢工期，这边适当留人，那边都到现场去往高炉里送枕木。虽然母亲他们很伤心，但是到群众那边、到了热火朝天的高炉现场，谁都不能露出来一点儿悲伤的情绪，马上兴致勃勃地跟大家一起运枕木。

第二天，贵州省委书记马力来了以后，在点火之前先去医院看望了刘剑萍。高炉点火一次成功，点火成功意味着出铁成功，从此宣布贵州摘掉了没有铁的帽子。

高炉作业也是危险的工种，有一次发生了严重事故。当时因为炉顶气密箱水封没封好，漏气了，泄漏的气体是一氧化碳。高炉底下有个工人洗澡堂，泄漏的一氧化碳跑到洗澡堂里了。由于一氧化碳无色无味，工人们一时也没有察觉，大量吸入一氧化碳，后来全都漂在洗澡池子里牺牲了。这也是一个沉重的教训，现场施工中稍微不注意就会出现危险。

总体说来，我们这些鞍钢过去支援水钢的同志，都是毫无怨言、无私奉献的。曾任水钢党委书记的张子雄是鞍钢"五百罗汉"之一，刚才提到的把生命都献给水钢的老鞍钢人陶惕成、刘剑萍，还有水城钢厂后来的厂长刘玉林，都是鞍钢派来的干部。总之，无论是领导干部，还是工程技术人员，这些鞍钢来的老职工都是心往一处想，劲儿往一处使，他们献了青春献子孙，有的老同志的孩子也扎根在那儿，所以说，他们真是无怨无悔地把自己的青春和热血都贡献给了水城，献给了水钢。

张齐厚

与三线队伍一路奋斗
没留遗憾

采访时间: 2024年2月27日

采访地点: 辽宁省本溪市第五福利院

采 访 人: 李思慧

摄 制 人: 胥翔译

整 理 人: 徐春旭

张齐厚，男，1942年生，辽宁本溪人，中共党员。1968年毕业于东北工学院（现东北大学）机械系机制专业，被分配到三线企业——贵州省凯里市国营宇光电工厂工作，曾任该厂工程师。

能被分配到三线工厂，我当然高兴

1961年我高中毕业后考入东北工学院（现东北大学）机械系机制专业，本应1966年毕业，但赶上"文化大革命"，所以到1968年才毕业。毕业伊始就被分配到贵州省凯里市三线企业——国营宇光电工厂工作。当时我的想法很简单，就是服从祖国召唤，党指到哪里我就去哪里，而且这个三线厂要求高，有条件限制，一般人没有资格，我能被选上当然挺高兴。

1968年，我的两个妹妹相继上山下乡，我又被分配到遥远的贵州三线工作，但我的父母并未阻止，这充分说明我父母还是挺明智的，是支持我的。1968年10月24日我就正式进厂报到了。

参加建厂人员，大部分来自国营宇光电工厂的包建单位——成都七七六

◇ 宇光电工厂厂区

厂，他们派来的领导、中层干部和部分技术工人50余人。另一部分是厂里1967年在遵义招收的一批学徒工。还有一部分是在当地招收的20来个轮换工，轮换工主要是为了培养工厂周围的少数民族同胞。另外就是像我这样的大中专毕业生，包括14名大学生、8名中专生。

建厂初期，大家什么活都干，不分工种和专业。当时，我们宇光电工厂实行军事化管理，一共编成4个连，但每个连分工不太明确，所负责的工作也是零零散散的，打炮眼儿、开山、挖沟、搬砖、养牲畜、加工粮食等，什么活都干，包括拉电线，当时凯里虽然已经供电了，但得自己接线，自己架电线杆子，自己安装变压器。总之，当时三线建厂，所有这些事情都得自己去办。

终身难忘的三件事

说到这里，我想给你们讲一下令我终身难忘的三件事情。第一件事情，刚进厂里时，我被编入机械加工连。有一次，我们机械加工连去拉动力电，拉动力电第一项工作就是立电线杆。立电线杆是个大工程，所以大家是一起去的。立电线杆必须先用木头杆绑一个"人"字形的架子，架子的顶头架在电线杆子上，同时用绳子将电线杆绑在"人"字形架子上。立电线杆时，一部分人用力拽绳子，另一部分人顶着"人"字形木架子，大家齐心合力才能把电线杆子立起来。结果就在大家立杆的过程中，绳子被拉断了，幸亏大家站的方向是冲山头，背靠山坡底下，绳子被拉断以后，大家一起来了个后滚翻，滚到山坡下。回想当时人仰马翻的场景属实有点儿滑稽，不过想想也是挺后怕的，幸好有惊无险，大家都非常乐观，相视一笑，拍拍身上的泥土，站起来继续干。

　　第二个让我难忘的事情就是贵州的天气。贵州有一种特殊的天气叫凝冻，天上下的小雨刚掉在地上就凝结成冰。贵州下雨天气特别多，为什么叫贵阳，就是阳光非常金贵，一年四季雨天多、晴天少。贵州下的雨很有特点，不像东北的雨，我们东北的雨是急风骤雨，说下就下，说停就停。而贵州的雨比牛毛还要细，它挂在电线上就会立刻结冰，时间一长结的冰越来越多，越来越重，就会把电线压出故障来。遇到这种天气，没什么说的，接到通知、听到命令我们就立刻出发，前往故障现场。在牛毛细雨中工作，雨在每个人的身上凝结成冰。那个工作场景真是令我难忘，天气又冷，任务又艰巨，但是没有任何人有怨言，没有任何人往后退，大家就一个信念，抓紧时间，解决问题，排除故障。当时除冰的工具也不是太多，就用手敲冰，真是铆足了干劲儿去解决问题。

　　第三个故事是安装水箱。当时我们厂刚开始建设的时候，需要安装各种机器设备。其中少数设备是特种设备，如锅炉需要专业人员安装，这些设备不允许我们自己安装。但其他通用设备绝大多数都得我们自己动手安装。安装是安装，但没有专业的安装设备，大多数属于人拉肩扛。比如，有一次安装水箱，刚开始时是用绞车从坡下往坡上拉。什么是绞车？说白了就像卷上钢丝绳的磨盘，钢丝绳的一头绑在设备上，另一头绑在转盘上，转盘上有杠杆。转盘这边需要几个人用力推动杠杆，带动转盘转动，从而牵引钢丝绳，这样就能把设备从下面拉到上面来。刚开始由于没有经验，用的钢丝绳又细又长，结果刚一用劲，钢丝绳就被拉断了。现在我跟你们说得这么轻巧，但当时可是非常危险的。只听"砰"的一声，钢丝绳就抽回来了，在场的人们真是眼疾手快，撒腿就跑。万幸没有抽到人，一旦被钢丝绳抽到，后果不堪设想，非死即伤。

　　从山下往山上搬运水箱这活儿我没干着，但我参加了安装水箱的工作。当时组长领着我们3个大学生负责安装水箱。我们先用钢管搭成一个三角架，三角架上绑上手拉葫芦（滑轮），在手拉葫芦上再绑上绳子，利用滑轮原理把这水箱往上拉。可当我们三个人干活的时候，却出现了三个钢管共振的情况，其中有一根钢管突然就弯了，而且弯得特别厉害。我们三人发现钢管弯了，就立刻停手了。幸好钢管没有折断，只弯了半截，所以水箱就只是倾斜，没有掉下来。如果当时水箱掉下来了，我今天就不会在这里给你们讲述这些难忘的故事了。

将厕所改造成我的单身宿舍

在来到贵州之前就听说三线建设很艰苦，没想到抵达凯里后，感觉当地的条件比想象中要艰苦得多。首先说交通，我从沈阳到贵州，是先坐火车到广西柳州，再从柳州坐火车到贵州都匀，从都匀再坐汽车到凯里，交通特别不方便。其次，我刚到凯里时是10月份，当时天气已经冷了，但还有蚊子，而且蚊子还挺猖狂，所以对于东北人来讲，又湿又冷又有蚊子的贵州，确实让我遭了点罪。

报到后在厂里工作了半年，厂里安排我们先到成都实习了6个月，回来后就住进刚修好的单身宿舍，所以没赶上住油毛毡房和没有水吃的那段时期。但不巧的是我的房间紧挨着厕所，墙是湿的，无法住人。怎么办呢？厂子就给我找到家属楼中一个没使用过的厕所，经过简单的改造，将这个厕所作为我的单身宿舍。房间比较小，阴暗无窗户。我在那住到1973年，结婚后才搬出来。

当时厂房也没有完全建成，实际上就是刚砌好墙，既没有房顶，也没窗户，四面通风。食堂可以说有"食"无"堂"，大家都是趁热边走边吃，主食有籼米和白面，还是不错的。但因为在荒无人烟地方建厂，副食只能外运或是七七六厂的车回厂里办事时，给我们捎点儿菜回来。有时厂里的车到贵州都匀东宝山基地总部办事，也会顺便捎回一些菜。捎回一些菜说起来挺简单，但做起来却是很难的，难就难在交通上，车子要经过苗岭，苗岭附近车道既险又窄，坡道又多又长又陡，车子开起来十分危险。我曾经见过汽车由于刹车时间过长，刹车片发热，把汽车轱辘给点燃的情况。虽然副食不足，但在当时的大环境下，有吃的也就很不错了，所以大家都非常理解，没有什么怨言。为了解决副食问题，厂里也想了很多办法，大家纷纷响应毛主席"自己动手丰衣足食"的号召，如厂里的"五七连"专门组织人员养猪、养羊、养鱼等，多少缓解了副食供应难题。

因为三线建设的指导思想是以生产为先，其他辅助性的建设可以放后，导致厂内道路交通不完善。道路虽然没修好，但设备还得运，从卸货点到车间要翻越一座小山，大家都知道贵州天气是"天无三日晴"，道路经常泥泞。设备到了，大家就得想办法将设备拉到车间，所以是一边修路，一边运设备，导致设备运输效率非常低。有一次，我们请外单位的吊车到我们厂帮忙吊设备，吊车开进去时是上坡，返回来是下坡，下坡后还要路过一座双轨桥。所谓双轨桥，其实就是在河沟上面铺上两条木头枋子并垫上木板，使车轱辘能在上面走。当时我在安装组，负责协助吊车师傅吊运设备，所以我就坐在司机的旁边。结果当吊车经过双轨桥时，还是掉沟里了，幸亏有惊无险，我和吊车师傅都没大碍。

交通不便不仅体现在设备运输上，我们员工上下班也不方便。从车间到生活区要经过一座小山，大家为了方便就都不走大道，而是走山坡上的小路。但贵州雨水多，所以山坡上的小路经常是泥泞的，大家在行走时经常滑倒。可不走小路，就得走汽车走的路，就得舍近求远，所以为了节省时间，大家宁可滑倒，也走小路。

工厂院内没有水源，最近的水源叫"龙井"，水里含的矿物质比较多，水硬，不适合饮用，当地老乡都不喝。用这水烧开水，会在水壶上挂一层水垢。可我们没有别的办法，不得不用，所以在"龙井"里安装上水泵，将自来水管铺到了厂里。水一直是我们厂里的大问题，但确实没法解决，直到厂子搬到贵阳后，才喝上放心水。

文化生活也很匮乏，主要是靠听收音机，收音机基本上家家都有。另外就是我们厂的驻厂军代表协调部队，帮忙修建了一个带灯光的篮球场，篮球场成了大家业余生活的主要活动场地，打篮球、玩排球、拔河比赛、看电影，都在这个场地上进行，这是很多三线工厂没有的风景，让我们感到很自豪。

突破专业壁垒，攻克技术瓶颈

1970年厂里投产后，我们面临两个非常突出的现实问题：一是设备精度不高，适应不了产品的质量要求；二是所需原材料特殊，供货厂家无法批量生产，导致供货困难。针对第一个问题，我们通过摸索和实践，采用"设计新工装、采用新方法"来解决。我给你们举个例子，电子管里有根螺旋线，螺旋线的精度要求挺高，我们独创了"双丝密绕"方法。这个方法是我想出来的，即用两根金属锁，一根钼丝与一根钨丝同时密绕，密绕就是丝和丝挨着，密绕后的丝精度是比较高的，这样就满足了螺旋线的精度要求。

针对第二个问题，我们通过创新各种工艺和方法，自己生产或者改良原材料。就以我为例，我看完图书馆有关机械加工的书后，感到所学知识并不能满足我创新技术的要求，于是我就向别人借阅压力加工专业的书籍。通过不断地更新知识，我突破了所学机械加工专业的壁垒，搞了压力加工。比如一种产品叫漫波线，要求工艺非常高，市场上买不到。于是我们采用"钼丝改带封闭碾压"的工艺，钼丝是圆的，带是扁的，截面是矩形的，要把圆的改成矩形，采用的是封闭碾压。一般来讲轧辊是不允许互相接触的，会增加应力，但是为了我们这个产品的材料，就创新了加工方法，两个轧辊有个预压紧，中间加工出一个缝就是槽，在轧辊转动的时候，槽的尺寸是不变的，钼丝的直径是精度比较高的，它碾出来那个带精度也就比较高，用类似这种方法使原材料问题得到了解决。

◇ 宇光电工厂生产车间

还做了其他一些工作，也是因为原材料精度问题。我再举两个例子：一个是校直，就是金属管不能是弯的，必须在车床上进行工装给它弄直了；另一个工艺是旋压，电子管形状比较特殊，而且大多是较大的金属管，虽然需求量就十根八根的，但对其要求却非常高，所以这种原材料基本订不着货。我们就自己想办法，开展旋压工艺。没有旋压机，就利用台钻和摇臂钻旋压，通过辅助旋压设备进行旋压。后来厂里机械科制作了一台旋压机，解决了这个问题。当时大家真是各显神通、群策群力、集思广益，这个过程听起来似乎很容易，但能真正实现确实很难。

经过多年的努力，我们厂的三线建设成果丰硕。我们最自豪的是中国第一枚运载火箭发射，利用了我们厂生产的微波管，可以说我们也立下汗马功劳的！还有在国防事业雷达设备方面的贡献，我们共研制生产了5个类型共80多个品种的超高频电子管，以满足部队需要。我们还为北京正负电子对撞机提供了安全可靠的微波器件。80年代开始"保军转民",我们厂跟得比较紧,部队需要就继续生产军品,但民用品也研究了很多,比如试制生产了微波复烤机、煤矿用的真空断路器、汽车用的特殊灯泡等。

三线建设改变了国家工业布局,促进了经济发展,这个都是公认的。我认为,更重要的是三线建设培养了一支特殊的队伍,能吃大苦、耐大劳,不畏艰险,这个是很特殊、很宝贵的。1997年,我们厂响应中央"向中心城市靠拢"的号召,搬到了贵阳,离开了凯里,三线建设告一个段落。对于这段工作和回忆,我最大的感慨就是"人,艰苦奋斗,不畏艰险。事,终生难忘,有苦有甜。"我跟着这个队伍走过来了,没留遗憾!

姜建本
带袋黄土上三线

采访时间：2023年6月6日

采访地点：甘肃省天水长城通用电器有限公司

采 访 人：陈亭宇

摄 制 人：王　坚

整 理 人：佟瑗池

　　姜建本，男，1941年生，山东烟台人，中共党员。1962年毕业于大连工业学校，毕业后被分配到大连低压开关厂，1969年参加三线建设来到甘肃天水，曾任天水长城通用电器厂车间主任、生产科科长、工会主席等职。

李子园不适合建厂

　　我叫姜建本，1941年7月生人，祖籍是山东烟台，1944年跟我父母迁到大连。1962年8月，我在大连工业学校中专毕业，就分配到大连低压开关厂，在该厂预制科实习。实习半个月后，8月15号正式分配到大连低压开关厂工艺科工作。

　　为支援全国三线建设，1966年2月份，大连低压开关厂成立了搬迁办公室。根据一机部文件要求，需要从大连低压开关厂抽调100名职工和10台设备支援甘肃三线建设。当时文件明确，必须是"好人好马好设备"，一般人还不让来呢，把关把得很严。

　　为尽早实现新厂投产目标，选定的这100名人员中不仅包含技术工人，如车工、刨工、铣工等。还包括工程设计人员，如齐贺东（音）、王晓云（音），还有我，我们三个就是搞工艺设计的。另外还包括管理人员，如搞财务、搞劳资的人员。

　　从大连低压开关厂搬迁来10台设备，都是当时比较先进的设备，有刨床、车床、铣床，还有自动车床等。

　　当时搬迁办公室的负责人是大连低压开关厂的副厂长孙有功（音），一机部文件下发后，他立即带领由28人组成的先遣队来到天水。来天水干什么呢？选定建厂的厂址。当时甘肃给我们提供的候选厂址在天水的李子园，但那个地方非常偏僻，而且那个地方水土有问题，当地人脖子大得很，都得了大脖子病。在李子园考察后，大家一致认为这地方不适合建厂，回来以后孙有功他们就给一机部打了一个报告，说那地方不具备建厂的条件，不能到那地方建厂。

◇　长城通用电器厂厂区

后来，在当地政府的支持下，又给我们提供了几个候选地址，最后经多方权衡，将厂址定在了我们总厂（天水长城精密电表厂）这个地方。厂址选定后，又给一机部打报告，一机部同意了我们的意见，选址告一段落。

第一批迁建者"老五户"

厂址确定后，第一批人员马上就迁过来了，第一批人员号称"老五户"。他们是1969年初来的，有的带家属，有的没带家属。"老五户"包括郭增远（音）、汤学舜（音）、李世满（音）、王国军（音）、王桐贤（音）这5个人。郭增远是负责基建的；汤学舜是负责财务的；李世满、王桐贤是负责采购的，采购钢材、木材、水泥等原材料，那时候所有材料都需要指标，指标也由他们二位负责申请；王国军是负责后勤的，上山拉柴、购运粮食、采购蔬菜都归他管。

我是1970年5月份来到这里的，当时从大连到天水需要坐30多个小时的

◇ 天水长城通用电器厂首届二次职工代表大会会场

火车，从大连到北京大概得用6个小时，再从北京换车到天水还需要26个小时。与我一起来的也是5户，包括我们厂的老厂长张益民（音），还有齐国忠（音）以及汤学舜，汤学舜是接他的儿子和姑娘来的，他老伴当时没来。

我家是全家一起来的，那时候我们的孩子才3岁。我老伴来之前是国营职工，在大连国营农场工作，是干财务的。

那时支援三线建设有一个优惠政策，就是可以预支工资，你支多少他都不管，多退少补。所以在搬迁的过程中，我们在花钱上没有受到多大的委屈。另外这一路我们一家还挺适应，因为我经常外出，已经习惯外面的生活，北京、西安、天水我都去过。

火车到达天水站后就得倒汽车了，火车站到我们厂还有将近40里地的路程。但这40里的道路却是很难走的，坑坑洼洼，比坐船都难受。厂里有一台南京嘎斯车，就用这台车接送我们，车况不好再加上道路颠簸，走起路来丁零当啷的。

来到厂区后，我们就直接住进了厂里为我们准备的宿舍。当时厂子建了5栋2层楼，每户只能分到一间，但总比没有房子住强。现在老厂给我们建的5栋楼全扒了，我们后期盖的6栋也只剩下两三栋，也都没有了。

老厂培训了13名徒工、40名大专生

老厂派来的管理干部和技术工人远远达不到生产的需求，于是在1969年1月份，在天水本地招收了13名徒工，另外一机部还分配过来40名大专院校的毕业生，这些人一起被派回老厂（大连低压开关厂）实习培训。

培训的内容主要是各种机床的操作，采取师傅带徒弟的方式，一对一或一个师傅带多个徒弟。学完镗床学钻床，学完钻床学刨床，学完刨床学铣床。反正各种技能都得学，但比较精密的床子一般让学历比较高的学生实习和操作。

在老厂实习一年，这50多人就学成回来了。回来后就与先期到达的"老五户"一起搞基建，挖地基建厂房。建厂房时大家都没有经验，更没有现成的原材料，所以大家发扬大庆精神，有条件上，没有条件创造条件也要上。像我们厂最早的9号厂房，就是我们职工、学徒工、大学生、中专生等人自己建的。虽然当时没有一个真正懂建筑的，但厂房也建成了。你们来时看见西边的这一片厂房，都是我们那时候建的，现在已经破旧不堪了。

厂房陆续建起来后，又开始招工，招了好几批，一批都是好几十个。后来开始招退伍兵，当时天水市有一个退伍兵安置办公室，他们负责给我们厂招退伍兵，大

◇ 天水长城通用电器厂职工组装电器元件

◇ 天水长城通用电器厂职工在大门口合影

概招了八九十名退伍兵。退伍兵多了，党员就多了，党委也就建立起来了。

渐渐地，我们厂开始正常运转，生产出合格产品。当时我们的产品主要是从老厂转移过来的电阻器，也就是电阻箱。这个产品当时上得比较快，因为是给整个长城系统配套的，好多厂家都用我们的产品。

后来我们自己又上了一种变压器。变压器也很畅销，所以生产能力也就基本上形成了。当时我们厂发展得还是比较快的。那时候是计划经济，所有原材料包括用煤都要到部里边去批，当时我们是一机部的部属企业。

再后来我们厂分配来一批学习无线电的大学生，他们开发出一款半导体收音机。那时候收音机还是挺吃香的，都买不到。我们厂开发的长城602半导体收音机，是六晶体管两波段的收音机，收音机拿到省里边去鉴定，得了奖，销路也挺好。

根据全国市场的调研情况和当时低压电器行业大形势，我们厂决定开发一种空气开关。当时我们新建了一栋大楼就叫空开大楼，你们进来的时候看到的东边最后面的那栋大楼，就是空开大楼。当时空气开关在全国很火，火到什么程度呢？假冒我们天水长城通用电器厂空气开关的全国遍地都是。有一次我到海南出差，顺便到海南的电器铺一看，满箱子天水长城通用电器厂的开关，可我知道我们厂从来没给海南供过货。当时打假任务很重，我们厂还专门制作了打假电视宣传片。

从大连带袋黄土

说老实话，刚来时条件非常艰苦。我们是从大连搬来的，在大连时我们都用煤气，大连人叫瓦斯，来以后这里根本不知道什么叫瓦斯。可我们也不会生炉子，炉子生不着。另外这个地方气压特别低，你蒸馒头蒸不熟，虽然水沸腾了，但实际上没有100℃。

买粮不是你想买就能买的，厂里一个月出一次汽车，把大家拉到现在的七里墩，每家每户要把一个月的粮食都得买回来。赶不上这次出车，就得自己去买，如果自己去，那可费老劲了。买的粮食主要以面粉为主，全是苞谷面、白面，白面也不白，黑得很。这里根本就没有米，吃顿大米饭挺难的。

那时候不光没有煤气，也没有煤，烧的是柴火，咱也不会烧那玩意儿。每次都是厂子组织一些人到李子园去砍柴，单位出汽车去拉，汽车是一机部分配给我们厂的解放牌汽车。把柴火拉回来后，就分给每家每户，分到每家后如果赶上男主人有空闲时间，就用锯锯成一块一块的木头棒，大的木头再劈一下，小的直接烧。

从大连搬迁时，说出来都让人笑话，黄土带来了，砖头带来了，煤带来了，连每天吃的盐也带来了。这边的盐都是井盐和岩盐，咱们吃不惯这味道，苦咧咧的，不好吃。我们大连吃的是海盐，这里的盐我们吃不惯，就把盐也从大连带来了。我家从大连带来了一麻袋的盐，有粗的、二细的、细的，我记得这些盐我家大概吃了5年多。

为什么带了一袋黄土呢，听人说是如果有人水土不服，就在水里放点儿黄土，搅拌一下再喝，这样人就不会生病。谁也不知道有没有用，但这里的水确实没办法喝，又苦又咸。

　　为什么喝的水又苦又咸呢？因为当时市内自来水没通过来，我们在厂前的河滩地上打的井。河滩地就是盐碱地，盐碱地打出来的水能不苦、能不咸吗？就那个井水，说句不好听的，比大连的海水都难喝。我在大连从来不喝茶叶，来这没办法，你不兑茶叶，这水根本没办法喝，得用茶叶来解味。

　　厂子建成以后，为了解决职工的饮水问题，投资了50万修了一座便桥。当时没说要修桥，只是申请接通市内的自来水，但自来水管不能在河里走哇，所以就架起了一座便桥，一举两得，既接通了自来水，又方便了大家进出市内。

　　自来水虽然引过来了，比原来的井水好多了，但是水垢太多。在大连时烧水，壶里干干净净，在这里烧水，壶上面会结一层白白的垢，很厚很厚的垢。

　　便桥修好后，我们去市里办事也方便多了。当时河水脏得很，我们买油盐酱醋，下雨天就得把裤子挽起来，蹚水过河，回来后腿上还会出一些小疙瘩，又红又痒。

　　刚来时还有一些不方便的地方，就是有些方言我们不懂，比如他们管"去"不叫"去"，叫"系"，我们说的话他们有时也不懂。所以我们与本地人交流有时就靠比画。

从工艺设计到工会主席

　　刚来时我在搬迁办公室主要负责平面工艺设计。什么是平面工艺设计？就是你这个厂子需要什么产品，如机床、刨床、铣床等，需要多少台数，按照你现有的设备，将这些设备摆放在车间的平面图上，一个一个地摆上，最后你才知道这个厂房需要多大，机床之间的布局需要多少间距。摆布好以后，厂房需要多大面积，需要什么样的结构，需要多少投资，不就都出来了嘛。我学的就是工艺设计，这是我的专业。

后来我就和西安第八设计院一起搞扩初设计。扩初设计就是在我们初步设计的基础上，进一步细化和深化设计，为后续的施工做好准备。因为资金有限，在扩初设计时一定要压住成本，不能超出预算。我们在一起边测量边商讨，比如说我们厂生产的电阻器、行程开关、还有磁场变阻器的年产量是多少？生产产品需要什么工艺？根据这些计算需要多少资金。根据我们的扩初设计，一机部决定给我们厂投资460万元。但建到最后，预算超了100万，就变成了560万元。

扩初设计搞完以后，我就专门搞设备，主要是订货。根据扩初设计方案，需要订多少台设备，比如多少台汽车、多少台机床，然后我就全国各地去看设备，去催设备。

设备到位并验收投产后，大概是1972年左右，我就调到工艺组去了，专门搞工艺设计，主要是技术上的一些设计。

后来又从工艺组调到车间当主任，在车间当主任当了大概是一年，我又被调到生产科，当时叫计划生产科，任科长。我在生产科科长的岗位上干了8年。那时候我们长通厂红火得很，订单很多，每天加班加点地生产，有时得干到后半夜三四点。

以后我又从生产科调到安技科，从安技科调到劳资科，从劳资科调到检查科，都任各科的科长。再后来因年岁大了，就到了工会，任工会主席。在工会干了五六年，2001年我年满60岁，就正式退休了。

杨宝贵

钻头大王

采访时间：2023年6月8日

采访地点：甘肃省兰州高压阀门厂

采 访 人：陈亭宇

摄 录 人：王 坚

整 理 人：陈 倩

　　杨宝贵，男，1942年生，辽宁沈阳人，中共党员。1958年在沈阳阀门厂参加工作，1966年7月到兰州高压阀门厂参加三线建设，曾任金工一车间钻工班班长，获得过"省先进生产者"称号，被誉为"钻头大王"。

个头是招工的唯一条件

我现在脑子里面装的，全都是年轻时候的事情，尤其是工作上的事情。这些不用多说，都是自己干过的工作，记得很清楚。还有给我的那个"钻头大王"称号，书上不也写了吗？你们在书上也能看到。我操作的是摇臂钻，我那台摇臂钻床是中捷友谊厂生产的，就是我们沈阳的中捷友谊厂，那可是一个专业厂子。

我是1942年12月份出生的，1958年参加工作，正值"大跃进"。我参加工作时招工条件很简单，就一条，个头要够。如果叫我参加考试的话，我考不上，因为我没文化，小学五年没毕业。没毕业的原因不是学习不好，是家庭生活困难造成的。我父亲是开饭馆的，和他哥哥一起开的，饭馆地点在沈阳市小南街，主要做大米饭坛肉、酸菜粉条、酸菜氽白肉等，都是当时沈阳较有名的美食。

刚才我说家庭困难，原因是我大哥有病，他得的是肺癌。那时候我才六七岁，由于他不能动，所以夏天我给他轰苍蝇。不久我也得了一场病，得了疫病（音），起疳。按现在的说法，"起疳"到底是个什么病，我也不知道。你们看现在我脑袋上的这个疤痕，就是当年留下来的。

我得病后，我母亲干脆就不管我了，把我放在我们院子里的一棵大树下。她说这孩子不行了，掐耳朵都不知道痛，没得救了。但我父亲没有放弃我，他常年在外边跑，红白喜事他们饭馆都接，可谓见多识广。知道我得病后，我父亲就在外面四处打听，终于找到一个大夫。这个中医大夫会号脉，他就跟我父亲说："我给你开三服药，你拿回去贴在孩子脑袋上。"我父亲拿回药后，当天就给我贴上了。贴上还没到一天，我这脑袋就起了大水泡。

我父亲高兴坏了，大声说这孩子有救了。从那以后，我就慢慢好了。我好了，可我那个哥哥却走了。

我母亲给人家做手工，缝线袜子，每天不停地干活，所以我的两个妹妹，都是我带大的。后来我参加三线建设，她们也跟我来了。这俩妹妹现在都健在，一个在兰州炼油厂，一个在平凉。在平凉的是我二妹妹，在平凉的山沟子里，我去那里看过她一次，后来她也从平凉迁到兰州市，现在在龚家湾那边，买的新楼，生活挺好。我大妹妹也行，她有两个姑娘，一个在南京，一个在兰州。

手勤、眼勤、腿勤是徒工的基本功

1958年我在沈阳阀门厂参加工作以后，我们厂里有个技校，技校不是培养学徒的地方吗？像钳工、车工、刨工，啥工种都有。那时候就是这种培养模式，先在技校学习，学成后再分到车间。

在技校学习，不是所有工种都学，我学的是钳工。进校门后，我就起早贪黑地学，说老实话，那时候年轻，勤奋啊！钳工学习的主要内容就是看图纸、练锉刀、打手锤，这都是钳工的基本技能。手锤打得好的话，一根3毫米的铁棍或者5毫米的铁棍，几锤子就把它打断了。如果不会打，都打手上了，肯定会把手打破。但作为学徒，即使打手了，也得练。

我在技校学习了两个月，就被分到车间去了，到车间以后，需要更勤奋。早晨早早就得来，师傅没来我们就得到，得把师傅用的图纸准备好，自己再练打手锤、练锉刀。总之，所有工作我们这些徒弟都抢着干，很怕落后。

干得好与坏，表现是否优秀，拿奖金是评定的结果。但奖金多少钱，是

5块还是10块，我也记不清了。说老实话，那时候拿个奖金很不容易。我师傅带五六个徒弟，有先来的，有后到的，像我是后去的，比起那些已经干一段时间的师兄弟，在师傅眼里咱排不上号。那时候人都勤快，来得都早，人人都想争先进、拿奖金。你想拿却拿不到，因为啥？因为我刚来，师傅还没看到你有什么优异的表现，对不对？

两个月以后，师傅就说了："杨宝贵这月干得不错，给一等奖！"我跟朱天福是一个小组，朱天福是车间的标兵，我俩齐头并进，共同进步。所以，从那开始，我就月月拿上了奖金。拿到奖金，工作劲头更足了，人也更勤快了，争先恐后给师傅打洗手水，还要给师傅淘米、做饭，做好饭后再给师傅端上。洗手时，也是师傅先洗，我们后洗。工作结束后，帮助师傅收拾物品，这一整套工序徒弟们都争先恐后去做，这是学徒的经历，也是每个徒弟应该做的事情。

当然，如果你有学不会的地方或损坏了物品，师傅也会着急上火，有时候还会骂你，教育你。

当徒弟如果做不到"三勤"根本不行，哪三勤？就是手勤、眼勤、腿勤。师傅要拿啥，你马上递过去，这是手勤；师傅想干啥，你的眼睛要跟上，这是眼勤；在车间里不停地取物品、送产品，这是腿勤。你在那儿傻乎乎的，师傅能看得上你吗？所以说劳模的素质是从小培养起来的，是从细节抓起的。

当年能来三线，我们车间就我和董师傅，为啥呀？因为咱们技术过硬。当时不是说"好人好马上三线"吗？董师傅他已经走了，他叫董成双（音），当时他看大头车，我看眼床子，我们俩紧挨着。那时候我负责车阀体和闸板，闸板是一个板连接两个环，一个环两个眼，两个环就是四个眼，一台闸板四个眼，拿摇臂钻钻，闸板用木板挤着，挤完一推一钻，就完工。我记得那时候我干最多的时候一天能出800多片，快得很，因为材料是铸铁的，好干，也不费劲。另外那时候年轻，有力气。我和董师傅互相比着干，董师傅说："你这干得太快了，我如果不快，我们俩就不合拍了呀。"当时沈阳那边好像还没有记工时，不像到这边来记工时，也没有奖金，就那么干，比着干。

一家五口上三线

1966年7月18日，我们就到了兰州高压阀门厂了。我记得很清楚，中午12点到的，先到这里的一个大食堂，老厂子的食堂，在食堂落的脚，吃的饭。

我们这批支援三线建设的人员，不是坐火车来的，而是包车来的，从沈阳直接到兰州，没经过北京。我们也不是分散来的，而是一起来的。我们一起来的有二三百人，当时定的是300人，可由于各种原因，没来全。

◇ 兰州高压阀门厂老办公楼

当时我们虽然是包车来的，但只带了行李和家具之类的生活用品，没有带设备，设备是后来运过来的。当时这里的楼已经盖好了，可只是空屋子，里面什么都没有。水缸、酸菜缸和锅碗瓢盆等生活用品都是从沈阳带过来的。当时分给我们家的是八单元一楼，一共22平方米，供我们家5口人住。这5口人包括我的父母、两个妹妹和我，但不包括我爱人，因为当时我们还没结婚。

虽然我爱人没有和我们家一起住，但她也随我一起来了。我们当时没结婚，可处对象已两年多时间了。我们是1964年认识的，当时她刚从技校培训完，被分到沈阳高压阀门厂，然后我们就认识了。当时我们两家都住在沈河区，厂子在铁西区，我们俩一起坐摩电上下班。摩电就是无轨电车，沈阳当时有几条摩电，工人上下班基本都坐摩电。当时厂子实行三班倒，早班5点半到下午2点，中班下午2点到晚上10点，晚班晚上10点到次日早晨5点半。实行三班倒，工作挺忙，也挺紧张，下班了得赶紧换衣服穿衣服，急忙往电车站跑，不然就赶不上车，摩电收车了，回家就成问题。

说实在的，当时来三线的时候，父母并不是太情愿，有后顾之忧。但我接到支援三线通知，心情却非常高兴，因为我就想到外面走走，到西北见识见识。

我对象一听说有我的调令，也没有犹豫，就跟我过来了，我不能扔下她，她也不能不管我呀！

评上劳模有我爱人一半多的功劳

我们来时这里已经有一个小车间，叫工修车间，里边的设备比较齐全，车、钳、铣、刨各种都有，吊车也有，但只能生产少量的阀门。后来大车间

◇ 兰州高压阀门厂车间现场

建好以后，小车间里的设备也都搬过去了。

　　会操作摇臂钻的人，工修车间就我和一个姓陈的师傅，陈师傅也是从沈阳来的。可两个人供不上生产，俩人哪行啊！后来，组织上就给我配了两个徒弟，这才适应了车间的工作节奏。

　　车间为我们干摇臂钻的工人设计了一种考核制度，主要是工时考核，也是工资考核，说白了就是1个小时8分钱。先期设定的工时是208小时，完成208小时的工时，你才能按1个小时8分钱算账。后来是一个月216小时，必须得完成216小时，才能拿到1小时8分钱。所以我每个月每天都在不停地工作，抢活干！为啥抢活儿干，因为去晚了好活儿和工时高的活儿让人抢了，你就挣不到工时了，工资也就少了。

　　那时候家庭负担大，主要是为了多挣钱，没有当劳模的想法。但咱们好好地工作，好好听党的话，不管是脏活儿、累活儿、苦活儿，都抢着干。遇到急活儿，晚上不回家，加班加点干。但饭不能不吃，不吃饭没力气干活儿，于是我老伴就在家把饭做好，送到车间给我吃。所以说，我评上这个劳模，有我老伴不止一半的功劳，应该是一多半的功劳。

遇到别人不会干的活儿或者不愿意干的活儿，车间领导第一时间来找我，一是因为我家离厂子近，一出家门就是厂子；二是因为我有经验，什么问题都能解决；三是因为我愿意干。所以当时我是随叫随到，不管是什么班，不管有没有奖金，我都干。当时我一年能干出一年半甚至两年的工时，每个月最起码有400—500个工时，四五百减去216就是我的超额工时。那时候不用我记工时，核算员给我记得清清楚楚。

当然，评上评不上劳模，我也不操心，因为领导心里有数。有时领导会平衡一下，给我们车间评一个先进车间，就不再考虑我了。我的省级劳模是1975年评的，1975年我光荣地出席了甘肃省工业学大庆会议，被评为省先进生产者，拿回了一个大奖状。1981年和1983年又被评为厂先进生产者。

◇　研磨现场（右一为杨宝贵）

为唐山抗震救灾做贡献

1976年唐山大地震，为抗震救灾，我们厂子紧急承接了一批阀门，共100台。这种阀门是250口径，挺大的，当时人家要得急，都是飞机空运。本来这种阀门是镗床加工的，我的摇臂钻干不了。摇臂钻是立着加工，而它这个阀门是横着的，是躺着的，所以摇臂钻不好干。

但由于工作量很大，要得又急，厂里的车床干不过来，就让技术员把我的摇臂钻改造了一下，可竖着加工这种阀门。经过改造，我的摇臂钻不但能加工，甚至比其他车床还要快。我的摇臂钻一天能干20多台，虽然是三班倒干出来的，但一天干20多台，可不是容易的，你可知道，那阀门老大了，250口径的。

加工这种阀门，需要5道工序，它是一种直通阀门，这边一个法兰盘，那边一个法兰盘，两边相连接。因为以前没干过这种阀门，所以略显紧张，年轻人更干不了，他也不会干。每个孔要加工四道工序，最后一道工序是啥呢？就是用绞丝铰扣，也就是套扣。

一台活儿需要5道工序，5道工序20分钟完成，那速度是相当快，那真麻利，我自己都感觉挺厉害的，没想到干得那么快。如果1个小时出3台，8个小时就是24台，比起镗床快多了，镗床加工一台活儿至少需要半个小时，你们想想镗床横着镗它得多慢啊！

后来，我们还给外单位或者外省紧急加工过阀门，都不是常规的阀门。有一次我干的阀门是什么样的呢？像个大酱块子，方块形状的，上下贯通，里面还有小孔，这种阀门是兰州化肥厂下的订单。

给兰州化肥厂干的活儿，是我这辈子遇到的最不好干的活儿，当时我也害怕，如果真干不出来，那多丢人。所以，我非常谨慎，非常认真，把钻头磨得锋利，掌握好速度和稳度，不但保质保量地完成了任务，还没有折断钻头。你可知道，那可是白钢的，铬镍钛这种材质，可不是闹着玩的。我一天能干十几台，就这方块子，不打钻头，手法和速度掌握得是相当好了，如果别人干，早都折了，甚至都烧在里面，活儿就干废了。

刚开始钻的时候，因为它是斜眼儿，钻头膀根本搭不上边，所以你必须得慢，快了一点儿，就会啪的一声，钻头怼折了。到了里边，中间都是肉了，你可以快些。但到后面快要钻透了的时候，速度还得慢，不然就钻透了。这都是经验，有的人即使打折10根钻头也不一定能干好，因为这种阀门结构复杂，它的两个孔是交叉的，两个孔相互交叉又相互贯通，快不得，一使劲儿就折钻头。

还有攀枝花和其他工矿企业急用的阀门，我都干过，那时候阀门在企业生产中起到很关键的作用。

另外一个就是我们厂子生产的一种大阀门，那种阀门是我们厂自己设计、加工的。车工咱们不懂，但钻床的活儿都是我干的。这种阀门是铸铁阀门，是大水电站用的那种阀门，虽然说这种阀门的重量不是太重，但是挺大，加工也挺费劲，眼子也多，这儿有个眼，那儿有个眼。阀门需要吊起来进行吊钻，有时甚至需要开来吊车，在吊车上钻。但不管怎样，我都把它干下来了。

还有一次我们厂给甘肃监狱加工一个阀门，由于在车间里加工，我的摇臂钻不够高，即使在地上挖个坑，把阀门下进去也不行，所以我们直接带着设备去了甘肃监狱，现场加工。他们的设备不是正儿八经的设备，有点儿半土半洋的形状，加工起来很是费劲，还是铸铁的，2米多高，挺大。当时我就带着一个技术员，干了3天就完工了。完工后坐车返回时，监狱检查很严，我们坐车的车底都得检查，就怕下面藏人，我第一次见这个场面，所以记得很清楚。回到车间后，大家纷纷竖起大拇指，称赞说："杨师傅你真行！"

曾 彦

学徒也能挑大梁

采访时间：2024年5月16日

采访地点：辽宁省沈阳市某酒店

采 访 人：陈亭宇

摄 制 人：杨 帆

整 理 人：陈 倩

曾彦，男，1952年生，辽宁沈阳人，中共党员。1970年1月至10月作为千名三线代培生在沈阳冶金机械学校实习，1970年10月入职西北有色冶金机械厂，曾任西北有色冶金机械厂财务部长、厂长助理、代总会计师，沈阳红梅企业集团副总经理。

千名学生援三线

我叫曾彦，彦是生产的"产"下面三撇的那个"彦"。我也不知道为什么会取这个名字，读起来有点像女孩子的名字，后来一查字典，说"彦"字是指有才学的人，我也就欣然接受了。之所以取这个名字，可能是祖辈都没上过学，希望我们这一辈能多念点儿书，有点儿知识文化。这是我的推测。

1969年，那时候我们还是中学生，因受特殊时期的影响，学校刚复课。可复课后我们没有课本，老师上课时念讲义。作为班长我主动地将老师的讲义带回家，把讲义先刻成钢版，再用油印机印刷30多份，保证每名同学人手一份，这样就算有了课本。上完初中，我感觉也没学到什么东西，印象最深的是数轴正负数。

有一天，学校突然说要传达文件，是中共中央、国务院、中央军委关于加强三线建设的文件，当时我们也听不懂。谁知道第二天名额就到校了，按照文件要求，在沈阳市要抽调1000名中学生支援祖国三线建设。

那个年代的年轻人很单纯，都说"我是革命一块砖，哪里需要哪里搬"，祖国需要嘛，所以大家都报名。我们学校12个班，给了11个名额，基本上一个班一个。因为我是班长，所以我没费什么劲，大家一选就把我选上了。我记得是1969年12月25日前后，通知去体检。体检以后就通知上沈阳冶金技校报到，就是现在的沈阳大学。手续很简单，带着自己的户口就来到了沈阳冶金技校。报到后我基本上是住校，没回家住几天。学校发个"满天飞"的月票，每天坐车到铁西工厂那边实习。当时让我实习的是天车工，就是开吊车，后来又把我分配到铸钢车间实习，在学校和工厂共学习和实习了10个月。

0次列车奔陇西

实习结束后，1970年10月27日那一天，我们这1000名学生就坐着"0次专列"出发了。我记得很清楚，当时是在沈阳老北站，老北站现在已经不承担运输任务，改造成沈阳铁路局机关了。

那是我第一次坐火车，之前从没坐过火车，只见过火车在火车道上跑，只看过火车的外貌，不知道里头是什么样。之前也没离开沈阳，甚至没出过沈阳城。结果第一次坐火车就跑这么远，从10月27日开始一直到31日，一共坐了4整天。

我们乘坐的是专列车，在沈阳铁路局的编号是0次列车，进入北京铁路

◇ 天车学员与沈阳冶修厂师傅在沈阳北陵公园合影（1970.10）

局以后就不断地更改编号，从沈阳铁路局开始，到北京铁路局、郑州铁路局、西安铁路局、兰州铁路局，每经过一个铁路局就换一次编号。因为是专列，没有固定的时间表，一有空档期就使劲走，两三个小时也不停，但赶上待避或让行，一停下来，可能会停几个小时。

因为之前没离开过沈阳，所以我们都想借这次机会能到北京看看，结果从丰台站直接就开到了石家庄，火车根本就没进北京城。没进北京城也好，省了一些麻烦，据说有两名同学在路过天津时，私自下车买包子误了车，耽误了好几天才与大部队会合。

我们乘坐的0次列车共设15节车厢，在当时属于超长编组了。因为当时火车没有超过12节车厢的，我们的专列是15节，其中有3节车厢是行李车，但只有2节车厢是卧铺。卧铺车厢大家轮流使用，每个人只给2个小时的睡觉时间。我记得轮到我睡卧铺的时候正好是半夜，列车应该是在河南段，结果睡了2小时后，醒来火车已经过了黄河。当时因为没见到黄河，我遗憾了挺长一段时间。

在车上度过了4天后，火车到了甘肃陇西站。到了陇西站以后车就不走了，可也不让我们下车，列车在车站停了大概一个多小时。列车停下来后，陇西冶金设备修造厂的工人师傅上车来迎接我们，他们告诉我们正式的铁路线到陇西站就到头了，从陇西站到我们厂子得走我们厂的铁路专用线。厂里的铁路专用线修筑标准没有国家修筑的铁路标准高，坡度大，弯度也大，再加上我们的专列多加挂了3节车厢，开行难度增加了很多，所以专列快到我们厂子的时候，有个坡上不去了，是上了退、退了上，冲了三次才冲到坡上，现在想起来都很有意思。

火车停稳后，大家争先恐后地想先下车，因为有4天时间脚没有沾地了，想在地上放松放松。可厂里的站台与火车站的站台完全不一样，也可以说厂里根本就没有站台，车厢离地面非常高，我们男生还行，可以跳下来，有些女生根本下不来，需要别人抱着才敢下来。

◇ 陇西有色冶金机械厂生产区概貌

下了车以后，工人师傅就指着远方3栋亮灯的楼说："这就是给你们准备好的宿舍楼，旁边就是我们以后要建的工厂。"工人师傅帮着我们将行李拿到宿舍楼，宿舍里每间门上都贴着我们的姓名，按照姓名找到自己房间号以及床号。厂里领导想得很周全，事先都安排好了。当时我们是8个人一个房间，摆4张床，上下铺。

当时家里给我带了20块钱和20斤粮票，除了几本书，一套被褥，就没有别的物品了。上班后，厂里给我们预支了第一个月的工资，发的不是现金，发的是饭票。

改造电磁吊

我们跟一般的工人不太一样，在沈阳学习与实习了近10个月的时间，所以刚到陇西，马上就给我们转正了。我们这帮刚出校门的学生，不再是学徒工，而成了生产骨干，要挑大梁。所以那段时间对我们也是考验，因为就学这么短的时间，按照一般的技术工人成长之路，我们还应当是学徒。但是没办法，所有工种、所有车间，主要靠我们这帮学徒工挑大梁。个别工种还不错，有老师跟着一起过来，老师能继续带。但像我们天车工，没有老师过来，我们就得自己挑大梁，因为我是班长，我自然就是生产骨干了！

我们不光要会操作，还要学会设备的维护与修理。所以我们天车工，每人都有一套维修工具，设备的维护与保养都是自己干，自己做维护保养计划，定期加油，定期换零件。发现哪个吊钩、哪个钢丝绳有异常情况，就需要及时更换。这些工作，我们都是一边学一边干，一边干一边学。

与一般技术工人成长道路不同，我们主要靠自学和互帮互学，我感觉我们的这种方式成长进步得快，大家在一起探讨问题、解决问题，提出改进措施和革新方法。我记得我们有一台吊车是专门给炼炉上料的，原来都是靠人一块一块地搬铁块，后来进了一台电磁吊，电磁吊是利用电磁原理，一通电，电磁就会把钢铁吸住，然后再吊到指定位置，用电子秤计秤后，就可以给炉子上料了。

电磁吊的原理很科学，应用起来应该是既快捷又精准，可我们厂里的电磁吊的速度却特别慢。我们厂里的电磁吊是个5吨吊，能吊5吨重的货物，可我们用的电子盘、电子秤加一起才几百公斤，是小马拉大车，所以慢的原因不是吊不动，而是减速机与之不匹配。为此，我就想给它改一改。怎么改呢？一个减速机里有多副齿轮，将齿轮的速比改变一下，速度不就快了嘛。于是，我就开始琢磨，先把减速机箱打开，然后拿尺量齿轮，再翻看手册研究模数、齿数等参数，然后改变主动轮和被动轮的齿数并使之匹配。经过这样的改造，电磁吊的速度提高很多，吊运效率随之也提高了很多。

我们改造成功以后，厂里的工程师跟我说，你们能把一个减速机齿轮这些事整明白，非常佩服。

◇ 陇西有色冶金机械厂内的天车

　　说实话，要是在别的企业里，按照正常的规章流程去做，我们想把这个设备拆开都不行，别说改了，谁能批准啊？但是在当时那种环境下，成就了我们，并把我们锻炼成为骨干。

　　山区环境的确比较艰苦，但是艰苦的地方也锻炼人。我们厂后来改制时，好多技术工人陆续离开了，但是不管到哪里，比如说好多人回到沈阳，回到秦皇岛，都特别受欢迎，因为他们不是流水线上单一作业的工人，而是真正的技术工人：什么都能干，什么都会干。

从工人到管理干部

　　1983年，陇西办了一所电大学校，于是我就报名上了电大。电大是脱产学习，学制三年，从此我就离开了车间。1970年我到陇西，一直在车间工作，到1983年已有13个年头。当时我学的是工商企业管理专业，毕业后就没回车间，被分配到供应处工作。

　　到了供应处我才知道，当初三线企业追求的是"大干快上"，一切以战备为目标，不像现在建一个企业，要将方方面面考虑周全，如交通、电力、基础设施等。而那时候都将工厂建到山沟里，远离市区，一切都是为了打仗嘛。工厂在山沟里，所有的物资都要到外面去采购，所以那时候我们供应处的任务就很重。我们厂当时在全国设有兰州、西安、沈阳、北京、上海、成都6个办事处，主要是负责采购工厂所需的各种物资。我们厂是个机械制造厂，做一台机床需要上万个零部件，所有的零部件，哪怕是一个螺钉、一个螺帽，都得由计划员分解，分解出一共需要多少零件，分别到哪儿采购，比如说液压件需要到成都采购，标准件需要到沈阳采购等，这样我们的生产成本肯定比大城市高很多。

刚进供应处的时候，我是做计划员，主要的任务就是把分解完的采购计划，及时通报给全国的各个办事处，成天打电话，打完上海打沈阳。

那个时候的通信非常落后，长途电话是怎么打的？拿起电话先要县里的总机，县总机因为要收费，我得报我厂的缴费号码和密码，然后他才允许我打长途。假设我挂一个上海的号码654321，挂完以后不是当时就能接通，得把电话挂着等着，然后那边开始一级一级地呼叫，先叫哪哪区，再叫哪哪街道，之后才能接通我所打的这个电话。电话员在接转过程中的通话，我都能听得到。电话员说上海的654321打通了您请讲，这时候就开始计费。然后我就开始照着采购单念，有哪几项紧急的物资要采购，上海办事处的工作人员记下来。有特殊型号的物资更复杂，我除了电话指挥以外，必要时还得发一封电报，以免出现差错。

生产一台机器实际上是挺复杂的，成本就不说了，只要能做出来就行，因为那时是计划经济，有生产指标，完成生产指标就行。另外我们厂是个三线企业，三线企业生产的产品主要是为了战备，比如做了一台车床，就是咱们比较普通的CRA车床，喷成草绿色，就是战备机床。

我在供应处工作了3年多时间，当时我们供应处对内叫供应处，对外叫物资供销公司，所以我们供应处有独立的财务，财务室一共七八个人，由我分管。1989年的一天，我们厂里的总会计师突然病危了，但是财务不能没人啊，由于我有分管财务的经历，所以党委决定让我接管厂里的财务。

当时我正在兰州出差，厂里来电话告诉我有急事必须连夜赶回去。让连夜赶回去，也不知道什么事。当时司机已经睡觉了，我就赶紧给他叫起来。兰州到我们厂虽然才200公里左右，但由于是跑夜路，跑四五个小时才到陇西。第二天早晨到厂办，组织部跟我谈话，才把厂里决定让我接财务的事情告诉我。

当天我就跟厂长到医院去看望我们厂的总会计师，但他已经说不了话了，他只跟我招招手，这就算交接工作了。当总会计师对我来说是挺难的，毕竟我不是财务出身，尽管学过一些财务课程，但是那只是点儿理论，做财务得有实际经验。所以我就先到财务处把这3年的会计报表拿来，先熟悉熟悉，我得知道一个月开支是多少钱、电费是多少钱，每个月的大盘子如何（总体收支情况）。因为当时企业经营比较困难，每笔花销都要精打细算。我在总会计师的岗位上干了4年，后来因为企业改制和班子调整，我卸任了这个职务，回到了沈阳。

重返沈阳二次创业

当时做财务的人比较受欢迎，我返回沈阳后马上就有人给我介绍去沈阳红梅味精厂。红梅味精大家都吃过吧，当时它是沈阳比较有名的企业。介绍人跟我说该企业正好需要财务人员，但企业现状还很困难，一年亏损几百万，让我有心理准备。见到厂领导后我就表明了态度，告诉他红梅亏损其实不可怕，有这个好牌子，一定会好起来。领导听后也挺高兴，让我马上报到，但不让我当官，只让我当个普通会计。

就这样，我顺利在沈阳重新就业，并在沈阳定居了。当时我是那么想的，我不图什么，三线人常讲"献了青春献终身，献了终身献子孙！"按这样的说法，其实我还是很幸运的，我是把一生中最好的年华献给了三线，但最后能把孩子带回来，向老人敬献一份孝心，知足了！

我是1993年12月份到的红梅，半年以后我被提为财务部副部长，以后又当了厂长助理，后来企业改制的时候，国资委给我任命为副总经理，但一直是做财务。

他们说我到沈阳以后，从一个会计干到财务老总，很了不起，其实这跟我在陇西那段经历有关系。那时候三线企业也挺困难的，企业资金周转难，整天为开支发愁，经过艰苦环境的磨炼，形成了一种"这么难的环境都过来了，以后还怕啥？"的心理。三线精神第一句就是艰苦创业，不光是在陇西创业，回到沈阳红梅也属于重新创业。现在退休了，职业生涯结束了，但我觉得我对得起国家，对得起三线，对得起家庭，我没有留下什么遗憾！

李志强

三线建设改变了我的
人生轨迹

采访时间：2023年7月24日

采访地点：辽宁省沈阳市李志强家

采 访 人：李思慧

摄 制 人：胥翔译

整 理 人：曹铖媛

　　李志强，男，1947年生，辽宁沈阳人，1968年沈阳机器制造学校毕业后分配到西北轴承厂工作，曾任班长、组长、主任工程师。

兔子不拉屎的地方

　　我是原西北轴承厂的，1968年参加工作，在西北轴承厂工作了32年，退休后回到沈阳。在西北轴承厂工作经历，确实给我的人生带来了巨大的变化，我也非常感谢那个年代，是那个年代培养和造就了我。

　　1947年2月22日，我在吉林出生，刚出生后不久就来到沈阳定居，在沈阳长大，所以说我应该是沈阳人。1963年进入沈阳机器制造学校学习。当时这个学校是咱们第一机械工业部为全国机械行业培养人才的一所学校，毕业以后就按照机械部的统一安排，被分配到大西北支援三线建设。

　　当时也不是很愿意去，因为啥呢？因为我是独生子，家里就我这一个男孩，按理说是不应该被分去的，但阴差阳错就给我分去了。分去了我也没什么怨言，现在回想起来我却是因祸得福，因为我觉得我在西北建设当中得到

◇　西北轴承厂大门

了极大的锻炼，也因为支援三线建设改变了我人生轨迹。回到沈阳以后，与我那些同学相比，我很幸运，因为沈阳有好多同班同学都没有评上工程师，而我在西北轴承厂经过历练，经过领导的帮助，我还评了高级工程师。我现在生活也挺好，家庭也挺好。

我在宁夏期间，什么开山放炮、架线修路、盖房子、上农场插秧、淘粪种地，包括自己家庭的所有建设，比如我家里的小茶几都是当年我自己做的，所以说在沈阳的人，他在温暖的环境当中得不到锻炼。李嘉诚曾说过："我所有的财产我都捐给国家，不留给子女，子女要靠他们自己去奋斗。"我很赞同他的观点，把发展能力、创新能力、自我生活的能力留下来，传给子女就够了。

启程宁夏、参加三线建设的场景我记得很清楚。那是1968年10月3日，在沈阳火车站站台上，我们学校的乐队为我们举行了隆重的欢送仪式，大家可谓兴高采烈，没有悲哀，没有哭泣，大概是因为我们年轻吧。可坐上火车，心情开始翻个儿了，从沈阳到宁夏需要23个小时，漫长的旅途将当时的兴奋劲儿一点儿一点儿蚕食殆尽。尤其当火车到内蒙古的时候，往窗外一看，外边全都是什么呢？都是戈壁沙滩，满地石头，寸草不生，特别荒凉，就是俗话说的兔子不拉屎的地方。看到这种景象，好多女同学都哭了。

到达目的地以后，由于没有宿舍，我们就住在一个大仓库里，大仓库只用简单的墙把男生宿舍和女生宿舍分开，但这面墙都没有抹灰，墙缝很大，从这个屋能看到那个屋，更别提隔音了。睡到半夜的时候，时常会有一阵大风把房盖给掀开了，我们就得马上爬到房顶，用床板和石头压在房盖上。那时候生活条件特别艰苦。

生活艰苦还体现在吃菜上。我们的厂子在山里，山区没有土地，就没有蔬菜，食堂吃的菜全都靠厂子出车到银川市内去拉，拉着什么菜，我们全厂

◇　西北轴承厂建设初期建设者们盖房子

的职工就吃什么菜，没有选择的余地。

　　当时自己还是单身，生活艰苦点儿还能承受，但远离父母，那种思乡之情确实挺难受。和我一样，有些同学过了很长时间才逐渐忘却思乡之情，慢慢适应了当地的工作和生活。心态转过来以后，心情也变开朗了，大家开始欣赏西北那蓝蓝的天上白云飘，赞美那白杨一冲云天的美景。心情变了，歌声来了，大伙纷纷唱起赞美西北美景的歌曲。周六、周日休息时，大家也活跃起来，结伴到大水沟的河里去洗衣服，洗完衣服往河滩的大石头上一铺，不等第二件衣服洗完，第一件衣服已经干了。阳光炙烤，河边的石头烫人屁股，这些都是城市里体验不到的，很有意思，现在回忆起来，还是历历在目。

在厕所住了两年

那时提倡先生产后生活，可我去了以后并没有生产，而是建厂。可以说西北轴承厂是白手起家，从打地基开始，一点儿一点儿建起来的。首先要从西大滩火车站修一条公路到我们厂所在的山沟里，其次要架一条高压线，这些都需要我们大家一起挖坑、放炮、下线，什么活都得干，根本不可能按专业来分配工作任务。不只是修公路、架高压线，包括盖厂房、盖宿舍什么的都是我们自己完成的，厂房建好了，才开始正式生产。

开始生产后，我被分到四车间，当时叫车工车间，因为我在学校就学车工的。分到车工车间以后，我与其他同学一起看车床，床子的型号是C620、C632的，还有半自动车床。我只当了3个月的工人，就当上班长、值班工长，后来调到技术组，以后又到总师办、全置办，反正好多技术管理处室我都去过，都工作过。我们的总工曾对我说："我们总师办不需要专家，而是让你们做通家，整个生产流程的车、钳、铣、刨、磨、焊、热处理，所有的工序都得懂，不能一瓶不满半瓶晃当。"

厂子里的职工不光咱东北人，还有南方人和本地的工人。本地职工主要来自附近的农村，如平罗、崇岗等地，离我们厂十几公里或

◇ 西北轴承厂创业时期生产车间生产景象

二十几公里的地方，他们也不在山沟里住。住在山沟里的主要是我们这些大中专学生和瓦房店来的老工人。由于工人来自天南海北，食堂做饭时会考虑各个地区的口味，但大部分以东北口味为主，因为东北人多。刚开始来的时候，由于当地市场供应的肉食主要以牛羊肉为主，我们刚开始闻着膻，吃不下去，后来逐渐吃习惯了，感觉也挺好吃，甚至觉得比猪肉好吃。

我爱人是西北轴承厂招的徒工，以前跟我不认识，可经过瓦房店轴承厂的代培，却成了我的老伴。经过是这样的：当时她在瓦房店轴承厂代培期间，正好与我一个女同学住一个宿舍，我这个同学觉得她能吃苦，人爽快，身体又好，为人实在，就把她介绍给我了。她培训结束后，我们就成家了。

我们俩结婚的时候没有房子，正赶上厂子盖新厂房，与新厂房配套的有一个公共厕所，当时新厂房没有启用，新建的公共厕所也没有启用，厕所挺大，比我家这个屋都大。咱们车间党支部书记一看我已经是值班工长了，结婚没有房子住，排队也排不上，因为比我年龄大的大学生还都没排上队呢，所以车间党支部书记就跟我说，你要不嫌弃的话，你就住这个厕所得了，反正新盖的也没有使用过。所以，我就在那厕所住了两年，两年后才排上队，分了房子。分的房子是两家一户，共用一个卫生间，条件也不是太好。大家不都这么说吗？人来到这个社会上，有享不了的福，没有受不了的罪，吃苦受罪能磨炼人。

从大水沟搬到银川

西北轴承厂最早建在贺兰山里边一个叫大水沟的地方，大水沟在当地也算一处历史名迹。大水沟里有个泉眼，别的地方都是荒山野岭，到处是石头砬子，树木很少，唯独泉眼周边，像江南一样，春天不仅有桃花，还有杏花，有常年不息的泉水。那水特别甘甜，包头那边来贺兰山朝拜的人，都要到大水沟去取圣水，所以大水沟便成了远近闻名的圣地。建厂初期，我们时常到那眼泉水去取水喝，确实很好喝。

西北轴承厂是大连瓦房店轴承厂援建的，刚开始选址的时候，本来选在青铜峡，准备在青铜峡的一块较大一点儿的平地上建厂。当时筹建组已开始安营扎寨，进行规划设计了，突然来了一阵大风，把刚建好的简易房的房盖给刮跑了，甚至差点儿把这栋简易房也给吹翻了。为此，筹备组不得不慎重考虑，大家一致认为，青铜峡的风太大了，如果风一直这么大，会带来大量的沙尘，而轴承的生产环境要求高，环境不好会严重影响轴承的质量。于是，就放弃了青铜峡的厂址，定在了贺兰山脉的山沟里，就是大水沟这地方。选址贺兰山，也是根据当时中央对三线建设的要求，即"靠山、隐蔽、分散"，毛主席说"深挖洞，广积粮，不称霸"，也是三线建设时期提出的口号。所以当时各个重型厂子都往西北迁，比如鞍钢支援了包钢，这是国家的第二手准备，一旦一线地区遭轰炸不行了，这边还能生产，所以现在看毛主席的战略思想确实很深远、很伟大。

我们在贺兰山的山沟里生产了一段时间以后，随着生产规模的扩大和职工人数的增加，生产用水和生活用水需求越来越多，山沟里的地下水已满足不了企业的需求了，工厂需要搬迁，这是客观因素。另外，大批的年轻人结婚生子，孩子入托、上学，包括看病、就医以及副食供应都成问题，再这样发展下去，不仅影响生产经营，而且影响子孙后代的成长进步。于是厂里领导提出了一个搬迁计划，计划从山沟里搬到银川去，并将此计划上报一机部。一机部根据我厂的实际情况，很快就批准了这个搬迁计划。

在银川新建厂房，可不比在大水沟建设老厂房，需要更科学合理的规划。我清楚地记得，当时参与制订规划的就我们四个人：一个厂长，一个总工程师，一个工厂规划设计院的院长和我。其他三个人都是厂里的高级领导，并且人家学历都高，就我是一个中专生，不是大学生。当时我在总师办做技术改造计划员，到现在我都不知道是谁选的我，让我参与这么重大的事情。

那段时间，我跟着他们去过洛阳考察，到洛阳轴承研究所学习，与他们的规划设计院接洽，最后跟他们达成共识，共同设计西北轴承厂银川新厂区的生产用房、生活用房的图纸，科学规划了新厂区的蓝图。

规划设计完成后，从80年代开始，边建设边搬迁，蚂蚁搬家式地一个车间一个车间地建，一台设备一台设备地搬，但有一个原则，就是老厂、新厂两边的生产都不能停，搬一台设备，马上安装到位，马上投入生产。经过多年的搬迁，终于把生产设备全部搬到新厂了。随着工厂的搬迁，家属区、医院、学校、电影院、商店等配套设施也都搬了过来，西北轴承厂彻底走出了山沟。

搬迁以后，原来的厂房被当地的农民给拆了，钢筋被拿走了，砖头被拿走了，现在老厂那边只剩一座虹峰桥，就是从沟里到沟口必经的那座桥。还有一幅关于安全生产的大壁画还在，是由石头堆砌的，其他都是残垣断壁，没有模样了。

"哈、瓦、洛、西"是中国四大轴承厂，即哈尔滨轴承厂、瓦房店轴承厂、洛阳轴承厂和西北轴承厂。我们西北轴承厂当时主要生产的是石油机械轴承、海洋钻机轴承，后来又生产铁路轴承。铁路轴承是我们厂的一个拳头产品，使用的是德国技术。但后来不知是什么原因，厂子开始亏损，亏损以后搞合资，后来又搞股份制。现在这厂子还在，发展还算可以。

那时候企业就像一个小社会，现在社会上有的当时企事业都有，什么学校、幼儿园，什么医院、卫生所，什么商店、粮店，还分房子，所以说厂子经济负担很大。当年我们西轴，冬天都是提前十天八天供暖，因为是厂子自己的锅炉，什么时候供暖厂子说了算，而且温度很高，有时候都得开点儿窗户，要不会热得受不了，每年都是那样。所以说工厂办社会，有好的一面，但企业负担确实很大，企业也承受不起。

落叶归根

我在西北轴承厂工作了32年，从车工干起，后来又干过调整工、班长、值班工长，当过技术组组长，后来又调到轴承研究所、全置办、总师办和技术改造办公室。走了好多技术管理部门，也学了很多东西。现在总结起来，我的成长进步就是靠一种精神！毛主席不是经常说，人总要有点儿精神的嘛！那时年轻，虽然说没有什么远大抱负，但首先得有一种吃苦精神，有种创业精神，有种坚韧不拔的精神和奋发向上的精神，不这样的话，我也不能从一个普通的中专生一步一步走到这个岗位。虽然没走到什么领导岗位，当时给我的名片是总工程师办公室主任，是主任工程师，负责总工程师办公室这一大摊业务。

我是提前6年退休的，办完手续后马上就回沈阳了。因为啥呢？我是独生子，我妈我爸那阵已经70多岁了，我妈身体不好，我爸常年不在家，他们老俩口感情不太和，总闹意见。当时我妈老是闹着上养老院，我表妹就给我打电话，问我怎么办？我一看去养老院不是什么好办法，就跟我表妹说，不行我回去吧。于是，我就给厂子写了个辞职报告，回沈阳了，回沈阳的主要目的就是给父母养老送终。提前6年退休，虽说退休金受点儿影响，因为你不在岗了，没有岗位工资了，没有津贴了，也没有工龄工资了，但作为独生子来说，能为父母尽忠尽孝、养老送终，我也很欣慰，起码了了自己的心愿，了了父母的心愿，也为我的儿女们树立了榜样。

当年少年气盛，思想单纯，远离父母来到西北，总感觉对家里对父母是一种亏欠。现在父母遇到难题，怎么办？只有一种选择，牺牲自我，只能这样。

当然也有一些其他的因素，如在我回来之前，我大儿子参加高考，考到了沈阳的东北工学院，这也是我回沈阳的因素之一。老二考的是宁夏工学院，读大学的时候就曾经问过他妈将来我们俩退休后怎么办，我老伴说："我们回沈阳呗。"所以我家老二也挺有思想，不找对象，人家给介绍好几个宁夏的姑娘都不看，直接告诉人家我要回沈阳，不在宁夏找。现在两个孩子都回沈阳工作了，也在沈阳成家了，工作生活都挺好。

当年一起去的老同学中百分之八九十都回来了，因为都是从全国各大城市去的，如武汉的、哈尔滨的、重庆的、西安的同学，那时候是全国支援西北建设，老了以后好多人就落叶归根了。但也有子女跟当地人结婚，回不来了。你说就这一个孩子，在当地扎根了，大人回东北把他们扔在西北能行吗？所以有些同学也就没回来，但很少，能有百分之十几到二十。

人生就像电影似的，有喜有愁，但我感觉都是美好的回忆。另外，还要学会适应，适应新的环境，过去在宁夏，晚上出去遛弯儿，身边都是熟悉的人，纷纷跟你打打招呼，李工好、李工好的，虽然我不是什么大人物，但当时在西轴也是小有名气。可是刚回到沈阳的时候，我媳妇说就像到外国一样，啥都不熟悉，谁都不认识，辨不清东西南北。后来我就骑着自行车，带她从东走到西、从南走到北。最东边到过东陵，最西边走到铁西卫工明渠，最南边去过苏家屯，最北边骑到三台子。到处溜达，就是让她熟悉环境、适应环境。现在好了，出门坐啥车，我都得问她，她比我还熟悉。

王宝珠

亲如一家的"西轴"人

采访时间：2023年9月15日

采访地点：宁夏回族自治区银川市西北轴承集团

采 访 人：李思慧

摄 制 人：张 冰

整 理 人：胥翔译

　　王宝珠，女，1941年生，河北人，中共党员。1962年在北京机械学院中专部毕业，先后在北京有色金属加工厂、瓦房店轴承厂工作。1965年11月，支援三线建设来到宁夏银川筹备建设西北轴承厂，曾任西北轴承厂工会主席。

首批12人奔赴大西北

我1941年出生于河北，在北京长大，今年82周岁，来到宁夏已经58年了。1962年，我从北京机械学院中专部毕业后，先是在北京有色金属加工厂工作了一段时间，后来到了辽宁省瓦房店轴承厂，在基建科做计划员。

1965年，根据毛主席"备战、备荒、为人民"的战略方针，我国决定在宁夏建设一座轴承厂，由瓦房店轴承厂包建。当时，我很荣幸成为首批奔赴宁夏的12位成员之一。12个人都有各自职责，其中办公室一共有5位成员，一个是筹备组组长，我们也称之为厂长，一个办公室主任，一个秘书，一个机要文书，还有一个打字员。我来的时候是基建计划员，还有一个是政治指导员，再一个是会计，再就是两个司机（一个是大车司机搞运输的，一个是小车司机），还有两个炊事员，临时为我们做后勤工作。我们一起的12个同志处得就跟亲兄弟姐妹一样，非常和谐。当时我们一共来了3个女的，一个是机要文书，一个是打字员，再有一个就是我，其他的都是男同志了。这些人当中，年龄大的也不到40岁，我和另外一个女同志年龄最小，都是24周岁。

现在，我们12个人只剩下了5个，那几个同志都已长眠地下，我很怀念他们。我们其中还有一个96岁的老人，原来是小车司机，他退休之后就回到了瓦房店，去年也是因为这种采访工作需要，我特意打了电话询问他的身体情况。他身体状况挺好，96岁的老人了，身体很健康。

1965年11月9日，我们这12个人坐车离开瓦房店轴承厂，经过两天的旅途，11月11日到了银川。到了银川以后，当地有关部门给我们安排在银川老城宗睦巷18号住下，其作为我们临时的落脚地。虽然我们有一些心理准备，知道银川不能同内地城市比，发展建设啥的肯定都跟不上，但觉得起码是宁夏的省会，也不会差到哪里。可初到银川，彻底颠覆了我们的想象，银川的车站是砖房土房，不像一个城市的车站，还赶不上当时的宁夏平罗县西大滩镇的车站，所以给我们留下的第一印象就是荒凉，而且觉得这是一个难以生活的地方。

到了这里这么多年，我也很荣幸，从一个单身女孩儿到现在11口人的大家庭，现在3个孩子也都挺好，工作也都比较争气，我感到很幸福。我和我老伴是同学，他是1969年从贵州调到西轴工作的。他原来在济南第二机床厂，1966年由于包建贵州都匀机床厂而被调到贵州支援三线建设。1969年，厂子为了解决两地生活把他调过来了，就这样我们都共同工作在西轴厂。我家11口人有5人在西轴工作，所以说三线建设是献了青春献子孙，一点儿不假。

一波三折的选址工作

第一个春节，我们是在银川度过的。春节过后，领导给我们几天休息时间做自我调整，之后就投入到忙碌的工作中去。刚开始，我主要是跟着领导去宁夏自治区相关部门按照文件精神办理相关手续。之后就是根据相关要求，跟着领导去选址。这期间，我用从瓦轴带来的一部小的基辅相机，把我们选址工作和其他活动用相机记录下来，相片洗出来后就存到牛皮纸册子中，作为历史资料留存，也是工作的见证。

当时的西轴厂计划建一个总厂，下设几个分厂。根据银川市政府提供的选址地点，我们挨个去考察。第一个去的是老城南门外的仪表厂原址，看了以后认为那个地方太小，面积不够用。继续往前走，就到了吴忠，吴忠这个地方因为地下水位的问题，选址不成功。之后是贺兰，在老城那边，也是因为地下水位的问题，结果也没成。后来到了西夏区这边的山根底下，在西夏王陵附近，大家觉得在那个地方建厂太偏僻，对生产和生活都会带来诸多的不便，所以那地方也放弃了。比较理想的位置就是老城原来的棉厂这个地方，如果在这里建总厂位置挺好，但最后也是由于地下水位的问题，取消这个选址。在银川周围的这些地方，所有的厂址都不理想。

最后西轴厂的厂址是选在平罗县境内贺兰山大水沟这个地方。选择大水沟这地方，也是挺曲折的。当时有人说，有一个地方（大水沟）已被选作军工厂的地址，可能符合你们的要求。听到这个消息后，我们领导和一些技术人员就去了，但当他们走到沟口时，人家就不让进去了，说里边没有什么，只有沟口这一片，三面环山，往里边没有路，都是羊肠小道，说白了就是人家不想给这个地方。但后来我们有一个年轻的技术员和设计处的一个工程师，两个人就跑到前面去看了，发现里边的位置很适合轴承厂布局，这个区域从里面到外面就像一个勺的形状，按照这两个技术人员的估算，厂房安排在那儿是没问题的。领导又进去一看，觉得这个地方可以建厂房，后来反复同宁夏自治区领导争取，最后终于同意了我们的请求。

◇　大水沟照片（李福清摄）

这个厂址定下来之前还有个插曲，在青铜峡还有个筹备了半年的轴承厂。青铜峡是怎么回事呢？因为这边厂址一直都没定下来，又急于抢进度，就在青铜峡水泥厂北侧，选了一片地打算建厂。作为先期的筹备组，我们去了十来个人，有材料员、设计师、技术人员、会计、采购员等。经过我们半年的实践，发现那地方风沙太大了。那风沙大到什么程度呢？我们睡觉的屋子有个小后窗，晚上起风呼呼地吹，早晨头上、被子上全都是沙子。因为轴承生产容不得沙子，我们就向领导汇报。恰逢此时，大水沟的厂址争取下来了，水泥厂这边就放弃了，所以我们就开始清点收摊，转移到大水沟这块建厂，筹备开工之前的准备工作。

天当房地当床

在大水沟进沟4.5公里处的位置，建设主厂区和生活区。部分项目定在西大滩火车站附近，那个地方作为一个落脚点，先建了几栋平房和库房，建厂筹备工作在这里进行。

◇ 西北轴承厂创业老照片：进山砍荆条

青铜峡那边收摊完成后，我们就直接搬到了西大滩的山上做筹划工作。山上什么条件？就是三面环山一条崎岖的路，鹅卵石满地都是，当时流传的顺口溜是"风吹乌拉草，石头满地跑，兔子不拉屎……"。山上没有住的地方，也没有水源，就有一条从山上流下来的很窄的小河沟。最后怎么办呢？在山上半山腰那个位置，靠近山坡的地方有一个羊圈，羊圈里边有几间比较简陋的房子，经过大家商量留几间房子做办公室用，还富余了一间，为了照顾我们3位女同志，让我们住里面。那房子羊粪味实在太大了，我们就用些石灰撒到地上消毒祛味驱虫。男同志就住在办公室里，搭个床或者睡在桌子上。后来，因为需要实地勘测、施工，来了一些先遣部队，人就越来越多了。他们就搭帐篷，床板也不可能马上都能供应上，就把石头摆平，然后再用砖头垫平，自己被褥铺上，天当房地当床，大家在这个环境里一直住了很长时间。

◇ 西北轴承厂创业老照片：搬砖块

　　吃的是什么呢？我们到西大滩的粮站那里去买菜买粮食，喝的水就是我刚说的小河沟的水，吃的也是它，洗衣服也是它。有时候我们去提水，会碰到羊在河里头，把它们轰走后，我们继续抬水，那时候也没人想消毒不消毒的事。洗澡那就更不用提了，就是用炉子烧水，然后在宿舍里擦一擦。那个时候，有一种动力、有一种精神在鼓舞着大家，离家那么远，条件这么艰苦，没有听到抱怨，大家都能够很快地适应那种环境，我也挺受触动。

　　在工作上，我们这些人都是多面手，比如说来料了卸车去，大家立马起身就去卸车；如果说要搬砖去，大家都去搬砖，说和泥就和泥，说筛沙子就筛沙子，我给大家起了名字叫"随叫随到"，工作上不分彼此，也不嫌脏不嫌累，大家心态都特别乐观。没有听谁说"我干不了了""我不能干""我受不了了"，听不到这种声音，都是互相鼓励，互相帮助，氛围非常好。

随着时间的推移，老厂也来了一些车间的骨干力量，再一个就是来了一些大中专院校的毕业生。1967年、1968年来的毕业生较多，沈阳学校可能来得最多了，再就是哈尔滨，哈尔滨电校的也来了不少。1968年，又从北京招了一批学徒工，能有四五百人，送到了瓦房店轴承厂去培训，培训之后再分配到西轴来。

真正的"西轴建厂人"

西轴厂在大水沟这地方进入土建阶段后，我们这些人就成了真正的"西轴建厂人"。不管是技术员，还是管理层，或是来的大专技校的学生，因为厂房还没建，发挥不了作用，都投入到基建工作中，搬石头的，砌石头的，挖地基的，和泥的，筛沙子的，还有打土坯的，什么活都干。参加基建的同志，确实是流汗又流血。开始的时候没有劳保用品，大家手指头都磨破了，也不叫苦，就弄点胶布一粘，继续奋战。盖房子需要钢筋，相当一部分学生组成队伍，翻山越岭地把钢筋条背回来。钢筋条又重又长，还要背着爬山，那时候确实相当不易。从沟口往沟里有一条路，虽然有当地的公路施工队，但也充实了一部分西轴人，装车拉石子，平整路面。同时，在基建公司施工的时候，我们也要派人抓进度和监督工程质量。可以说，大家都经历了基建工作的磨炼和洗礼。

一机部给我们的要求是西轴厂1970年试生产，1971年就要传喜报。根据上级的进度要求，我们在西大滩先期建立一个小型分厂，还有一个仓库。小型分厂的人员一部分从老厂来，一部分是先期在这边负责整个车间筹备的生产骨干。这边的仓库建立起来后，材料来了就可以入库了。毛坯料都是从瓦房店轴承厂发过来的，而且有些料这边先期的分厂自己加工不了，所以只能从老厂进料，在这边进行后面的工序。在这种情况下，1970年的10月1日，按照规定时间，我们西轴厂正式向宁夏自治区政府报喜：第一批轴承生产出来了。

上班学大庆，下班学大寨

那时候的生活条件确实比较艰苦，米和面倒是都能吃上，但菜就是老三样了，土豆、萝卜、大白菜，除非是季节性的青菜下来，有时候会有汽车到西大滩镇或到平罗县城拉一些青菜回来。拉菜主要是解决集体食堂问题，那时候还是单身多，但是居民就靠自己了。

那时候我们还流传着一句什么话呢？就是上班学大庆，下班学大寨。因为有些是双职工，孩子也来了，他们回家还要做饭，但是做饭买不到菜，所以那时候房前屋后还有半山坡，大家下班了以后自己就开荒去种地，种些蔬菜，既解决了吃菜问题，又丰富了业余生活，给大家的生活增添了乐趣。

当时就医条件应该说还不具备，就是沟里有个小的医务室，大家受小伤了，或者有什么头疼感冒的小病，可以去看；真的有病还得往银川去，确实很不方便。后来，在沟口建成一座医院，有住院部，普通的病都可以在这里治疗。

再一个就是职工的业余生活，刚开始就是看露天电影，无论春夏秋冬。随着人员越来越多，要想留住人，就需要丰富职工的业余生活。后来建成了两个职工俱乐部：一个在沟里，一个在沟口。因为沟口住了一部分人，沟里住一部分人。住在沟口的人上下班都是汽车接送，早上一上班特别壮观，有十几辆大客车。

住在沟口的大家都是带饭，中午不回家，早晨7点半出来上车，到晚上5点半有时候6点下班，有的甚至晚上要大干还回不去。大干的时候，我们有一个二成品车间的职工叫付秀芬（音），她生完孩子产假休了56天就开始上班了，上班了她晚上还要大干，要大干她就不能回去给孩子喂奶，怎么办呢？她的爱人就抱着孩子，好几里地地跑到车间去让她给孩子喂奶，喂完奶再给抱回去。当时大家都是一门心思扑到工作上，像这样的例子太多了。

"诸葛亮会议"

工厂从筹建到建成，除本职工作外，我从事了三个具有开拓性的工作：一个是做职工家属的思想工作，另一个是组织职工家属创造性地开展副业，再一个是从无到有创办西轴厂工会。

从1970年开始，由于老厂来的职工家属越来越多，思想比较活跃。单位领导就安排我和另外一个女同志，组织家属进行学习，做家属的思想工作，稳定大家的情绪。有时候传达厂里的文件精神，有时候读读报纸摘要，就是希望家属们能够理解我们当前的艰苦生活都是暂时的，提高家属对环境的适应能力，把大家的思想统一到支持职工、全力做好前方工作上。如果职工回家后，后院着火，家属说不满或者抱怨的言语，肯定会影响职工的情绪。所以，组织家属进行学习，统一认识，做好安定工作是很有必要的。

随着家属的增多，我发现三四十岁的青壮年家属赋闲在家越来越多，就给领导提建议，希望把这些人组织起来，做点儿合适的工作，也能增加一些收入。领导同意了，让我把这帮人发动起来，找到适合的项目，既能解决厂子的需要，又能解决职工家属的需要，还能帮他们增加一些收入。后来我跟另外一个女同志，以及一些比较活跃的家属，大家开个"诸葛亮会议"，你一言我一语地献言献策。经过实地考察，最后开工了五个项目，即做豆腐、缝纫、焊马口铁壶、补鞋和照相，做豆腐解决吃的问题；缝纫一方面解决职工的穿衣问题，另一方面又能解决工厂所需的线带；焊马口铁壶、补鞋能解决大家生活中的问题；照相能增加人们生活乐趣。

项目开工，一方面需要场地，另一方面也需要资金，我们就逐个解决。正好在沟口有一个三合院的平房，有一部分是闲置的，可以解决做豆腐、缝纫等工作的场地问题。资金当时都很紧张，大家就想到可以租借机器。有的人家有缝纫机，我们通过给磨损费的方式借用，大家积极性都很高，一共找了5台缝纫机，足够使用了，有两个人会缝纫活，也能教大家。照相呢，我们有个男家属有相机，就解决了照相的问题。我们自己就花钱买了点儿做豆腐的用品，如过滤豆浆用的豆包、缸、黄豆等。焊马口铁壶是我们有个老同志有材料，还有手艺，这也都解决了。

随着企业的发展，工会组织是必须配备的。领导安排我筹备工会，当时，我对工会工作是一窍不通，幸亏有个瓦房店老厂来的职工从事过工会工作，他作为筹备组组长，我和另外一个女同志作为副组长，开展筹备工作。经过大家的不懈努力，我们厂工会于1973年正式成立。

互帮互助，亲如兄弟姊妹

再一个我体会最深的是什么？就是人和人之间相处确实亲如兄弟姊妹。

那时候不管你是住在沟口的平房还是楼房，或者在沟里住，大家都好到什么程度？就是喊一声"我走了，给我听着点门"，门都不锁就走。再一个就是吃饭，谁家饭做好了，就喊邻居过来吃饭，不把你当作张三、李四，就把你当作自己的亲姊妹一样，相处得特别好。

　　谁家里有点儿什么困难了，都是发自肺腑地互相帮助，这种例子很多很多。王俊（音）和他爱人是我们工会负责文体工作的，我们一搞活动，他俩就全身心投入，家里的孩子又小，就交给街坊邻居帮着照顾。他家的孩子，像是大伙的孩子一样，孩子自己也适应了这种状态。大型节目从排练到演出经常需要几个月，像《白莲花传奇》《刘胡兰》《长征组歌》等都是我们自己排练，我们还有管乐队、民乐队。我们还经常去银川演出，银川市工会、区工会都邀请我们去演出。领导说，组织大家玩好，大家安心了生产就没问题了。基于这个角度，我们就利用业余时间，多组织一些活动。

　　我最大的感受就是大家相处得都特别好，不分彼此，在那种艰苦年代建立起来的都是革命感情，根深蒂固，现在已经成为一段永远不能忘怀的历史记忆。退休后，大家的聚会，我们都称之为家庭聚会，为什么这么说呢？我说咱们都是家里人，在厂里头咱们都是兄弟姐妹，现在虽然都已经退休回家了，但咱们的兄弟之情依然在，所以我说咱们这是家庭聚会，大家也都有这种感受。正因为有这种感情，所以工作的时候谁心里有什么不痛快了，或者是遇到什么困难了，都能互相体谅，互相给予帮助。这也是大家能够在一条崎岖不平的小路行走，靠一条小河沟饮水，在搭建的帐篷里席地而睡的条件下，无怨无悔坚持工作的重要因素之一。

邱连昌

从徒工到监事

采访时间：2023年9月19日

采访地点：宁夏回族自治区石嘴山市西北骏马集团会议室

采 访 人：李思慧

摄 制 人：张　冰

整 理 人：张睿鑫

邱连昌，男，1949年生，辽宁抚顺人，中共党员。1965年在抚顺煤矿电机厂参加工作，1970年6月赴宁夏参加三线建设。曾任西北煤矿三机厂助理工程师、子弟学校校长、铸造车间主任、劳服公司经理、工会副主席等职。

学徒期满离开抚顺奔三线

我叫邱连昌，生于1949年12月8日，1965年在抚顺煤矿电机厂参加工作，身份是煤炭部代培徒工，为三线企业——西北煤矿电机厂委培的。我学的是装配钳工，学徒期3年。1970年6月8日，我离开抚顺煤炭电机厂奔赴西北，6月14日到达西北煤矿电机厂。

刚来这儿的时候，厂房只是个框架子。没有宿舍，就住在厂房里头。厂房里摆的是单人行军床，用铁管和木板做的，床上垫的草袋子，草袋子上面铺一个褥子。因为对这边了解很少，我们来时带的行李都很少。我们几十个男的住在大车间里，女的住在小车间里，听说女生住的更苦。

刚来时对三线建设还没有什么太深的认识，开始白手起家。那真叫白手起家，车间里什么都没有，一台设备都没有，可以在车间里踢足球。我们来了以后，开始购置设备，或自制一些设备，都是生产必需的，当时生产也是以小型电机为主。

当时来这个厂子的人数应该有800人左右，后来在银川招了一批，在平罗招了一批，在石炭井又代培了一批，还有从老厂过来的家属子弟200来人，这些人加在一起是500多人，详细数我

◇ 西北煤机三厂大门

也记不太清了，大致就是这样。

　　刚筹建这个厂子时的口号叫"先革命后生产"，搞阶级斗争。但是来到这里的人精神面貌还都是不错的，因为咱们抚顺来的这一批人里，有很大一部分是为了解决子女的工作，自愿申请到三线来的。

21岁开始带徒弟

　　到这儿以后我在装配车间当装配钳工，当时我虚岁是21岁。虽然才21岁，可到这后就开始带徒弟了。刚开始生产的是小型煤电钻和40千瓦的电机。那时候自己建农场，自己养猪，自己养鱼，自己种菜。住的房子由干打垒变成土坯房。土坯房就是在土坯墙上面用草帘子一盖，盖上瓦就成了简易

◇　建厂初期电机厂金工车间全貌（1970）

房，后来这些房子都扒了，现在都没有了。

到1973年，厂里生产规模逐渐扩大，开始成批地招收徒工。因为1970年招收的徒工都已出徒，他们也都能带徒弟了。这时机器加工设备基本到齐，开始成规模生产。1972、1973年的时候，我们厂生产的最大电机还是215千瓦的。电机主要是民用，不是矿用的，不防爆。

总体来说，我觉得我们这代人到宁夏支援三线为石嘴山是出了大力的，咱们辽宁对全国的三线建设贡献真是太大了，像贵州的贵阳矿灯厂、甘肃的兰州矿灯厂、广西的挖掘机厂，还有攀枝花的钢铁厂，等等，这些只是我知道的，都是我们抚顺矿灯厂支援的。

我当时是一个人来的，没有一个亲属，别人也都是一个人来的。当时条件很艰苦，一个月开47块1毛2分工资，吃饭呢？你猜多少钱？15块钱一个月。那正是年轻的时候，一天5毛钱，换饭票。开完工资以后拿15块钱去食堂，饭票一换，往枕头底下一压，一天一张，不能多带，多带了，下顿怎么办？5毛钱吃一天，当时就是这种状态，确实是很艰苦的。刚来时住的条件也比较差，后来搬到独身宿舍，成家以后又搬到住宅区，情况逐渐地开始好转了。

职工业大弥补没上学的遗憾

后来，高考恢复了，我也报名了，但结果是我们去了10个人走了8个，只有两个没走，就有我一个。我没走的主要原因不是成绩不行，是因为我登记结婚了，结婚了就不能上大学。

上大学这条路走不通怎么办？那时候我二十四五岁，已经比较成熟了，所以我并没有抱怨，我想还得靠自己努力，还得钻还得研。当时车间成立了几个设计小组，研制一些与生产相关的土设备。当时研制土设备，也闹出过笑话。那时候困难啊，什么仪器都没有，连绘图仪都没有。有一次，我在车间放大样——就是把图纸上的东西画成与实物一样的样图。画的时候圆规不够长，我就拿了根筷子，筷子上绑个钉子，钉子前面再钉上铅笔，就那么画。我画的时候，正好被我们厂的张秀总工程师看到了，他说小邱你在干什么呢？我说我在放样。他说明天你到我办公室去，我给你开个单子，你领套绘图仪吧，脑袋够用你就好好学。这是我到厂里领到的第一套最奢侈的绘图仪，当时厂子里一共也没有几套，张总特意批给我一套，非常荣幸，现在我还在用。当时心里挺有想法的，下决心一定好好努力，要不然的话，家里也要为我担心。我要啥都好的话，家里也能放心一点。

1976年开始，各个大企业开始成立721，就是职工业大，业余大学。不是夜晚的"夜"，是业余的"业"，职工业大。那时候我们已经有总厂了，管理一、二、三厂。煤机一厂是张家口厂来的，煤机二厂是淮南煤机厂来的，煤机三厂是抚顺厂来的。总厂成立了一个721学校，学校设3个班，一个机电班，一个机械班，一个铸造班。只在总厂下属的这三个厂招生，人选应该是推荐的，我被送去了，在学校脱产学了两年半。

1978年底我从学校回来，因为我当初是从装配车间去的，所以回来以后就又回到了装配车间。但这时就不是工人了，我当上了技术员。由于产品开始逐渐升级，110千瓦的产品已经开始生产。但当时车间技术员就我一个，又没有太高文凭，业大毕业的，我就硬挺着当这个技术员。

参加测绘小组评上助理工程师

1978年底开始改革开放。厂里生产规模扩大，煤炭部下达仿制英国的

200千瓦电机任务。于是厂里成立了一个测绘小组，由我们厂一个副总挂帅，领着20多人。当时这台电机是由西安煤机厂进口的，让我和一个司机去拉这台电机。我记得很清楚，大年初三出发，要求正月十五之前必须拉回来。可拉到半路时，下起了大雪，我们车出事故了。在路上那几天受了很多苦。当时西海固那边条件非常艰苦。我家里挺困难的，多难吃的东西都吃过。但这里的东西我咽不下去，荞麦面和小米饭里的沙子特别多，吃到嘴里谁都受不了。

这台电机拿来后就开始测绘，干了整整一年，从1980年到1981年，全套图纸终于拿出来了。送到部里，送到重庆防爆所，审查都通过后，测绘小组这套班子就解散了。

解散以后又是哪儿来回哪儿去，我就又回到装配车间当调度员。在测绘的过程中，自治区劳动局开始职称评定，我们厂破格评了4名助理工程师，4人当中有3个是我们业大的，其中就有我一个。当时全厂工程师才3名，其余都是助理。我有职称后，就想搞技术，觉得走管理和走别的对我来讲都不太合适，搞技术比较好，尤其我本人还特别喜欢钻研这些东西。

80年代，我们厂是第一批搞改革的企业，一下子提拔了10名中层干部，后来都成为咱们厂的佼佼者。那时候我是装配车间的副主任，但没有入党。王志普厂长曾经对我说："邱啊，你是我们厂独一份非党员中层干部，咱厂从来没有过。好好干吧，年轻人。"

1983年，我开始当装配车间主任，1984年入党，开始兼任支部书记。当时我33岁，算是提拔比较早的中层干部，就算在抚顺煤矿电机老厂也是不可能的。那时候我们车间130人，规模已经很大了。自从200千瓦测绘通过以后，我们厂就从60的、110的、160的、200的、250的、300的逐渐干到现在1000千瓦10000伏的电机，而且都是出口的，逐渐好起来了。

一个变故让我当上了校长

1989年，我家里出了一个变故，我弟弟突然病故了。处理好后事，我就觉得什么都没意思，干什么都没有动力。

王志普厂长发现了这个问题，说："你得拿得起放得下，不能老这么压着。"

1989年底我真不想干了，跟厂长说你叫我看大门都行，这车间主任真不干了。厂长跟我住前后院，晚上没事儿在门口也能聊两句，他也老开导我。他说邱啊，你一个人过来不容易，以后路长着呢。渐渐地我有点儿想通了。

慢慢地他也同意我的想法，他说既然你管一个车间觉得吃力，觉得不太得劲，你想干啥？我满足你要求。

我说现在干啥也不想干，最好看个大门，和谁都不接触。他就开玩笑地说，你上学校看大门吧。我说上学校倒真不错，还有假期，挺好的。

他说那就说好了，但这个大门可不是学校院门，而是学校的大门。现在学校班子动荡得挺厉害，你去稳当稳当，把学校班子给我弄起来。你啥时候把学校稳当了，病情好转了，你想回来随时让你回来。

我说那我去干啥？他说当书记兼校长，没有别的，你给我抓纪律，主要任务是培养班子，把班子培养下来就行。我说好。

1990年我到学校，是煤机三厂的子弟学校，小学中学一贯制的。我在学校干了一年，就把学校全部调整过来了。当校长对我来讲那是很轻松的事，小菜一碟。哪个人怎么样，哪个人干啥不行，我一眼就能看出来。

有一次，厂长问我怎么样了，我说来这儿挺好，我就在这儿待着。

他说你别想得太美，我不会让你在这儿养老的。你要行了，你跟我说，我给你重新安排个地方。

我说你给我透露一下，你想让我上哪儿？

他说保卫科。我说保卫科也不错，挺适合我的性格的，而且没有那么大的压力。我回家后跟我老伴说了，说厂长准备让我去保卫科，你看怎么样？她立马急眼了，你要上保卫我就跟你离婚，我可不跟你一天担惊受怕的，这地方就这300多户人家，都是抬头不见低头见，那里的事儿多的是，你得罪得起吗？她这么一说，我觉得也是这么个理儿。再跟王厂长闲唠的时候，我说我老婆不让我去保卫科。

他说行了，你别跟我说了，你老婆找我了。她问我你犯什么错误了，给我们问愣了。我说你能犯什么错误？我还想重用你呢！但她态度坚决，就是不让你去。

放弃肥差，迎接挑战

因为这个原因，我没去成保卫科。1991年1月份，过完春节后刚上班王厂长就找我了。

他说老哥遇到难题了，现在有两个地方，选不着合适的人了。你看看，这两个地方想不想去？农场和铸造！

我说老哥你难为我了，我既不懂铸造，也不懂种地啊。

他说管理都是一样的，大同小异，只是服务对象不一样，你原来是干电机，现在是干铸造和种地，你这脑袋搞这些都没问题。

这次谈话我记得可清了，因为那时候年轻，记性好。我跟他说，你容我想一想。当时农场是个肥活，到农场，鸡鸭鱼肉就不用愁了，确实是肥差。

之后我就和关系比较好的老友们一起唠这事，探探他们口气，问问他们我干啥合适。他们说，你傻呀，还用问，直接去农场就完了，还合计个啥呀！别人削尖脑袋想去都去不了。我说我和你们想的不一样，不是我唱高调，我这人一辈子不想犯错误，只想踏踏实实地走好我自己的路。那地方容易犯错误，诱惑太多，我说我怕把持不住。我说我想去铸造，他们说铸工你懂啥？现在废品率高达50%了，你又是门外汉，你能行吗？我说我本人可能不行，但是车间里有行的，据我了解，废品率高的原因是由于职工情绪造成的。我决定去铸造，就去找王厂长。

他说兄弟，你出乎我意料了，我以为你肯定愿意上农场。就你那性格一天走走颠颠的，你怎么想上铸造呢？现在防爆电机的铸造要求比较高，一点儿砂眼气泡都不能有，有就报废。

我说我就去那儿了，到那儿以后你给我定个指标，我保证完成。

他说现在的班子三个人全免，你去以后重新建班子。你选谁我都同意，把质量给我抓上去，把人心给我拢回来，你就完成任务了。

我说那行吧。

过完春节，我又在学校待了整整一年，1992年的年初到了铸造车间。到铸造以后，三个人全免我没同意，我留了一个搞技术的。

但王厂长给我留下一句话，说什么时候他不配合你，告诉我，随时随地免他，给你换人。你想提拔谁，你考察好了，你跟我说。

我这个人还是有点小本事的，咱东北人都有这豪爽的性格，都是东北爷们儿，说是说，干是干，错了你认个错，在检讨大会上，我也检讨过。

我去了以后，搞ISO 9000认证，生产现场是一个认证条件。虽然铸造现场又黑又脏，但必须搞好。我就要求他们每天必须把现场清理干净，清理了一个星期。最后有人悄悄地找到我，说主任这个咱清理不完。我说为啥？他说咱车间地面全是沙子，没有水泥，怎么扫也扫不干净。我说你咋不早跟我说？他说怕你啊，不敢跟你说。我说这是我的毛病，我独断了。开会，我检讨，说大家跟我白受累了。这个决定撤销后，给大家发点儿奖金，鼓励一下。

如何解决产品废品率，我找来两个人。一个是厂办主任，他当时是铸造车间的技术员，团支部书记，他是学铸造的。还有一个劳模，姓祖。我让他们拿意见，用什么办法能把产品质量搞上去。他们说第一个是炉温，咱们现在这三截炉的炉温不行，上不去，好容易催上去了，它还不保温，一停机温度很快就降下来了。所以这个不行，三截炉必须改造。改造的办法是换风机，当时在杭州风机厂订了一台高压风机，解决了这个问题；第二个是模型不行，模型是湿的，往里一浇，空气蒸发，里头必然出现气泡。于是就增添了干式高压风机，把三截炉改成通天炉，问题一下子解决了。

我刚到车间时，奖金是负数，欠2000多块钱。我跟大家讲，我说五一之前如果车间能有结余，我领你们去西安。

大家高兴地说那太好了，这是想都不敢想的事。

我说如果你们不好好干，不听我的，哪儿也去不成，工资也挣不着。我说你们干啥来啦？不就是为了挣钱养家吗？咱们从炉前搬到炉后，从炉后又倒到炉前，浇铸完又成废品，再倒回去重炼，这不自己拿自己玩吗？你们不自己挨累吗？如果质量上去了，效益自然就上来了，对吧？成品率高了，这时你奖金肯定有啊。

四个月的时间，五一的时候，我领着他们去了西安。回来后大伙认可了，说我这个主任别看不是干这玩意儿的，可比咱们都内行。

1993年的时候，我们的铸造车间没活儿了。因为成品率上来以后，不仅满足了生产，还有过剩，生产科不给你派活儿了。就是全年的储备已经生产够了。

当劳动服务公司经理解决待业青年问题

下一步怎么打算？王厂长问。

我说我是搞电机出身的，铸造我也给你搞差不多了。

当时为了解决待业青年问题，厂里成立了劳动服务公司。王厂长说你把铸造这些劳力和劳动服务公司挂起来，你到劳动服务公司当经理，当修理厂的厂长。到那里去把劳动服务公司管起来，让修理厂这些待业青年有饭吃。

那时全厂待业青年110多人，工资总额一个月才几万块钱，劳动服务公司年产值四五十万，用那时的话讲叫大人饿不死，孩子能上得起学，有病能看得起病，让老百姓能吃上口饭，已经是最低水平了。

那时候我们厂开始逐渐走向低谷，生产任务量逐渐减少，实际已经养不起那么多人了。于是开始分流，分流人员60%开工资。你要知道，我们这个厂子是抚顺老厂过来的，大部分家里有两三口人在这厂里上班，就靠这个企业活着。我们厂最困难的时候是1995年到1998年。1998年最严重的时候，连续8个月没开出工资。

王厂长说，我不要你扭亏为盈，你把这些待业青年养活就行。

好！我去！反正我从来没摊上好地方，都是干给人家打家底的活儿。到那儿以后就开始跑市场，大同、太原，反正全国各地，包括黑龙江、吉林蛟河，还有咱辽宁北票那边，去全国各地修电机。修理的电机是汽车拉来汽车送走，火车拉来火车送走。就这样全国各地揽活，把这些待业青年养活了，养住了。到1998年底，厂里开始有了好转，挺过了困难时期。

勉为其难当上办公室主任

到1999年初的时候，王厂长找我说厂里准备扩大实验规模，在西北搞一个大型电机实验站，你去和西安交大一个姓王的人一起筹备一下。如果这个实验站干起来了，以后整个西北大的电机，包括我们本厂的电机，都不用再送西安进行防爆测试了，我们厂直接就可以做，能省下来好大一笔经费。

那就去！我服从厂里的安排。

当时给我任命的是检查科科长。到那儿干了两年后，全国开始企业改制。于是我们厂子换厂长，换的厂长就是现在这个公司的马总，他叫马树成。

当时他跟我说，现在公司有个空位，你文笔可以，处理问题能力也挺好的，你上来干吧，别老在底下干，上来给我当办公室主任。

我说我能干好吗？我一不喝酒，二不抽烟，迎来送往我还不擅长。

他说你可别以为办公室主任光是迎来送往，那是副主任干的事。你来了你要掌握大盘子，包括这些领导干部的考察，这里的事很多。你履行好办公室主任的责任就行。

我说那行吧。

2001年，我当上党委办公室主任、厂长办公室主任，当时是双跨的，处理改制的一些事，挺复杂的。不仅要迎来送往，还要理解党和国家的改革政策，事情挺多的。

干了几年，我觉得这个工作还是不适合我的性格，没意思，不想干了。那时候应该是2004年或者是2005年，我干了4年，记不太清了。我就找马厂长，说我不想干办公室主任了，还是下去干点儿具体实事。

体育好当上工会主席

马厂长说你年龄也大了，50多岁了还下基层？我也不能让你去挨那个累呀！

我说那你选两个地方，我看哪儿好，我就去哪儿呗。

他说原来王厂长想让你上农场？

我说农场我可不去，我干不了那玩意儿，我也不愿意往里栽。

他说不是，我就那么一说，你就说你自己最想干什么，我满足你的要求。

我说我想上工会。

他说你想的和我想的太合拍了！

我们马厂长是1970年到这儿来的大学生，他象棋下得好，还是我们乒乓球厂队的。我们厂子体育运动搞得好，我一直是厂队的主力。从1971年开始组建厂队，我就是足球队主力，一直到我踢不动。你看我这身体，大家都说我身体好。我这人就是心态特别好，该干事干事，该玩就玩。那时候踢球，我带过青年队去广东汕头打全国比赛，打了一个月。在广东汕头打比赛的这些人当中，有的是我和马厂长去体校招来的。当时一共来了20人，成才了几个，但大部分都去当工人了。参加过全国比赛，市里比赛、自治区比赛几乎年年参加。

他说这倒是真合适你，说能说，写能写，玩会玩，你都内行，都没问题。

后来，他真满足了我的这个要求，让我去工会了，当上工会副主席、纪委副书记，从2005年一直干到2011年。

国企改制当上监事

从2005年第一次改制开始，就给我留下深刻印象。那时候是国企改为股份制。全厂职工在我们厂大俱乐部进行选举，有没有候选人，我还真有点儿忘了，反正是泛泛地选。你选谁？选票是以你多少年工龄、什么职务、享受多少待遇为标准赋值。以你的资本（工资）为选票，100块钱一票。从下午两三点开始，很正式，什么纪委的、经委的、市里的、自治区的全来了。主席台前面放一大票箱子，海选。今天不出结果，谁也出不了这个门。选到下半夜3点才出结果。

结果真不错，把我给选上了，当上了公司的监事。当时公司3个监事、7个董事。那时候啥都不懂，不明白国企怎么一下子就改"姓"了。不懂就得学，活到老学到老。从2005年改制开始，就有股份，就开始入股了，这些都是新生事物。

一直到2011年，到站了，退休吧。60岁了，不退干啥？从16岁进厂到60岁退休，我在这个厂子45年没挪过地方，没换过第二个厂子。

我找老总说退了吧。老总说不行，这边刚改制完，刚和三一重工进行股份制改革，还有好多事没理顺，你再留一年，再干一年，把这些收收尾闹一闹。我说也行吧。

就这样，我干到2011年底，2012年过完春节，我就光荣退休了。

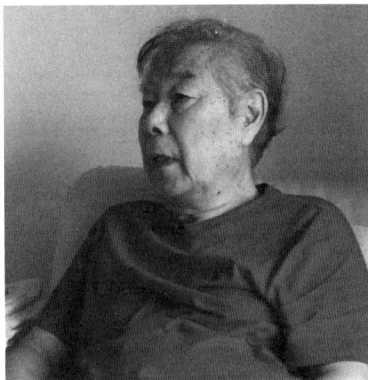

王大奎
国家事放在前边
个人事放在后边

采访时间：2023年10月8日
采访地点：辽宁省沈阳市于洪区王大奎家
采 访 人：王 越
摄 制 人：胥翔译
整 理 人：徐春旭

　　王大奎，男，1944年生，辽宁沈阳人，中共党员，原瓦房店轴承厂职工。1967年5月到西北轴承厂支援三线建设，曾任西北轴承厂工会干部、宁夏回族自治区党委宣传部党刊编辑。1993年回辽宁后任共产党员杂志社副社长、副总编辑、副编审。

结婚第二天就登上了西去的列车

　　我叫王大奎，虚岁80，20多年前退休的，退休前在辽宁省委主管的共产党员杂志社任副社长、副总编辑、副编审。这个工作我是1993年从宁夏调过后来开始干的，在这干了七八年就退了。

　　1960年，我（瓦房店轴承厂）技校毕业，毕业分配时就留校了，留校当老师，讲机械制图。1967年，当时我24岁，就和她（老伴）处对象了。

　　1961年、1962年，国家那时候经济困难，三年自然灾害导致整个经济就都不行了嘛！国家那时候提出一个"调整、巩固、充实、提高"的政策。机关能下马的下马，学校能裁员的裁员，能下岗的下岗，人员能分流的分流。这样技校也在一机部教育司的直接安排下下马了。

　　下马之后人都来到了车间，我就到了瓦房店轴承厂锻工车间。锻工车间就是打铁的。为什么到那儿打铁？因为那个地方粮食定量高嘛！那个时候都吃不饱饭，定量很低，普通老百姓只能分到28斤粮食，而锻工车间工人是50斤定量。奔着能吃饱饭，这样就去了。结果去了之后，车间领导说："不行，你不能到机台上工作，机台都是七八个人或十来个人一组的工作。我们想单独让你给我们车间搞宣传。"为此，领导就让我干钳工，当钳工能自由一点儿，也随时都可以抽出来搞宣传。

　　我工作服都领了，可还没开始工作，领导又通知我说："你不要干钳工了，你干什么呢？干电工吧，电工更自由！这样就更有时间搞宣传。"当时车间的宣传就是办黑板报，宣传好人好事，或把厂子里动态和国家大的新闻，通过黑板报宣传出去。再就是办展览，什么"增产节约展览"，什么"技术革新成果展览"。配合车间搞这些宣传，也就没有时间干机台的活儿了。

我在车间干了不到一年就被厂工会抽调去了，厂工会给了我更大的舞台。在厂工会我负责全厂的宣传工作，如画宣传画、电影海报、板报、毛主席像以及写大标语等。

工作正处在热火朝天的时候，上面传来三线建设的说法，要从瓦房店轴承厂抽调1000名各个岗位的骨干力量，到西北轴承厂去支援三线建设。那时候正好是"文化大革命"，对宣传更重视，我作为宣传方面的骨干被选中。一机部下派的厂党委书记陈妍说厂子是忍痛割爱："我们想留你，你这样的人才太少了，尤其是宣传这方面。工人虽多，但像你这样的人才少，厂里想留，但是那边也想要，没办法，服从安排吧。"我就这样去了西北轴承厂。

当时我和我爱人已经谈3年恋爱了，刚谈恋爱时我们俩有个"五年计划"，5年以后再结婚，现在还差两年。那时候年轻人积极向上，个人的事可以放在后边，国家和单位的工作放在前边，那是义不容辞的，因为这个，制订了"五年计划"。可是这第三年就赶上三线建设，要调到西北去。我爱人也是在瓦房店轴承厂，在工会做会计，组织也考虑到我和爱人的状况，都谈婚论嫁了，干脆让两个人一块调。我们本来没有这个打算和奢求，但是组织上考虑得比较细，我们就一块来了。当时匆匆忙忙的，没有挑选结婚日子，也没有其他准备，在一周之内就办了婚事。1967年5月11日，也没选择日子，我们就非常简单地草草地结了婚，就是为了革命需要，就那么一句话。结了婚，第二天就走了，厂子派的车，拉着行李和人一块儿到车站，去了西北。

一个公园两只猴，一个警察把两头

我们这批去往西北的人应该是30多人，但是因为我结婚，没有赶上大部队。只有6个人凑到一块了，包括我们俩，还有运输科的科长、安技科的一名科员、一个广播员，还有一个司机。

我们第一站到北京，再在北京买车票到银川。当时是京兰线，北京到兰州。京兰线沿路非常荒凉，这些人一看铁路两边那么荒凉，尤其是内蒙古那一带，都掉眼泪了。我呢，跟别人不一样，感到从来没见过这样一个景色，虽然荒凉，但是这也挺好看、挺壮观的，看看一望无际广袤的大地，我也有一种自豪感。

在银川下了车，虽说银川是宁夏自治区的首府，可到那一看，非常落后，全都是小土房，几乎看不到楼房。当时有句顺口溜，叫"一条街、两栋楼、一个公园两只猴"。一条街就是解放街——解放东街、解放西街。两座楼——邮电大楼、百货大楼，都不高，都是三层的。一个公园两只猴，一个警察把两头，真是那样的，公园很小，很破旧。经济很不发达，就是这样的一个城市。

◇ 创业初期贺兰山大水沟里的厂区部分场景

到银川之后，等大水沟的车来接我们，大水沟的车是什么车呢？就是大卡车上面罩一个大铁棚子，能遮雨就行了。那个自制的大铁棚子就像个大闷罐似的，也没有窗什么的，就把我们都接到了大水沟。

当时的大水沟还没有路，得先到西大滩。西大滩是包头到兰州包兰线上的一个小站，快车都没有，慢车只停一分钟，就这么一个站。一般情况下，要从西大滩站下车，再用大卡车接到大水沟，但我们是从银川一直被拉到大水沟。到那儿以后，干打垒的房子已经有了几栋，就把这几十个人安排进去。我们去那一年，恐怕最多不到300人，有搞基建的、搞采购的、搞规划的、搞施工的，就铺开了干起来了。

没路就修路，没桥就建桥

工厂建设我都参与了，路没有就修路，桥没有就建桥。挖过房子的地基，上下水管道的铺设、挖沟，我都干过。植树造林也干，那个地方比较荒芜嘛。那个地方是山沟，山沟里的沟口有一片地是家属区，还有几个特大型场子和几个小分厂，山沟里边有一大片地，那里就是生产厂区。还有一部分地块放钢料，钢料到那以后，根据不同的轴承型号，就给直接下料了。下料之后就把这些钢料再送到下个车间去制作，这样第一个环节就在西大滩。

整个厂区分成了三块，很分散，但正适合当时国家对三线建设的要求，要"靠山、分散、隐蔽"。后来提出三个字"散"——分散，"山"——进山，"洞"——山洞，"散山洞"就是进山进洞这个意思。

我在西北轴承厂一直干工会工作，从1967年干到1984年。1984年我由西北轴承厂调到自治区党委宣传部做党刊编辑工作，负责党内的宣传刊物《支部生活》《共产党人》，在那儿又干了9年。1993年调到咱们辽宁省委共产

◇ 贺兰山里的西北轴承厂搬迁时场景

党员杂志社。

我的3个孩子都出生在平罗县大水沟镇。在那儿我搞宣传，主要是通过《宁夏日报》报道工厂生产、管理这些情况，我写的东西见报率很高的，宣传工厂、宣传工人阶级，这是对外。

对内就是搞阵地宣传。阵地宣传就是在大水沟的厂区和家属区，搞了不少宣传画，还有毛主席画像。另外还搞"三忠于四无限"，是"文化大革命"运动的内容，也是当时的一项工作。

去的时候就一片荒芜嘛！就是几个小干垒房子供职工住，是很简易的小平房或小瓦房。后来修道修桥，路和桥通了之后，基建就开始了，开始盖厂房，搞变压器、通信电缆和高压电缆、动力电缆等，各个车间配套和工装都逐步地完善，很快就形成了生产能力。

另外大学生也发挥了作用，一开始有400多个大学生，他们分到西北轴承厂后，一起挖沟、打井、搞基建。后来车间厂房都建成之后，就把他们都安排在车间，在合适的岗位上工作，还起到不少作用，因为他们的知识水平比较高。后来我们厂子自己办学，中学考试在全区升学率是最高的，就是因为有这些教育水平比较高的大学生。

分配到西北轴承厂的大中专学生来自全国各地，包括辽宁去的学生。辽宁计划去1000人，这1000人也是拖拖拉拉了好几年，原因是各地都需要，这边需要，那边也需要，就这样扯来扯去，最后有的就没到位，真正到位的只有800多人。

瓦房店轴承厂的随行家属有好几千人，都是拖家带口的，上有老下有小，大概有四五千人吧。

还有就是招徒工，从北京招了400多人，在丹东、新民、辽中还有庄河这四个地方也招了400多徒工，再就是在宁夏招了1000多人，鼎盛时期，大水沟有1万多人。

瓦轴基因遍全国

西北轴承厂从大水沟搬到银川，我那时候赶上开头——搬迁的开头。那时候我就开始往自治区党委宣传部调了，做党刊编辑。往银川搬迁，也是一步一步来，拉的战线挺长。机床一步一步往银川运、往银川挪，挪得差不多了，还要把厂房上面的大梁、立柱也运过去。大物件搬完后，再叫农民上来，把所有东西一扫而光。本来应该留下一些东西，但农民挖地三尺，把什么钢筋，什么木头，能用的全部都给"扫荡"了，所以现在看起来是一马平川，啥都没有了。可能只有一个招待所，还有几栋破烂不堪的家属楼还留着。再就是特大型厂房，厂房县里要了，就没让拆。

4年内就搬完了。搬完之后也有鼎盛期，又上市又发股票什么的，弄得还挺好。鼎盛时期出口轴承，再就是铁路轴承，名声很响。铁路轴承非常好，结果叫德国人给骗去了，德国人签订假合同，合同有利于德国方面。当时厂长们谁都没看合同，认为外国人还能骗我们吗？最后，最赚钱的、国际影响好的、最有利的铁路轴承分厂被拿走了，拿得还合理合法，因为合同都签字了。他们巧取豪夺，通过签合同的技巧把厂子拿走了。

我国的轴承还是很有影响的，国内轴承比较好的厂有3个，简称"哈、瓦、洛"。瓦房店是老厂；哈尔滨是分出的二厂，抗美援朝时分到哈尔滨的；洛阳是苏联援建的，也从瓦房店抽出一些骨干到洛阳。西北轴承厂更突出，因为西北轴承厂的技术骨干、各方面力量都来自瓦轴。所以说瓦房店轴承厂为支援各地轴承厂做了不少贡献，说东北是中国工业长子这话一点儿不假，东北在这方面的贡献是相当多的。还有大河一机床厂是沈阳中捷友谊厂援建的，重机厂也是沈阳来的，什么冶炼厂、铸造厂都是沈阳的。

拍大剧享誉省内外

我在西轴不但搞美术宣传、阵地宣传、车间宣传，还有报刊宣传。还搞什么呢？我还组织业余美术创作、业余摄影创作、业余书法创作，丰富业余文化生活，因为那边的生活太单调了，也借不着社会的力，啥也没有。除了生产，业余文化生活死气沉沉也不行，就得搞点儿群众喜闻乐见的活动。什么耍龙灯、舞狮、跑旱船等，东北这边能看到的群众业余活动，在西轴都能看到，都是我组织、张罗，龙都是我做的，驴都是我用纸糊的。

另外还拍大剧，厂子成立了文艺宣传队。文艺宣传队不仅搞歌舞表演，还要拍几个大剧，像《白毛女》《刘胡兰》《白莲花传奇》《青山畔》等，拍了五六个大剧。

我不是导演，我负责搞舞美——舞台美术，包括道具、灯光、布景这些东西。除了演员，舞台上的假环境、假气氛都是我给营造的。所以我们搞得有声有色，不但在平罗县演出、在石嘴山市演出、在石嘴

◇ 西北轴承厂舞台表演剧照

山矿务局演出、在石嘴山文化宫演出，还到银川市的几个大剧院如工人剧院、红旗剧院演出，场场爆满。

自治区文化局一看这个剧排得这么成功，就请我们到银川演出了十几场，而且专门给银川的专业团体来演，什么银川文工团、银川京剧院、银川话剧团等好多文艺团体、曲艺团体。兰州也知道了，也让我们到兰州去演出，兰州军区、兰州石化总厂等，所以说影响还是不小的。

再就是组织和培养业余的美术、书法、摄影爱好者，有兴趣跟着我参与创作的，后来都小有成就。像2008年奥运会，张艺谋最得意的一个作品是什么？是一个用画卷展现的内容，是吧？包括高速、高铁等，现代气息都在画卷上呈现了。那个画卷是哪儿来的？是我的学生刘京林创作的，他后来调到北京航空航天工业部的一个企业，到那儿他研制了一个东西，就是怎样用电子呈现这些，最后就被张艺谋知道了。这个很先进，在国际上都是先进的。

还有马剑忠。马剑忠是我看着长大的，我给辅导后，18岁考了西安美

院，毕业之后被分配到陕西，从陕西又调到北京北广院教书，现在是教授，去年还过来看我。像这样成才的，有当导演的，有当画家的，有做教授的，有在单位主持一方工作的，挺有成就的大概有二三十人。

给机关党委书记上了一堂政治课

我调出来之后，又去过两次西轴。第一次是我回去搬家，当时我调到区里，是人先去的，后搬的家。后来又有一次厂里搞活动，邀请我去了一次。在宁夏我没有亲人，都是老朋友。

说到感受，就说到那儿的感受吧，撇家舍业，各种各样的思想情感都有。参加三线建设的好多人，我指去银川的，从瓦房店去银川的有八九百人，可以说我是意志比较坚定的。

有一次，厂里的机关党委书记见到我，我当时正在画宣传画，画在墙壁上的，他说："大奎，你怎么有那么大的兴趣啊！"

我说："怎么没有兴趣？"

他说："这个地方你看荒凉的，除了山沟就是石头，将来怎么办呢？"

我说："将来建设它，用我的两只手！"

他说："干什么干，什么时候能干出样啊？"

我说："'愚公移山'你不是学了吗？"

他说："'愚公移山'那不是故事吗？"

我说："也是一种精神。人要有一点精神，没有精神，一切都干不了。"

他是机关党委书记，我反而给他上了一堂政治课。我说："红军长征时，最后到延安才7000人。如果没有精神力量和信念，他们能胜利吗？像我们来三线建设，你老唉声叹气，你不干能行吗？"

当时好多人都感到悲观，我说："虽然这个地方比较荒凉，但是这是祖国的山。祖国的一草一木，我都感到很亲切。到哪儿它都是祖国的一个神圣的地方。我们用双手把它建成不好吗？我们成为拓荒者不行吗？给后人创造点儿价值不行吗？"

我在那儿一直很积极、乐观。党中央、毛主席对三线建设的决策很英明，那时候的国家形势，没有这个战略布局能行吗？当时的东南沿海，包括台湾地区，很不安定，北边苏联人虎视眈眈的，由于中苏交恶，他们还想动用原子弹。在这种情况之下，我们不能被动挨打！要赶紧分散力量嘛！第一，把工业布局往西南、西北转移，把技术力量和生产能力都分布到西部。第二，把能人、有素质的人、有专门技术的人，都派到那儿去，形成一种骨干力量，在那儿开花结果。第三，把文化和人文的那些东西带过去。

所以那个地方现在发展得很好。你们看到银川没有？银川怎么样？和我刚才描述的"小土房一条街两栋楼"完全不同了。这都是和三线建设、和后来改革开放有联系的。毛泽东、周恩来，还有彭德怀是很有功绩的，不是劳民伤财。当年已在那儿奠定了一片牢牢的基础，西部大开发没有那些基础，根本就开发不了，那是最基本的力量。瓦房店轴承厂大部分人退休都在那儿，子女也在那儿，现在过得相当好。现在瓦房店轴承厂的人分布也是很广的，三线建设是有功绩的。

于润山

高原反应没能动摇
我们三线建设的信心

采访时间：2023年10月13日

采访地点：辽宁省鞍山市于润山家

采 访 人：王　越

摄 制 人：胥翔译

整 理 人：郭晓娜

　　于润山，男，1932年生，辽宁辽阳人，中共党员。1955年到鞍山红旗拖拉机厂工作。1966年举家到青海支援三线建设，历任青海拖拉机厂技术科科长兼党支部书记、副厂长，一机部西北农机公司生产处处长，正处级高级工程师。

高原选址建成青拖厂

　　我叫于润山，1932年5月15日生于辽宁省辽阳县小北河镇三棵树村。我的小学是在小北河念的，中学是在辽阳县第一中学读的。1952年中学毕业后，被统一安排到长春机器制造学校学习，1955年8月毕业。长春机器制造学校后来迁到沈阳，是现在沈阳工业大学的前身。毕业后我被分配到鞍山红旗拖拉机厂。鞍山红旗拖拉机厂原名叫一机部灵山农业机械厂。分到厂里后做见习技术员，当时规定大学生见习期6个月，大专生见习1年，中专生见习1年半。我属于中专生，所以我见习了1年半。后来我在红拖厂设备科当副科级工程师，在青海退休时我是正处级高级工程师。

　　1964年，按照中央的统一规划要建设三线。当时的国际情况是什么呢？由于苏联开始变修，苏联和阿尔巴尼亚断绝外交关系，所以中国开始支援阿

◇ 鞍山红旗拖拉机厂团员合影（1962）

尔巴尼亚。我是红拖厂第一个支援阿尔巴尼亚的人，当时告诉我去做5年技术服务，可到那一看，人家掌握的生产拖拉机技术水平比我们的技术水平还要高，人家建国以后就是苏联援助，苏联的技术水平当然比我们高。而我们国家是从1958年才开始生产拖拉机，与苏联有一定差距。所以，我到阿尔巴尼亚后只待了3个月，由技术服务变成友好访问就回国了。

开始建设三线的时候，中央提出"靠山、隐蔽、分散"的方针，八机部决定在西北地区建设一个大型拖拉机生产基地，责成天津动力机厂派出10个人、鞍山红旗拖拉机厂派出12个人（我是12个人之一），组成联合调查组，到陕西、甘肃、青海进行实地考察。由于当时陕西、甘肃两省对三线建设的要求——即"靠山、隐蔽、分散"的方针认识有偏差，他们提供的建设选址不符合要求。如陕西要给我们选在离西安市150公里、没有火车路线的地方作为基地；甘肃给我们安排在一个丘陵地带，比地面正常公路高80～100米，火车线修不上去，拖拉机生产没有火车线是很困难的。所以我们就转到青海省，青海省西宁市周围都是山，但是很平坦。青海省派了一个计委主任和一个经委主任陪着我们，让我们随便选址，愿意在哪儿就在哪儿，最后选定了青海拖拉机厂、青海工具厂和青海齿轮厂3家工厂的厂址。青海拖拉机厂和青海工具厂选在西川，一个距离市中心7公里，一个距离市中心11公里；青海齿轮厂选在南川，距离西宁市中心8公里。这3个厂子都建在乐都县，是靠山隐蔽的，符合三线建设的要求。青拖厂这地方原来是一个部队的转运站，他们迁走后我们建了拖拉机厂。

联合考察组实地考察陕西、甘肃、青海后，将考察情况向部里汇报，部里同意了我们在青海选址的意见，经国务院批准，决定在青海建设拖拉机厂。就这样，1965年的7月开始为建厂做准备工作：制订生产计划，生产1000台拖拉机得先做设计和一些准备工作；建设厂房，把原来部队转运站里的几个小山包都平掉；等等。

青海拖拉机厂真正建设是从1966年的4月1日开始动工的，到10月1日生产出两台拖拉机，这个速度是相当快的。这是按照中央的要求，在地方政府的大力支持下以及部里的妥善安排下取得的成效。国家很重视青海拖拉机厂的建设，在所有三线建设当中，青海拖拉机厂也是数得着的一个项目。

将鞍山红拖厂一分为二

1966年4月1日，青海拖拉机厂举行动工仪式。我参加完开挖地基的工作后，下午就出发前往设在北京的建厂指挥部。青海拖拉机厂建厂指挥部由八机部派员组成，由部党组成员、一名十级干部坐镇指挥。指挥部下设8大组，我任设备组组长，两个组由高级工程师当组长，剩下还有5个组都是处级以上干部当组长，唯独我是一个科级干部任组长，因为那时我在八机部里还稍微有点名望，所以总指挥非常信任我。由于指挥得当，加上兵强马壮，青海拖拉机厂建设速度快、配套好，被国家定为重点工程。

当时国家和部里选定青海拖拉机厂援建人员的时候，要求是"好人好马上三线"。而青海拖拉机厂所有的标准设备由国家分配，专用设备由鞍山红旗拖拉机厂负责，因为鞍山红旗拖拉机厂有现成的设备生产图纸，再做一套给青海拖拉机厂就行了，等于将鞍山红旗拖拉机厂一分为二。

当时根据国家规定，在青海建设的6个三线厂

◇ 青海拖拉机厂工作人员与生产的拖拉机合影

都是两个工厂或者三个工厂包建一个工厂。但由于当时所处的历史时期，派性斗争十分严重，有的工厂由几个厂去援建的就分成几派，内斗严重影响了生产。根据这种情况，部里决定干脆包建工厂，即一个三线厂就由一个援建厂包建，所以青海拖拉机厂就是由鞍山红旗拖拉机厂包建的，并且决定从鞍山红旗拖拉机厂抽调800人。当时鞍山红旗拖拉机厂一共才3000多人，一下子抽出800人，那可是动了筋骨的了。由于这个原因，部里决定招一批徒工，连同我们的工人一起派到青海去建设青海拖拉机厂。于是从鞍山招一批徒工，从大连招一批徒工，加上部队转业的一批军人和从外厂调来的一批工程技术人员共计200人，加上鞍山红旗拖拉机厂抽调的人员组成了一支包建队伍。所以鞍山红旗拖拉机厂实际支援青海拖拉机厂是600人，但这600人都是骨干，换句话说都是好人好马。一般人员年龄不能超过35岁，技术骨干年龄不超过40岁。此时是1966年，我35岁，刚刚够条件。就这样，从鞍山红旗拖拉机厂优中选优的600人加上200名徒工开赴青海，开始了青海拖拉机厂的建设。

我是青拖厂党委成员中唯一的一名科级干部

最初到青海考察的时候，我们一共去了12个人。时至今日，已经去世9个人了，算我在内，在世的仅剩3人，目前在鞍山生活的就我自己；在陕西生活的还有一个姓张的，他到青海后提为副厂长；还有一个电气工程师叫李文权，他在河北石家庄生活。我退休后回到鞍山生活，现在已经32年了。

当时的青海是什么状况呢？工业很不发达。我们去之前就有几个厂子已经搬去了，如微电机厂、电动工具厂等。当时青海所谓的工业就是小铁匠炉之类的，只能为牲畜挂马掌或者做冰棍什么的。只有一个工厂能称为工业，它是做原子弹的，但不归省里管，那是国家直属的工业项目。他们一切商品与物资全是国家用专车运到厂里，现在这个厂已经搬走了，因为不适合在青海生产。因此，国家从部队、从

◇　于润山在青海拖拉机厂干部大会上发言

地方等各方面抽调领导干部加强青海省各级领导力量，并且还派遣了一批省级干部到青海任职。

　　1966年10月1日，青海拖拉机厂开始投产后，我被转到基建科，之后在设备科以及履带车间也工作过。刚去时，我们的技术力量分散在各个车间，没有形成合力。后来为了整合技术力量，成立了技术科。1972年，我调到技术科担任科长兼党支部书记。后来又分开设立设计科和工艺科。

　　青海拖拉机厂开始建立的时候，没有各种规章制度，也没有技术标准。由于一些原因，青海拖拉机厂一直没有建立党委，一直是处于军管状态。因为青拖厂内部都是鞍山人，鞍山人特别团结，特别抱团儿，造反派打不进来，所以最后在军管组的领导下，1973年成立青海拖拉机厂党委。我当时被选为党委11个成员之一，也是党委成员中唯一的一名科级干部，其他成员除了厂级干部，就是先进模范，要不就是军代表。1974年的5月份，我被提拔为青海拖拉机厂副厂长，主管技术和设备工作。1976年由于厂长兼党委书记身体不好，全厂的计划、劳资和财务这三个科分给我管理，就这样一直工作到1978年。1978年4月，我被部里调到部属西北农机公司担任生产处处长兼科技处处长，还兼任技术检查处处长，我等于身兼三个处的工作。

要是还在青海，恐怕你们见不到我了

　　青海地处高原，咱们鞍山平均海拔才四五十米，西宁市海拔2200米，高原缺氧风沙大，人去了缺氧现象非常严重。青海跟咱们辽宁相比，空气含氧量要低15%，所以人容易得病，青海拖拉机厂建设之时，有的人思想不稳定。

　　当时去青海援建的大部分鞍山红旗拖拉机厂职工都是1960年以前参加工作的，一部分是1965年新招的徒工，但这些人都是不讲条件，服从分配，安排到哪儿就到哪儿，这也为青海拖拉机厂迅速发展创造了良好条件。

　　我举个例子，有的职工回到东北探亲，因为在青海工作期间极度缺氧，肺呼吸量增大，肺部就已经扩大了，再回到内地就不适应了。一来一回，有的人走到半路就病死了。

　　第二个例子是有两名职工的家属，都是老太太，她们到青海来看望儿女，有一个到青海后由于不适应高原气候条件，下火车就住进医院，第二天就死了；另一个在女儿家住了一个晚上，第二天住进医院也死了。这就说明东北人不适应青海的气候环境。

　　当时通知我们去援建的时候也不知道这些情况，等我们抵达青海时，有几户职工包装箱都没打开就返回鞍山了，因为在东北的时候就有肺心病，就是我们常说的肺源性心脏病，再加上高血压，到青海后极度不适应，有更严重者甚至昏迷不醒，有四五家就直接被退回来了。由于当时大家都是舍小家顾大家，不顾个人安危，都想奔赴青海进行援建，有些人得了高血压、冠心病也不说，但是到了青海之后难以适应高原气候，引起了严重的病症，这样就只能返回原籍。鞍山红旗拖拉机厂职工到青海以后死亡的，

50岁到60岁的人比较多，有的没退休就死亡了，这也是受青海气候的影响。所以坚持到最后，一直生活到现在很不容易。当时去的老职工有100多人，到现在为止回到辽宁的只有五六个，剩下的大部分人没到90岁就都没了。

可当时去的时候，可以说我们的职工基本上没有讲条件的，没有一个不服从安排的。到那儿后由于不适应回来的，这不能怨本人。所以我们鞍山红旗拖拉机厂援建的老职工思想都是稳定的，说到哪儿就到哪儿，分配做啥就做啥。

我是1990年因病退休回来的，我那时得了冠心病、肺心病、高血脂，都是很严重的病症。我们青拖厂医院内科主任是大连人，我和他说我要下山。他说你要下山马上就走，再过两年你下不去了。所以我就提前退休了，回到鞍山。32年过去了，我身体感觉挺好，要是还在青海，恐怕你们见不到我了。

大家都是真心诚意地为三线做贡献

咱们建厂的时候，蔬菜供应困难。青海高原蔬菜比较少，供应全靠外地运。我们青海拖拉机厂在青海当地还是很有实力的，后来经常是开着汽车到甘肃、陕西、四川等地去采购蔬菜等副食，基本上能满足职工的蔬菜供应。

在生产上的困难就是运输线太长，很多原材料是从内地运到青海，这样造成成本提高很多。同样的一台拖拉机，青海拖拉机厂生产的要比鞍山红旗拖拉机厂生产的成本要增加几千块钱，所以在青海生产拖拉机利润就少。但是那时候是计划经济，国家给予补贴，可以坚持下来。

我们青海拖拉机厂是依山而建，没上学的小孩儿就在山根底下玩。青海的山是什么呢？黄土山，没有树木，这样会导致滑坡。有一次，山体滑坡压住3个小孩儿，死了俩，孔兆斌（音）和马东媛（音）的小孩儿给压死了，但是他们也没有啥怨言，自然灾害对不对？所以在我心目中，说谁对三线建设有抵触或者不满情绪，我真没发现，大家都是真心诚意地为三线做贡献！

我和我爱人都是独生子女，所以我的父母和我三个孩子一起来到青海，当时二儿子还没上学，大女儿正在上小学。

现在我大儿子、大闺女就住在我楼上，二儿子就在这个小区的22栋楼，现在都在鞍山。我到青海后又生了两个小孩儿，五个孩子现在全部退休，最低的俩人能拿到6000多块钱，最高的拿9000多块钱。所以我现在的生活很好，我一个月拿8000多，我老伴去世前能拿到4000块工资，生活没啥问题。我老伴在鞍山时没有工作，到青海以后为了解决职工困难，青海拖拉机厂成立一个家属工厂，专门为大厂服务，这个家属工厂的职工待遇也不错，最少的挣3800元，最多的可以拿到4200元，解决了职工生活上的后顾之忧。

马志堂
一生献给青拖厂

采访时间：2023年11月9日

采访地点：青海省西宁市青拖厂家属院

采 访 人：王　越

摄 制 人：赵志栋

整 理 人：佟瑗池

马志堂，男，1934年生，辽宁鞍山人，中共党员。1953年在鞍山红旗拖拉机厂参加工作，1966年8月到青海拖拉机厂支援三线建设，被评为青海拖拉机厂高级技师。

喝黄河水，住干打垒

我叫马志堂，1934年8月23日出生于辽宁省鞍山市立山区沙河村。我出生在农民家庭，生活条件比较艰苦。我十几岁的时候，跟着爷爷和父亲在家种地，没念几年书。那时候根本没有条件念书或者说没有书可念。但日本战败投降以后，我又在大红旗小学念了一阵儿，总共不到4年，所以说我是小学文化都不到。

念完书，我已经十七八岁了，开始找工作，于是我就填了份履历表，到灵山农业机械厂也就是后来的鞍山红旗拖拉机厂去上班。上班后，先是当钳工学徒，主要从事加工工艺，加工方面的，什么活儿都能干。学徒这段时间我的钳工手艺有了飞速的提升，可以说成为了工厂的技术骨干。

从1964年开始，国家出于战备的考虑，决定进行三线建设，促进边疆发展。而我们厂主要是生产备战拖拉机的，所以就把我们这一大批人调到青海进行三线建设，开展军工生产。来之前，也不知青海是什么样的环境，反正是响应党的号召，毫不犹豫地来了。

◇ 青海拖拉机厂大门

1966年8月份，我一个人来到这个厂子——青海拖拉机厂。到这儿以后才感到条件特别艰苦：厂房正在建设，没有设备，厂区后面就是一座不长树木的土山，看上去特别荒凉；没有井水，喝的全是黄河水；家属区也没有像样的房子，都是干打垒。

◇ 青海拖拉机厂车间旧址

我自己在这干了一年多时间，才把家迁过来。当时我家来了3个孩子，和老伴一共是5口人。由于老伴没有工作，生活挺困难的。后来我老伴在家属厂上班了，生活条件才大为改观。

因祸得福，我成为青拖厂第一个技师

1970年我受了一次伤，那次受伤是响应国家备战备荒号召挖防空洞时发生的，好悬没给我砸死。当时在我们厂的后山挖防空洞，在挖掘的过程中，洞内塌方了，泥土和沙石把我压到了里面，砸得我现在腰还有毛病。但没把我砸死，因为当时塌方的都是黄土，没有大石头。我被黄土盖上后，大伙都来救我，拽不出来就用铁锹挖，虽然没用多长时间就给我挖出来了，但挖出后我就什么都不知道了。大家马上把我送到医院紧急治疗，我才被抢救过

◇ 原青海拖拉机厂家属区

来。虽然被抢救过来了，但落下的腰病却不好医治，先后到上海治过病，到东北也治过病，治了几年，也没有效果，腰部骨折的病不好治。

由于腰落下了毛病，治不好，在车间就不让我干重体力活了，让我从事技术工作。我们车间有技术组，我参加技术组，搞技术服务，攻关技术难题等。后来我们厂准备生产小型拖拉机，俗称的小拖，我又参与了小拖的设计，小拖设计是我们与洛阳设计院一起搞的。由于我在技术工作方面为青海拖拉机厂做了一些贡献，领导和同事都很认可。经过几年的锻炼与学习，我从一名普通工人，逐渐成长为一个有文化有知识有技术的技师，我是青海拖拉机厂第一个高级技师。

当上技师后，我并没有骄傲自满，而是不断努力，再加上领导的信任和重视，我解决了不少技术上的难题，设计出很多新产品。

当时青海拖拉机厂设计生产出的很多新型号拖拉机，如80、100、120、200等型号，我都参与了。这些新型拖拉机，是在没有任何国外专家技术支持的前提下，靠我们自己一点儿一点儿去研究去解决的。当时我们为了生产与研制农用拖拉机，就从苏联进口两台80马力的斯大林号拖拉机，以此为蓝图，进行辅助设计与研发，最终将农用拖拉机研制成功。就这样，依靠我们自己，一点儿一点儿努力攻关，才使青海拖拉机厂发展壮大起来。

工厂挽留，我晚退休一年

90年代，青海拖拉机厂更名为青海工程机械厂后，我们厂的生产规模越来越大了。我们生产的DCG型号拖拉机，有2台DCG200出口美国卡特彼勒公司，还有2台作为南极科考工作专用设备。我们厂生产的拖拉机等设备真的是质量过硬，出口很多国家，受到消费者的认可。我们一路走来真的为国家做了好多好多贡献，同时也吃了好多好多的苦。在支援三线建设这件事上，总的来说我是无怨无悔的，我从一个普通的、没有文化的工人，成长为一名高级技师，能够解决一大批技术上的难题，为企业为国家做出我应有的贡献，我感觉很知足，这就是我应该做的，党培养了我，我也应该为党和国家做出贡献。

1994年我已60岁，年龄大身体也不是很好，到了该退休的时候了。但我们厂还是极力挽留，叫我先别退，说你虽然已经60岁了，但是你有技术能力，还能为厂做很多的工作。没办法，我又干了一段时间，干到61岁才正式退休。我退休时的退休工资是400多块钱，现在我的退休工资已经涨到6200块钱了，每年工资都有增长，生活还是很不错的，富富有余。我的孩子也都挺好，都有工作，住的都是电梯房，都是高楼大厦。我一共有两个孙子，一个孙子在上海，从事金融工作，还有一个在泰国，他们现在都不错。现在家里就我一个人，老伴已经去世了。目前我生活过得挺充实，也挺富裕的，我不缺钱，房子啥的都有。我啥也不缺，对不对？我已经90岁了，目前主要任务就是保养好身体，身体健康是最重要的。人一生要注意这一点，健康是多少钱买不来的，这是我亲身体会。我一辈子不抽烟不喝酒，没那些爱好。我刚来青海的时候一大家子人，挺困难的，只能吃点儿粗茶淡饭，那时候也正值困难时期，我们家买了很多白菜土豆，都堆在地上。吃啥饭呢？东北话讲叫高粱米饭，现在我吃不了高粱米饭，可能那时吃多了。那时候高粱米饭是上班吃下班吃，上班就是一盒高粱米饭加点儿咸菜。所以，年轻的时候我可瘦了。

活到90岁，我知足了

当年这些人来青海支援三线都很艰苦，付出了很多。我们来的时候，这地方一条马路都没有，楼房更没有。我们厂就是靠省政府、靠当时八机部的支援才发展起来的。我亲眼见证了我们厂从小到大的发展历程，刚开始生产小型农机具、五铧犁，到后面生产垃圾车、200马力拖拉机，这都是一点点壮大起来的。这些成绩，都是我们鞍山来的老同志艰苦奋斗换来的。青海拖拉机厂为青海做出了巨大贡献，为当地带来了福祉。你看现在青海发展得不错，这有我们的功劳，说老实话我们都是功臣。

国家现在对我们这些支援三线建设的老同志都挺关怀，每一家的条件都不错。我们这些来青海支援三线建设的老同志目前在青海的生活条件甚至要比当年在鞍山红旗拖拉机厂留守的同志还要好。鞍山红旗拖拉机厂和我差不多大小的老同志，能活到90岁的很少，我现在活到了90岁，我也知足了。所以我要好好活着，不给党找麻烦，对不对？现在国家对我们这么好，还有幸福食堂，解决我们这些老同志中午的吃饭问题。我们的工资水平很高，我们的工资比留在东北的老同志还高。除此之外，我们这里政府每月给80岁以上的老人120块钱老年补贴，每年还有3900元取暖费，还有民族团结进步奖，一年还给1300元。

但也有不如意的地方，青海地处高原，我们这个地方坐在地上，就相当于你在东北坐在飞机上，海拔2300米，生活特别艰苦。当年有的人不愿意往这儿来，都是有基础病的，肺不好的，气管不好的，到这里不能待，待了以后上不来气，死了的都有。现在你们在这里走路，是不是走快了也感觉上不来气，所以你们活动时要慢，身体慢慢就会适应，没大事。

技术上以老带新

1966年我到青海拖拉机厂时，没有厂房，也没有什么机器设备，即使有设备，本地的工人操作起来也比较生疏，技术方面没法跟我们鞍山红旗拖拉机厂来的人相比。所以，为了锻炼当地工人的技能，采取好坏搭配的办法，谁与谁搭配由厂里定，即所说的好坏搭配"肥瘦"得挨着。我们厂长要求一个技术工人带一个徒弟，徒弟再带徒弟。每个人不是生来就是成手，都会干活的，都是相互带出来的。来青海的时候我算老人儿，近30岁，说老实话当时我已经是生产骨干了。

那时候真的挺困难，我们没有图纸，就是为美国卡特彼勒公司做产品，美国方面的图纸也不给我们。所以，我们就自己设计和自己测绘，一点儿一点儿地探讨，研究这活儿该怎么干，想尽办法把产品做得和美国的产品一个样。当时我从事的是钳工和钻工，这个工种没有标准，干活儿都是凭技术，凭经验，就是现在大家讲的，靠匠人手艺和工匠精神。在我们这里我就是匠人，要不这厂第一个技师也不会给我，只有通过自己的努力才会有好的结果。

具体工作中，要学会看图纸，看完图纸以后会画线，画线要用千分尺量，一分不能差的，最后还得能装配上去，和美国卡特彼勒公司的部件完全相同，挺难的。工厂要求挺严，不严不行，严也得做，想办法呗，心要细，手要慢，用千分卡尺一点点儿地量，干一个量一个，千万不能给干废了。所以干一个毛坯件或者干一个锻件，都挺费时费力的，而且所带的徒弟们还上不了手，难活儿都得我自己干。

我带的徒弟都挺争气，王尚辉（音）是我带的徒弟，就是现在工程机械厂的厂长。北京还有两个徒弟，都比较年轻。1965年我在鞍山时就带过一个徒弟。具体带多少个徒弟，没有数，得有一大把。培养他们不容易，他们也都挺佩服我这个师傅。那时没有统一的工作标准和流程，这活儿怎么干，全凭手艺。就是现在说的大国工匠，没有大国工匠，你说那火箭能上天吗？现在我的那些徒弟也都老了，在青海招的那批徒工也都70岁以上了，像我这么老的师傅更找不着，没有几个了。

我把一生都献给这个厂

回想这一生我无怨无悔。支援三线建设，献了青春献子孙，最后献出生命。我的孩子，来青海时还很小，他们一直都没回过老家，子子孙孙都在这里扎根了。当时到青海支援三线建设确实艰苦，但不来不行呀，你不来他也不来，那三线谁来建设？国家靠谁建设？那时候我就想通了，所以我毫不犹豫地听从党的召唤，叫我上哪儿我就上哪儿。那时我年轻，不到30岁，二十八九岁就来到这儿了，而且是带领着全家来这儿的。

1953年我进入鞍山红旗拖拉机厂当学徒，一点儿一点儿干到现在，中间没有间断过，一直都是从事机械加工。虽说我为工厂作了一定的贡献，但没有什么大的功劳，没做过什么惊天动地的大事。但厂子没有亏待我，党没亏待我，我要感谢党！我在青海拖拉机厂工作，厂子的好事我一样也没落下，评上先进生产者，获荣誉奖状，对我来说那都是常事，3%的名额涨工资，都有我的份儿。

理想与目标都是靠自己干出来的，靠自己奋斗出来的。如果你在那糊弄，在那泡着，能干出成绩那才怪呢！在没有先进设备和先进工艺的情况下，我能把活儿干出来，做到和原件一模一样，这就是我的成绩。有时遇到复杂的情况，都不让徒弟们上手，我怕把活儿给人家干废了。只有我亲自上手，才能解决技术上的疑难杂症。总之，我对待工作或是对待徒弟都是兢兢业业的，从没懈怠过。不是我夸自己，我把一生都献给了这个厂。

辛保森

为冶金地质找矿事业奉献一生

采访时间：2024年3月23日

采访地点：湖北省宜昌市辛保森家

采 访 人：李思慧

摄 制 人：赵　健

整 理 人：佟瑗池

　　辛保森，男，1938年生，吉林省临江市大栗人，中共党员。1962年毕业于长春冶金地质专科学校，毕业以后分配到鞍山地质勘探公司四〇四队，三线建设时期编入六〇七队赴湖北援建，参加"黄梅会战""太古岚会战"，曾任六〇七队工会主席、高级政工师。

带着8个月大的女儿参加三线建设

我叫辛保森，1938年生人，属虎，今年86周岁。出生在吉林省的大栗子镇，与朝鲜一江之隔，这条江即鸭绿江。两国距离很近，那边说话我们这边都能听得见。冬天一封江，我们小孩子都在鸭绿江上滑冰，在滑冰的同时，我们还可以走近朝鲜一侧看一看，但不能上岸。1962年我毕业于长春冶金地质专科学校，是名大专毕业生。虽然是大专生，但在那时候还是很少有的，毕业后直接分配到鞍山地质勘探公司四〇四队。

分到鞍山地质勘探公司四〇四队，可以说是和我的专业对口，搞地质勘探。参加工作不久，在单位里认识了我的爱人，她是我们单位的描图员，我当时是地质技术员，我们俩一见钟情，自由恋爱，结婚后生了一个小孩儿。

1964年，组织决定将鞍山地质勘探公司四〇四队和鞍山钢铁公司四〇五队合并，组成六〇七队，两个队合并后有八九百人。之前在鞍山的时候建立了党总支，搬迁到湖北后，六〇七队就成立了党委。

党中央决定搞三线建设，我就跟随六〇七队，带着8个月大的女儿，坐着火车来到了湖北。当时真是一声令下，大家全部服从组织安排，不讲任何条件。

湖北的青岗坪、火烧坪那里有铁矿和耳状磁铁矿，确定为三线建设地区后，我们就来到这里了。来了以后我们就在火烧坪、青岗坪、西板坡找铁矿，现在他们七钢厂炼铁的矿石就是那时候我们找的。1969年我们就搬到宜昌来了，我们在宜都市闫家坨找到了石灰石矿。松坪也是宜都市的，也有石灰石矿，现在阳新水泥厂他们用的矿石就是松坪的。后来我们的工作就是找金矿，找锰矿。

离开家人，参加"黄梅会战"

　　我这一辈子都在搞地质、找矿。让我难忘的有两个会战，其中一个是"黄梅会战"。"黄梅会战"是在鄂东，湖北省的黄梅县城附近进行。六〇四队发现了一个菱铁矿，菱铁矿产于变质岩区。冶金部当时以六〇九队、六〇四队为主，六〇六队、六〇三队、六〇五队、六〇七队也都去参加。

　　我们中南公司一共有10个地质队、一个金属厂、一个科研所。我们去了两台钻机、两个地质组，我当时是一个地质组的组长。我带领我的组员，在那里搞会战，搞了两年。那时候我们就住在芦席棚子里。我们把黄泥抹在芦席棚子里头，稍微能起到遮风挡雨的作用。冬天住在这里头，夏天也住在这里头。夏天闷热没有电扇，空调更谈不上，那个年代不像现在，条件很差，连电风扇都没有。

◇　野外勘察的地质工作者

　　我们白天到野外去勘探、测量，晚上回来还要画图，当时的万分之一的大比例尺的地质图，就是我们六〇七队搞的。那时不仅工作日加班加点，连周六周日也不休息，根本就没有休息日。虽然很艰苦，但同志们干劲十足，都想早日把这项任务拿下来。

做宣传工作，火线入党

第二年我就被调到会战指挥部宣传科当干事。当初让我搞会战广播电台，所以每天早晨不到4点钟我就得准备广播器材，准备好了以后我就开始播音了。播音的内容从最高指示开始，之后播送会战战报。播音之后我们开始印制宣传材料，需要刻钢板。我有一个同事叫李文萍，是个女同志，她负责刻，我负责印，印完之后我们一起发。我们俩还负责做板报，各个镇、会战队、企业虽然有通信员，但大多数时候需要我们自己下去跑，下去搜。那时确实挺艰苦的，冬天外边下小雪，屋里头小风飕飕地吹，冷得没处躲没处藏，但也要坚持。春节过后，我们搬到了黄梅县的五里墩，在这里盖的瓦

◇　六〇七队毛泽东思想文艺宣传队全体合影（1969）

房，生活条件就好多了。

因为参与会战时，我在工作各方面能够任劳任怨、起早贪黑，也服从工作安排，所以我当时就火线入党了，这是我一生中最重要的事，对我来说是一个跨越式的进步，我当时就想要把我这一生都交给党。我爱人留在家这边，带着3个孩子还要上班，但她工作也很努力，这一年她也入党了。我们在入党那年是没有预备期的，直接入党就是正式党员。我们通信，她告诉我她入党了，我说我也是今年入的党。我爱人很不容易的，我在鄂东黄梅，她在鄂西支撑，她一个人带着3个孩子，虽然我内心是很心疼她，但是为了国家建设，我们不得不做出牺牲。

就着沙子吃饭，参加"太古岚会战"

让我难忘的另一个会战，就是"太古岚会战"，在山西太原西面一个叫太古岚的地方。当时冶金部下达任务，点名叫我们六〇七队去。我们有四个会战队，分别是湖南省会战队、湖北省会战队、陕西省会战队和山西省会战队。4个会战队全都到那儿去，20多台钻机在那儿一起打，太古岚那儿是黄土高原，条件非常艰苦，山上长的那些树没有叶，老百姓都住在窑洞里。

我们刚到那儿时没有房子，下了车以后我们到了塬上，老百姓在下面的窑洞里，我们没有住处。当时行李也没运上去，当地军队给了我们一批帐篷，我们就把帐篷折叠一下当成褥子铺在地上，上面盖的也是帐篷，帐篷既当床又当被。眼睛望着星星，那也是我第一次风餐露宿，真的是天当房子地当床。

会战一开始，就遇到了很多困难。我们的会战地点是黄土高原，山上光秃秃的，风沙非常大，老百姓不论男女都戴帽子，因为风沙一年到头都在吹，一踩地脚上全是沙子。后来因为风沙大，大家每人配一顶帽子和一副防沙眼镜。在那里搞地质，条件是最艰苦的。

高原上的沙土很好挖，一挖一个坑，我们就在挖好的坑里做饭。大米饭还没等做好呢，风沙都吹进去了，于是大家就就着沙子吃，反正也没菜，老百姓也没有菜，他们一年到头吃的是洋芋，在东北叫土豆。我们每天上顿土豆片，下顿还是土豆片。还吃小米、高粱、玉米，我们都吃够了。买菜需要到太原去买，来回要300多公里，非常不方便。为此我们还专门成立了一个运输队，从湖北枝城到山西太古岚，专门负责工地材料和粮食供应。用火车拉大米、菜和肉运到这儿来吃，因为当地是买不到的。当时都有肉票，什么都要票，特别是他们山西的物资比湖北还紧张，在那儿买不到大米，老百姓过年都吃不着大米。那个时候就是那样，现在当然好多了，农村都发展起来了。山上也没有水，就是山沟里头有一条小河，河里有点儿水。所以我们都端着水盆、水桶到底下去端水上来，我们的驻地在矿区中部的半山腰上，便于生产和生活。

按时完成任务，获得荣誉

我们服从组织安排，在黄土高原上安营扎寨，钻探的时间不长，给的任务是几十个孔，但很艰巨。那个时候我已经是党员了，领导就让我组织成立会战队党总支，我是党总支委员，兼任会战队的文书、秘书，还负责宣传工作，播战报、广播等工作都是我负责，还负责写标语。那时候正值全国上下掀起"工业学大庆，农业学大寨"的热潮，我还到大寨去参观了，我们距离很近。

"太古岚会战"给我们的任务看似少但十分艰巨，我们说"上得快、站得稳、打得狠"，4000多米的任务在半年以内就要完成，赶在10月1日国庆节到来之前必须结束战斗，否则大雪封山，任务会更加艰巨。山西和湖北不一样，和东北差不多，但是风沙大，一下雪，车也上不去，人也下不来，这100多人怎么办？所以我们就得抓紧干，没有星期日，没有节假日，也没有奖金，就有点儿津贴。当时我毕业的工资就只有51块钱，再加上津贴，湖北的津贴是4毛钱，山西的津贴是5毛钱，多了1毛钱，所以我一个月的工资就67块钱，不但要给我爱人邮回来，还要给东北邮一些，主要给我老妈老爸还有二姥爷。我家就我这一个儿子，两个姐姐都结婚了，还有一个妹妹在山东，我要养活家里的老人，我爱人家也有老人，所以四个老人都需要我们照顾。我们俩工资加一起也就100块钱，她34块钱，她是描图员，是工人，还有三个孩子，当时是很艰苦的。但是我们那时候干劲儿十足，不讲报酬，机厂搬家的时候我们全都上，炊事员也上，卫生所的医生也要上，扛大件特别累，条件很艰苦。当时我最受感动的就是我们会战队180多人，都是撇家舍业去的，没有一个掉队的，没有一个喊苦的。

大家都是迎着困难上，在会战队职工干部中，绝大多数人没有到黄土高原进行过勘探施工，因为沙土一踩就陷下去了。这个地方的岩层大部分经过强烈的蚀变，原岩面貌改变，肉眼很难分辨。为解决这个问题，大家互帮互学，从书本中找理论，向老高工请教经验。最终大家很快掌握了野外工作方法，由原先两个人负责一台钻机岩芯编录减到一个人一台，最后一个人负责两台钻机，大大提高了工作效率。

搞钻探生产也是这样，矿区疏、松、脆、滑，地层生产效率低，平均月进尺徘徊在300米左右，岩矿芯采取率低。面对这样的问题，我们一方面办学习班，组织新老班长交流，建章立制；另一方面组织了一个三结合的技术攻关小组，日夜奋战，认真分析钻具结构和性能，学习他人取芯经验，反复试验，终于突破了技术难关，使岩矿芯采取率由70%上升到90%以上，提高工效20%，生产形势大好。

最后，我们真的在10月1日国庆节到来以前完成了全部钻探任务，进尺4971米，钻孔质量好，见矿率100%。会战结束后，四省会战队进行了评比，我们会战队获得"劳动竞赛流动红旗优胜队"的称号，我们得了第一。702机台还获得会战区"劳动竞赛流动红旗优胜机台"的称号，两名红旗都被我们湖北省得来了，我想这里面也有我的贡献。

如果有下辈子，还要做"地质郎"

建党100周年，媒体让我们写一些回忆录，我就写了一篇文章，题目是"难忘的山西太古岚大会战"。我写的这篇文章，刊登在了《三峡晚报》和冶金总局的刊物上，都给我发来了稿费。这篇文章是我自己写的，我是含着眼泪写的，我回忆了两天两夜，这段经历我忘不了，是我人生难忘的一段记忆。

回来以后，我就在宣传部任部长。1992年我们六〇七队改编了，一部分人到长沙成立长沙地调所。我的大女儿和大女婿他们也去了，我的户口和我老伴的户口也都迁去了，但是组织上考虑六〇七队老班子还要成立，就把我提拔到班子里来了，任党委委员、工会主席，这样又把我的户口调回来了，可以说我的一切都是为党工作。

现在你们问，那时候为国家、为地质、为三线建设付出这么多值不值？我觉得真是特别值。我在我的文章里写了，如果我还有下辈子，我还要做"地质郎"。

我的大女儿在山西会战时自己考的中专，初中考中专，直接考到了宜昌卫校，我都不知道。我其实想让她上大学的，但是她就考上中专了，还是药剂专业，专业比较好，他们学校的老师也很好，她妈妈也同意，我就让她去了。

我后来回过几次东北探亲，但是我爹去世了，是68岁那年因脑溢血在东北去世的。我爹得病后，他在医院里不吃不喝好几天，就在那闭着眼睛等我。当我坐火车回去，到医院给他喂水，他眼泪一下流出来了。他心里是明白的，但是不会说话了，就是在等我，看到我之后就走了。我母亲是在这儿（湖北）送走的，她78岁那年因心脏病去世的。两位老人走的时候我都在场，都是我把他们送走的，虽然我没能常年陪伴在他们身边，没能尽孝，但也算送终了。

黄素兰
大学毕业到最艰苦
的地方去

采访时间：2024年3月26日

采访地点：湖北省十堰市黄素兰家

采 访 人：李思慧

摄 制 人：赵　健

整 理 人：张琳琳

　　黄素兰，女，1937年生，辽宁金县人。1965年毕业于辽宁大学数学系，分配到长春第一汽车厂，1969年来到湖北省十堰第二汽车厂参加三线建设。

加入一汽计算机小组

　　我叫黄素兰，1937年6月22日出生在辽宁省金县，我们那地方叫二十里铺，现在那个地方好像都归大连了。1965年我从辽宁大学数学系毕业，因为大四时学校教育大家要到最艰苦的地方去创业安家，所以我们都写申请书，都要求到最艰苦的地方去。我和我老伴是同学，当时我们俩，还有我们系里的另外一个同学被分配到了一个叫武汉新厂的单位，那时候连厂名都不确定。

　　1965年8月份我们就毕业了，毕业之后学校要我们到长春第一汽车厂去报到。那时候一汽成立了二汽筹备处，就说把我们这些人一起来管理和培养，将来二汽正式成立的时候再转到二汽去，但跟一汽的职工一样工作和生活。

　　报到之后我们就开始在车间实习。我被分到底盘车间实习，当车工，即把一些毛坯件用车床车出成品来。在底盘车间干了3个月，我的实习就结束了。

　　当时一汽的领导出国考察时看到外国公司在生产中使用计算机进行管理，于是就成立了一个计算机小组。二汽筹备处的领导考虑到二汽将来也要做计算机管理，于是也抽调了几个人加入到一汽的计算机小组当中，为将来二汽进行计算机管理做准备。那时候谁也没有学过计算机，学校也没开设过计算机专业，领导们考虑到数学专业跟计算机比较接近，于是就把我们辽宁大学数学系毕业分配过来的同学组织起来，加入到一汽计算机小组中。我们数学系毕业的几个人，还有几个合肥工业大学毕业学电的，共计五六个人，就组成了这个计算机小组。我们每天在一汽厂部大楼上班，也在那里学习，由一汽总工程师黄明松（音）给我们讲计算机的构造、原理等，在那里学了不少东西。

到最艰苦的地方去

1968年底，我爱人就先到二汽来了。那时候到二汽工作都叫进山，就是说到这山里来。当时二汽筹备处那边就是叫谁去谁就去，我爱人就去了，我还留在长春。我女儿是1968年出生的，所以我那时候带孩子不方便过去。到1969年初，领导们要求我们这些二汽筹备处的人都去二汽，此外还有一汽调来的有六七个人，我们都是带着孩子一起到二汽来了。

1969年初，我们从长春出发，离开了大城市，告别了亲友，告别了父母，遵循"到最艰苦的地方去"的崇高理想，义无反顾地来到了这里。

我们先是从长春到北京，又从北京到武汉，再从武汉到光华，就是现在

◇　二汽旧厂区

丹江那个地方。在那地方坐的是大客车，最后经过轮渡到邓湾，从老白公路到这里来。那时候老白公路只有五六米宽，而且都是泥沙路，根本不像现在的公路，坑坑洼洼的九曲十八弯加陡坡，坐在这条路上开的车里，头都能被颠到车顶上去。因为路不好走，我们大概早上六七点钟从那儿过来，到晚上才到家。

我刚来的时候是到现在七院那儿落脚，当时小灰房子有好多，后来再去看的时候好像都拆了，就有两栋还是一栋得以保留，我们当时就住在那儿。我们的居住条件还不错，当时好多人都是住芦席棚。

二汽的厂址就是东起白浪，西到堵河，南到枧堰沟，北至刘家沟，东西长20多公里、南北长10多公里的这个范围里头。这个地方是湖北省比较穷的地区，生活条件很差，当时总共没有几户人家，你走老远都遇不到一户人家，在山上偶尔会看见个小房子。

这里特别闭塞，老乡都不知道他们自家的鸡蛋以及山上的核桃、柿子这些东西可以卖了换钱。直到70年代，他们也没有见过收音机，也没有报纸，所以在大山里头的他们对外面的情况一点儿都不了解，特别落后。这里就只有一个小合作社的商店，能买点棉籽油，就是棉花籽榨的油，还有咸盐这些东西。所以我们当时来了以后，什么都买不着，什么糖果、饼干之类的都买不着，谁要出差了就带些回来，给大伙分一分。

那时候山里没有电，只能用柴油机发电，到晚上10点就停电了。因为不能用电，有的家就自己点火，搞不好就会起火，一烧就一片，反正那时候人也没有啥值钱的东西，烧就烧了。我们那时候还好，住在小灰房里头，但是也是跟别人家合住，里头一家外头一家，我们就住在一个六七平方米的小房子里头。我们吃饭就在食堂，就是山下过马路后面的一个房子，每天三顿饭都在那儿吃。

先种蔬果再搬砖头

到1969年底的时候，各个厂的职责分配都有一些初步的规划了，有些对口的像学汽车的、学机械的、学动力的这些人，他们都到相应的各个车间或分厂去了。可是像我们学数学的，当时也没有学校，更没有计算机，再加上一些学管理的，有六七十人，这些人怎么安排就成了一个问题。

当时二汽在襄北有个农场，也就是在今天的襄阳，现在二汽在那儿也有分厂，像柴油发动机厂什么的就在那儿。原来有一些服刑人员在农场进行改造，后来还有解放军也在那儿，就把我们这些人安排到那儿去了，从事类似于后勤保障的工作。山里陆续有人到这里来进行两个月或三个月的思想改造。

当时我被分配到种菜班，有个师傅领着我，蔬菜品种还挺丰盛，大家常吃的蔬菜、瓜果什么都有，什么都种，还有好几片地，种的是稻子、小麦和豌豆。山里来的人非常羡慕我们，说："我们在山里头吃的都是粉条、海带、咸菜，根本吃不着蔬菜。"

我在农场待到1971年底，厂里安排我回到山里来，我就带着我姑娘回来了。1971年我回来的时候，觉得山里还是很荒凉，我就先落脚在张湾，离我现在住的地方很近。张湾那个地方算比较大了，芦席、篷布搭的一个一个小房子就是做接待的，就当招待所了，我就在那里住了一夜。

第二天我就到厂子里，厂子总部距离张湾很近，我就到总部干部处去了。我问干部处的人给我安排到哪个地方，当时他也很为难，他说咱们这里也没有学校，你是学数学的，就先去六四厂吧。六四厂是武汉包建的轴承厂，那时候已经建了几栋小房子，我就到那地方去了。去了以后就住在一个司机住的大宿舍里，说是宿舍，其实就是一个大仓库，全厂的司机都在那里头住。为了方便起见，单独给我隔出一个小房子，有五六平方米，用芦席隔开，我跟女儿在那里住。具体干什么工作嘛，因为当时生产上也没正式开始，厂区还在修建中，就跟着大家一起修厂区的路，就在外头搬砖拉砖，反正就是劳动。

重新干起计算机老本行

到1973年的时候，二汽领导把我们原来在一汽的人重新组织起来，安排到动力厂，也叫二四厂，到二四厂动力车间。我们当时一共有六七个人，因为当时也没有计算机，领导就安排我们练兵，练兵就是做一个台式计算机。从画图纸开始，到最后调试，我们用了一年多的时间做出来一台计算机，做出来以后就给当时的财会处使用。

后来我们这些人就归口到现在的技术中心，原来叫产品设计处，那时候那里就有台式计算机，还有立体计算机。计算机是穿孔的，你们都没见过，用黑色纸袋穿孔，穿孔以后再输到计算机里，才能打出结果。

我到产品设计处之后，领导说还可以做一些人员培训的工作，培养一些懂计算机的新人。厂里职工那时候都不了解什么是计算机，我们也就是知道一点浅显的东西，我就讲给他们听，一方面是给他们传输一些计算机知识，另一方面有些生产上的关于计算产品备

◇　二汽工作人员使用计算机工作

件数量等问题，也可以做一些简单的计算。后来计算机的应用越来越广泛，引入了自动控制、自动化管理。所以到了1982年，配套处搞了一个自动化仓库。因为当时本厂不能生产配套件，都是依靠外厂生产，像湖北省的襄樊，还有全国各地生产的那些汽车配件都叫配套件。

配套件要大量地输送过来，储存就是个很大的问题，当时就想建一个高位的自动化仓库。我1982年就被调到这儿来了，那个项目是由北京自动化所承包的，我就跟他们一起学习、工作，主要就是做仓库管理，用计算机进行相关配套管理。那时候厂里买的台式计算机，在当时已经属于很先进的了，程序输进去以后，它就能自动输出结果，就不用再穿孔什么的。那台计算机是1983年在重庆买的，买回来以后我们自己进行调试，调试好了以后做运算设计，后来就用到自动化仓库管理上。生产管理就是配套件进得多了以后就要"先进先出"，不能够积压，计算机管理就能做到这一点。"先进先出"就是把货物按照计算机的安排控制到对应货位送进去，在取出的时候，之前进来那些货物它就送出去，就是做这个工作。

那些计件部分都是由动力厂来包建的，货架巷道都是他们建的，但自动控制部分是由北京自动化所和我们一起搞的。我跟他们一起搞程序管理，还有一些搞自动控制维修的人是另外学电的。这个项目在1986年通过国家验收，整个项目获得了国家科技进步奖。我在计算机的产品管理和仓库控制方面写了两篇文章，这两篇文章在武汉召开的全国第四届微机学术交流会上被作为学术交流范文，在我们二汽企业管理协会刊物上发表论文时被评为三等奖。

这些年我前前后后就做了这些工作，到1990年的时候退休了。因为当时有好多学计算机的年轻人分配到厂里，这项工作就由他们来做了。

当年这20公里长、10公里宽的荒山野岭，现在已经变成一个高楼林立、交通便利的城市了，从城乡接合部变身成为一个新型城市，这是以前不敢想象的。所有这些，都是我们亲身经历和目睹的，我们二汽在山沟里头从白手起家，经过几代人的艰苦奋斗，几十万职工的辛勤劳动，取得了今天的丰硕成果。

二汽现在成为全国比较有名的大型企业，为国家做出了很大贡献。产品也走出国门，遍布世界各地，可以说，这些成绩是我们几代人辛勤劳动的结果，当年的苦没有白吃，当年的累没有白受。当年是什么景象？那是什么东西都买不着，根本就没有路，你们过来的这条路原来都是山，我们现在住的地方也都是山，是把山挖走了才盖的房子。我目睹了二汽的建设和发展，也看到了把偏僻的小山村变成一个比较先进的城区的过程。

支援三线是无悔的青春岁月

经历虽然平凡，但也感觉很欣慰。我想三线建设是当时的时代背景赋予我们这代人的艰巨任务。我们没赶上轰轰烈烈的抗日战争、解放战争和抗美援朝，那些事是另一个时代的人们的使命，我们赶上的就是当时建设三线，到最艰苦的地方去创业安家。所以我们就来了，当时我们辽大就我们三个人分来了，虽然经历了种种的艰苦生活，但我从来不后悔。

当时条件是真的苦，这山里头夏天有一种小虫子叫小咬，它好像特别欺负外地人，咬到你身上特别痒，之后就不停地挠，挠完就发炎了，就是夏天，天天都跟它打交道，我们外地来的刚开始真的不适应。但我们在一起谈得高兴，一起畅想将来怎么把二汽建设好，成为一个就是像今天这样的美好场景。虽然艰苦，但当时谁都不说累，谁都没有说我离开这儿，不干了去别的地方。那时候外边都很先进很发达了，我们在最落后的地方，但我们都是很兢兢业业的。就是现在，我们支援三线建设的老伙计们坐在一起谈论过去，总有说不完的话。

　　支援三线几乎占据了我人生经历的大半部分，我的大女儿在沈阳出生的，小女儿在这儿出生。现在我大女儿他们全家都在武汉，在工程设计院，就是武汉经济开发区那地方，大女儿退休了，她是1968年出生的。我小女儿在二汽商用车管理部，就在邓湾大楼，她在那儿上班，女婿也调武汉去了，外孙也在武汉读研究生，全家发展得都挺好。

赵吉武

当好革命的齿轮
和螺丝钉

采访时间：2024年3月25日

采访地点：湖北省十堰市赵吉武家

采 访 人：李思慧

摄 制 人：赵 健

整 理 人：张睿鑫

赵吉武，男，1950年生，辽宁沈阳人，中共党员。1971年4月与家人一起来到湖北郧阳市（现十堰市）支援三线建设，曾任十堰市汽车制动蹄厂厂长。

像雷峰一样干一行爱一行

我叫赵吉武，辽宁沈阳人，1950年生，初中毕业于沈阳十中，曾在辽宁西丰县下乡，后响应备战号召随全家到了开原。1971年4月，全家一起到湖北郧阳市（现十堰市）五七一厂（原二汽）支援三线建设，因属随建家属，我被分配至当地就业，被分配到了市粮食局花果粮站。

当时环境十分艰苦，交通是"路无三尺平"，汽车开上去又颠又蹦，雨后道路更是一片泥泞，行人必须穿高靿儿雨靴才能通行。通信更不方便，打电话只能到邮电局打手摇电话，还经常打不通。吃菜主要是萝卜秧子、酸菜、红薯叶子，那都属于好菜了，不过菜价很便宜。大家俗话称"打电话没有跑的快，汽车没有走的快，下雨天崩满身泥，萝卜秧子当菜卖"。

我在学校就是学雷锋学毛著的积极分子，这一点我一直坚持，分到花果粮站以后，我想不管干什么，都要当好革命的齿轮和螺丝钉，只要能为党的事业做贡献，为人民服务就行，干什么都一样，要像雷峰一样干一行爱一行。我喜欢写日记，尤其喜欢写学毛著学英雄人物的日记。

始终本着全心全意服务的宗旨

本着全心全意为三线服务、为工农兵服务的宗旨，我始终把为当地职工，尤其为二汽三线职工供好粮食、服好务当作第一重要的任务。春节时，别人回家了我不能回家，因为一些专业工厂距离我们花果粮站很远，为了就近供应这些专业工厂粮食，至少要徒步5到8里路。我还要到铁路货运站，睡

◇ 赵吉武和同事们在厂区内合影

在用苫布油布临时搭建的棚子下面看守粮食。虽然辛苦，但能为企业员工服务，尤其是为东北老乡服务，还是很高兴。不久，附近的四九厂、四八厂很快也建了厂办粮店，我也就不用太辛苦了。

1972年2月，我被派到郭家湾粮店，条件同样很艰苦。我们粮店一共4人，就睡在粮食仓库，每天营业时间很长，同时还为当地的军烈属、五保户、困难双职工送粮上门。每到收购季节，我们还会全力以赴为农民服务。当时城乡接合部地区条件也是很差的，山区离我们最远的距离达二三十里，农民什么时候来我们就什么时候收购，什么时候买产销粮我们就什么时候开门卖，可以说为他们服务我们是不分日夜的。到了双抢和秋收季节，我们就想尽办法跟花果粮站附近各个厂联系，问需不需要红薯、杂粮之类的，然后我们就让提前联系好的农户把红薯和杂粮挑来，再联系各厂派车来接，我们作为联络员帮他们调剂余缺、解决销路，大伙都很高兴。

见困难就上，见经验就学，见荣誉就让

我们不断加强自身的修养和锻炼，使所有员工都加入了共青团，利用给荣誉军人送粮的机会，听他们讲述当年的战斗经历、艰苦历程，每天都在学习先进的思想，我们粮站年年都被评为粮食系统先进单位，花果公社年年上

报我们为市里先进。

1974年十堰市第一次商代会，我们作为十堰市第一面红旗在会上发言；1973年省第五次团代会，我也在会上发了言，并且当选为第五届团省委委员。后来还参加了两次省粮食系统经验交流会，在会上我们被评为十面红旗的第一面红旗，叫红旗粮店。

我们始终没有忘记"见先进就学"，像沙市的红门路粮店、武汉江岸区十二粮店，还有沈阳市粮食局介绍我们到沈阳学习李素文的经验——"怎么样更好地为人民服务"，等等。我们见经验就学，见荣誉就让，见困难就上，无论是送粮也好，为农民双抢也好，还是给农村挑运粮种、粮食储存、杀虫等，我都带头走在最前边。见困难就帮，主要体现在大爱上，为周围所有的工农兵群众服务，毕竟都是从农村出来的，跟这些工人、农民都有很深的感情，所以说很快就得到了周围群众的拥护和爱戴。

组建青年突击队

1976年底，我被调到十堰市团委。1977年4月，十堰市跟二汽合并，我又到了十堰二汽团委。我一到团委就开始抓农村的共青团组织建设以及推进青年突击队活动。1977年5月，刚过完五一，我们就召开了青年建设积极分子代表大会，汽车工业的元老饶斌参加了会议，十堰二汽党委副书记黄正夏、温瑞生都参加了会议。我以与二汽团委合并为契机，十分注重发挥青年在社会主义建设中的积极作用，组织青年突击队活动，凡是急难险重的工作，比如搬设备、垒房子、修路、搭桥等，都组织青年突击队上前阵，打先锋，当时共青团突击队活动搞得很热烈，多次受到当时十堰党委的表扬。

后来，我又组织开展新长征突击手活动，我在会上当着十堰二汽全体

1500多名团支部书记做了动员报告。1978年6月，共青团中央在武汉召开了业余文艺体育活动、青少年教育活动的经验交流会，十堰当年八地三市，团省委和团市委书记都列席参加，我也有幸见到了当时的国家主席以及团中央书记。这次大会，我们受了很大的教育，如"怎么充分发挥青年的特点""怎么样开展青少年教育"，尤其是"挽救失足青少年活动"让我深受启发。

回去后我立即向党委做了汇报，十堰二汽团委的严书记很快做出指示，建立十堰二汽自己的青少年教育领导小组和青少年教育办公室，让我担任领导小组的副组长兼青少年教育办公室主任。这期间我也很快把厂内各个单位都带动起来，建立起了青少年教育领导小组，党委挂帅，各部门配合，并且采取了一带一帮扶失足青少年的活动，很快就出现了一批帮扶的典型。同时我们还开展"五讲四美三热爱"活动，以广告形式在社会上宣传，印制大量的宣传画。我们还积极开展农村团支部建设，带着当年农林口各个局团委书记们，到当时的江宁县雷湖大队团支部，学习他们的经验和做法。

要么就不干，要干就干好

1982年，我到二汽制动蹄厂当副厂长，因为刚转行没多久，加上各方面条件都很差，我就不分日夜地组织调整设备，促进工艺与现场的磨合，提高生产能力，保证二汽的生产需要。

1983年底，我调到了市政府企业办任主任一职，我主要做了如下几项工作：一是全力开展企业整顿，为十堰市的发展打好基础，不是单纯地为了整顿而整顿，不是追进度，而是想办法调集各方面的专家能人，组成强有力的整顿工作班子、专家班子，逐个工厂进行预演预验。对于不适应企业发展

的、需要整顿的方面都提出
了中肯意见，督促整改尽量
适应企业的发展需要。我们
第一批验收合格的有十来家
企业，当时是厉有为（曾任
深圳市委书记）亲自听汇
报。二是不分日夜、早起晚
归到各个厂进行咨询。当时

◇　汽车自动蹄厂获得先进集体称号

的整顿工作很快在省里排上前两名。我始终坚持要么就不干，要干就干好，
要干就像个样，要干就要争创一流的心态和干劲工作。

把新产品开发当作第一要务来抓

1988年底，我主动竞聘当时制动蹄厂的厂长一职。当时厂里头还是有一
定基础的，前任厂长也做了大量工作，比如说产品全部都是省级优质产品，
但是企业后劲明显不足，新产品没怎么开发，还有很多基础工作要做。从
1989年到1993年5月，经过努力，我带领企业完成产值1800余万元，上交利
润350万元，产品质量仍旧获得省优称号。

之所以能取得这样的成绩，主要采取如下方法：一是强化内部承包，能
够落实到人的都落实到人头，充分发挥每个部门、每个职工的作用，能够承
包的全部承包下去；二是超前进行新品开发，跻身于湖北小型企业行列，我
们在省内排名第17名。

上任伊始有人劝我求稳，没必要操那么多心，也犯不着开发新产品。但
我吸取其他企业的经验教训，如果不早点儿操心，企业的发展就会跟不上节

奏。在这种情况下，我在厂内想办法统一领导班子的思想认识，把新产品开发当作第一要务来抓，按照"生产一代，改进一代，研制一代，储备一代，构思一代"的思路开发新产品。当时的生产能力已经达到了10万辆中型卡车，包括军车、重卡的制动蹄，都能及时地满足生产需求。二是想办法把销售配件的货款抓到手，可谓是"磨破了嘴，跑断了腿，跑断汽车轮子"。此外，还利用企业文艺骨干比较多的优势，积极跟二汽专业部门如开发中心、工艺处等，包括一些主要工厂协作，联系开展企业之间的文化交流，包括篮球、排球比赛，教跳舞、办舞会等，维护好各部门间的关系。

"擂响第二次创业的战鼓"

前刹车装置是重要的汽车配件，为此我专门到四川，为我们的材料问题跟当时的军工企业研究如何就近供应原材料，还跟南阳的军工企业联系，请他们提供铸造件，不到一年我们就完成了新产品的研制。

又经过半年多努力，我们厂开发出轿车前制动钳，并跟郑州轻型车厂联系，第一次实现了配套。我们生产的轿车前制动钳的质量也很快稳定下来，不但获得了省里的认可，还被省里评为科技研发二等奖。

我记忆最深刻的人是当时的市长吴发育，他非常支持我们进行新产品开发，经常到厂里指导工作，特别赞赏我把新产品开发摆在重要地位的战略思路，当时的叫法是"擂响第二次创业的战鼓"。当企业遇到困难贷款紧张的时候，吴发育市长亲自写信，帮我联系有关部门借款，促使省计委把我们列进配套名单里，保证新产品开发的需要。市委有关领导听我的汇报，也看了我考察以后写的调查报告，包括新产品开发的思路，当时我提出个观点就是要把新产品开发，尤其是跟二汽配套以及轿车配套当作重大战略来抓，不光是我们这个厂，也成了我们市的重点。我在党校写的论文也是这个，市委常委扩大会也充分肯定了我的做法，甚至把我的报告中的一部分当作典型范文来宣读。

夯实企业基础工作

我在企业的一项重要工作就是夯实基础工作，具体做法有如下几点：

一是企业财务管理。坚持每月开一次财务分析会，凡是成本上升的都要找出原因，然后按照分析法，把原因排列出来，哪个不行、哪个方面拖了后腿的，都找出来，想尽办法降低产品成本，提高企业经济效益。我们财务的内部管理抓得相当严，后来国家财经检查到我们厂具体检查验收，我们被评为免审单位，就是你不用审计，你单位也够得上全国水平。我们跟二汽是配套的，但二汽降我们的价，我就想尽办法地挖掘企业内部潜力，能够创收的尽量创收，包括废钢、铁屑都想办法卖价格高一点儿，增加收入。

二是狠抓全员计划管理，每年把企业的各项任务按照目标分解到各个部门，并且相互协调关系，定期每月进行经济责任制考核，实行打分制，按照打分来分配奖金和工资。

三是建设安全清洁无公害工厂，保证废水排放、废烟排放达到无害要求。我们是十堰市第一家达到湖北省清洁无公害企业标准的单位，当时我还写了一篇文章，也是全厂总动员，凡是不安全的地方都逐项地进行整改，该完善的设施抓紧完善，包括完善烟囱设施设备，怎么让烟尘随时排出去的同时，却能把烟灰都消灭在烟囱里边，不让它排出去。我们安全生产也达到了全省的安全生产先进企业要求。

再就是千方百计地满足群众的需求，提高员工的生活水平。因为厂里用餐人比较多，只能根据当时的生活条件，最大程度地改善一下伙食，虽然改善的力度不大，但员工还是比较满意的。每年"五一""十一"、春节、元旦都开展文体活动比赛，每个星期六都组织职工舞会，活跃大家的生活。各车间之间还开展网球比赛、篮球比赛，把企业的文娱活动搞得丰富多彩。逢年过节，采购各种生活物资，以福利的方式发到职工手上。为了节约成本，厂里接待尽量不到外面去吃饭，一律在厂内就餐。企业日子要过得好，就得想办法节约，把好日子当苦日子过才行。

1990年，我开始谋划怎样满足职工的住房需求，使每名员工都有房住。到我离任前完成了2栋家属楼的建设，家属楼面积比较大，解决了100多户职工的住房问题。当时整个十堰市只有我这个厂职工家属都有房住。现在回想起来，在制动蹄厂我是最苦最累的，那是没日没夜，别的职工下班了，我还不能下班，还要查看夜班的情况，还要跟技术骨干们探讨新产品的开发事项，进行具体研究，提出具体解决办法。虽然我有秘书，但我不靠秘书，所有材料都是自己写。我喜欢实话实说，是什么情况就说什么情况，并且都要有理有据，用数字说话。这样的话我就比别人累得多了，往往有时候上着班或者正开会我就突然头晕。由于身体原因，我于1993年6月就离开了制动蹄厂。

后来我被分到十堰市经济技术协作办公室，帮助一些公司解决问题。两年后机构改革单位撤销了，我又被派到冶金燃化局，主要是实行地矿开发以及与二汽配套的合金材料的冶炼等。虽然不具体管生产，但偶尔还是帮企业解决一下资金问题，帮助企业解决困难。我几乎每天都在工作，时常是饭也吃不上、水也喝不上，只为给困难职工争取更大利益。

陈连元

从辽阳到长沙的三线之路

采访时间：2024年4月10日

采访地点：湖南省长沙市湘仪社区

采 访 人：叶晓娇

摄 制 人：刘 崧

整 理 人：徐春旭

陈连元，男，1941年生，河北人，中共党员。1966年毕业于天津大学精密仪器工程系，1968年分配至辽阳精密仪表厂工作，1971年7月到湖南洪江湘西仪器仪表总厂元件仪表厂参加三线建设，曾任湘西仪器仪表元件厂副厂长。

明知山有虎，偏向虎山行

　　我叫陈连元，1941年1月生，河北人，1967年从天津大学精密仪器工程系毕业。原本应该是1966年毕业，但由于处在特殊历史时期，分配的时候就迟了一年，就算1967年毕业了。1968年分配到辽阳精密仪表厂工作。当时分配的时候，大多数同学都不愿意到辽宁，为啥呢？就是因为听说辽阳精密仪表厂要搬迁到三线去。当时大家伙儿对这三线也不了解，以为三线就是像电影里演的大庆似的，住的房子、厂房都是干打垒什么的，生产生活都比较艰苦。

　　当时我是没什么考虑的，因为我爱人是辽宁沈阳的，她分配工作肯定得回沈阳，所以我就想跟她一起来沈阳，结果沈阳不行，只能分配到辽阳。为什么呢？因为辽阳这个单位与我们学校有分配协议，有分配指标，你到别的地方去报到还不行，非得到这里报到不可，所以我和我爱人就都分配到这个厂子了，在辽阳精密仪表厂干了3年多。

　　从1971年5月份开始着手搬迁之事，但确定到湖南这个地方，是1971年7月中旬定下来的。当时开动员会，我在会上说了"明知山有虎，偏向虎山行"，其实当时也没有其他想法，反正到哪儿也是工作，别人能去我们为什么不能去？于是，我们一家就到了湖南，当时我女儿2岁多快3岁的样子。我来的时候就先住在厂里所谓的招待所，房间给你安排好了，后来包裹到了，就给一周的时间，让你把家安置好，然后就去上班了。

我是革命一块砖，哪里需要哪里搬

我在辽阳工作的3年，基本上是在车间度过的。到湖南这边刚一报到，就分配到技术科，做产品设计。在辽阳时，我们厂生产计时方面的产品，到这里让我搞手持式振动仪。因为这时候我们厂子的产品开始转型了，转到搞气象，属于军工产品，结果就不生产原来的东西了，生产雷达什么的。

刚开始各科室还不健全，让你干啥你得干啥，跟自己的专业是挂不上钩的。比如说当时我审核了一份叫作双头抛光机的图纸。挺大的一个抛光机，也不知道是谁设计的图纸，让我看我就看呗。看完以后，我觉得可以生产，也没当回事。后来真正生产的时候，找不到设计的人了，领导问谁看过这图纸，他们都不说看过，问到我了，我说："这图纸我看过。"

"行了，你到车间去吧。"

"到几车间？"

"一车间。"

"干什么啊？"

"设备有些零件已经来了，开始总装了，你要到车间去总装。"

"那没问题。"

我就到车间去了。当时韩师傅是车间主任，我管图纸，他负责实际操作。我管他叫师傅，是我非常崇拜的师傅，他教给我很多实际操作中的工艺。

在辽阳时我在厂里干的都是小件精密仪器，这一下子弄了个大机床，我开始也不敢动啊，图纸我看得懂，但是加工起来用的都是铸件啊。我在辽阳有3年的生产实践，长了不少知识，但是对于干这个大件我是没底气的。所以我就跟韩师傅两个人配合着干，学了不少知识，怎么加工、怎么装配都掌握了。

我一开始干的事情多了，连锻工我都干过，因为要做模具，而模具需要热处理，可热处理车间没建起来，所以我和师傅等几个人自己操作，用吹风机吹烧碳炉，烧好之后，到了火候就开始锻打，锻打的时候就是大锤敲小锤打。

原来辽阳精密仪表厂有几个很著名的技师，都是八级工，他们到了洪江这里，也是技术大拿。比如像我刚才说的韩师傅，做模具他们都挺内行，钢材烧到多少温度去锻打，锻打完了以后，淬火硬度是多少都是有规定的，所以这些都需要他们做指导。但是他们画图水平不行，有时候还得把我喊去，我就把他们画的草图变成生产用的正式图纸。

反正当时让干啥你就干啥，不管你是高学历，还是以前在厂里做什么，都重新洗牌了。但到最后安置的时候，也就是厂里各科室都成立的时候，技术人员还是专业对口的，因为他们基本上都是大学生。

在楼房里烧火做饭

我们厂子是湘西仪器仪表厂（总厂）的分厂，当时总厂预计下设28个分厂，后来实际上建了4个分厂，我们厂是其中一个，叫作元件仪表厂。我们来时元件仪表厂厂房基本上建好了，就是还没有完全开工，后来过了一年多才开始真正生产。

总厂实际上就是一个跟上级单位衔接的行政部门，负责管理各个分厂。总厂隶属于机械工业部，各个分厂基本上都是独立的生产单位。比如说天平厂就是生产天平的，我们元件厂一开始只是生产一些元件，比如说螺钉、螺帽，还有前面说的计时产品，也是属于设备构成的一部分元件。每个分厂比较分散，但我们跟天平厂在同一个山沟里边。

我们这个分厂跟其他分厂还有点儿区别。我们这个分厂是属于机械工业部仪表局直接管的，有什么事要往上反映，上级机

◇ 湘西仪器仪表元件厂员工检查产品质量

关除了总厂之外，就直接到机械工业部仪表局了。我们厂有一些业务上的往来都得到仪表局去联系，我们厂生产什么产品、怎么发展都是仪表局说了算。

我们元件厂刚开始的时候只有三四百人，后来产品发展起来了，就发展到700多人。最初辽阳来了180户，180户有多少人到了厂里上班，我就不知道了，平均一户人家就两个人的话，那也得有360多人了。我们700人的厂子太大了，产品两条线不行，又单独成立一个厂子，所以后来厂子就多了。总厂下面最起码也得有三四千人，你看现在的退休人员及家属，在这里就有一万多人。

那时候宿舍区都已经建好了，住的还行，吃的当时有点儿不太习惯，但生活上总体还不错，因为厂子想办法为职工解决困难，比如说肉食类供应不上，厂里派车到外面去拉，拉回来的猪厂里负责宰，猪肉再分配到每家每户，那时候都平均分的。水果也是，夏天吃的大西瓜，从贵州省什么地方拉来的我忘了，各个分厂都去拉，每户一分就十几个西瓜。待遇还行，最不方便的就是火，做饭的火，当时没有煤，只能烧柴。在楼房里做饭。烧柴像生

炉子似的，因为柴火里边有油，很快就能点着。有的木柴油性很大，劈开以后做引柴，拿火柴一点它就着了，然后再把其他木柴放在引柴上面，很快就能燃烧起来。生火做饭很容易，但不像在北方做完饭后你可以把煤炉封上，第二天早晨再放上点煤会继续燃烧。这种灶台不能封，早晨你要做饭，你还得去重新点火烧柴，中午也要重新点火烧柴，晚上也要点火烧柴，感觉很不习惯。另外就是劈柴，也不是很习惯，厂里到外地买的木柴，粗细不一，买回来之后你自己得把它锯成一段一段的，再把它劈开，然后就放在楼下，一次拿几块，够两三天烧的就行。

苏州变兰州，会议迟到两整天

1984年还是1985年我记不太清楚了，机械工业部召开全系统的工作汇报会议，附带讨论我们厂到底怎么办。因为我们的产品一部分是属于机械工业部仪表局的，另外一部分不属于仪表局，而且这是两个性质完全不同的产品。这就麻烦了，不能整合到一起。比如我外出调研搞出来的微电机产品，主要是复印机里的微电机，这是部里的龙头产品，这个产品能为很多企业配套。哪个分厂生产这个产品，得仪表局定。所以，借着汇报会之际，与仪表局一起落实这个事。

开会之前，我们接到了部里的电报，告诉我们到哪儿去报到，到哪儿去开会。因为自己手头工作紧，所以准备的时间显得很急促。我们从洪江出发，当时有车给我们送到怀化，然后我们又坐火车到了株洲，从株洲又坐火车北上奔赴兰州，在火车上坐了很长时间。当离兰州还有一两站的时候，我们遇到了一个兰州人，我们问他兰州有没有我们开会的这个单位，他说没有。我说那坏了，这电报写得清清楚楚，是兰州的一个仪表厂，但他非常肯定说没有这个单位。但我还存有侥幸心里，因为我感觉他们都是通勤职工，可能不太了解当地的情况。啥叫通勤职工？就是家住在兰州，上班的地方离兰州很远，都得坐火车。原来我在辽阳的时候，鞍山那边职工就都坐通勤，从鞍山坐车到辽阳去上班。可我下车一看，人家没说错，会务组没人来接，就知道是我们弄错了。没办法，赶紧找旅店住下了。

住下来后，我想仪表厂的名字这么熟，怎么想不起来在哪儿见过？后来突然想起来了，这个厂子在苏州！但当时已是半夜12点了，我就跟总厂的总工程师说："坏了！"他说："怎么啦？"我说："这个厂子可能在苏州，苏州那里有这么一个厂子。"当时也没地方问，电话又打不通，过去电话很难打的。第二天早晨起来，就急忙买了去苏州的火车票，因为买不到飞机票了。

结果赶到苏州，人家已经开两天会了。部里人问："你们干什么去啦？不来开会，这么重要的会，你们不来？"我说："我们按时出发的。"结果他说："你们怎么跑到兰州去啦？"我说："电报写的就是兰州，你看。"他就马上把电报拿过去一看，写的确实是兰州。他很生气，说要找管电报的邮电部讨说法。我说："你别找了，我们回去查查这电报是谁翻译的吧，电报密码在这儿，是谁翻译的，一定能查出来。"

在苏州开会，我们是加班加点把分厂这件事完成的。怎么分，分后怎么办，这些东西统一做了规划，因为这是我们厂的一件大事。

从洪江到长沙

企业利润下降，得分析原因呀！分析来分析去，大家说这还不容易分析吗？材料得从外边拉进来，成品还得运出去，说白了就是运输成本进进出出太高了。我们生产的属于精密仪器，这些精密仪器长途跋涉，产品的包装也非常重要。比如说我曾经主持搞了一个产品，叫作小模数齿轮测量仪，专门用来测量齿轮精度的。这个仪器加工非常难，加工好了之后装配都由老师傅亲自完成的。装配好了以后，能够达到仪器标准了，就到外边参加展览。参加展览的仪器在包装箱里边都是用弹簧吊起来的，上下左右都牵着，跟四周各个地方都不能碰，同时有里外两层包装，然后拿到北京去展览。但是回来的时候，展览人员就不知道怎么把它放回里面了，认为反正把它拿东西挤好了，就肯定不会坏，结果拿回来以后，仪器不能用了，坏了。这就是一个大问题，好多精密产品都是很娇气的。

当时《人民日报》发表了一篇文章，大中型厂矿要挂靠中心城市。总厂的领导们开始运作了，决定到长沙这边来，依靠大城市谋求企业发展。1989年开始搬迁，离开了洪江。从1971年到1989年，我们在洪江一共待了18年。

到长沙以后，我的工作内容有些变化，主要参与建厂的谋划和建设图纸的绘制。如厂子的布局，每块地皮都做什么用；厂房车间的高低、建筑面积的大小；还有机床的摆放位置；等等，都是我事先设计好的。当时我们厂设计完以后，其他分厂盖房的时候，就直接将我们设计的图纸拿去，省了好多事。当然，每个厂子的布局不同，所以就布局这方面，是他们自己规划的。

仪表厂里的"仪表话"

原来的产品不能做了，就得找新产品，而新产品也是一点儿一点儿挖掘的。当时云南有一个军工厂，生产部队上用的指北针。指北针就是大家常说的指南针，叫法不同，指南针在部队上就叫指北针。指北针上还有一套小小

的滚轮，在地图上滚动，就能算出从这儿到那儿有多远距离。那是军工产品。当时也都谈好了，我们准备生产与指北针配套的产

◇ 湘西仪器仪表元件厂生产的离心机

品。可拿到图纸以后，部里说这产品你们不能生产，它属于长线产品。所谓长线就是不缺，你们不能生产。

还能生产啥？上面说你们可以生产塑料件，我又去搞塑料件。塑料件的生产也不是说干就干，我搞了两年。比如生产塑料件要有设备模具，需要重新设计，可谁也不懂。模具设计我知道些，因为我在技术科时里面有设计人员，但他们都设计机械模具，就是金属模具，塑料模具他们也没见过，所以他们不愿意弄。没办法，这个模具也得自己做。不光是这个产品，所有的产品都是我自己跑来的，自己弄出来的。我们搞的这些产品，向国家上交了可观的利润。

我们分厂的工作人员主要来自三个地方，一是辽阳，二是东三省其他地方，三是湖南本地的，这是我们分厂的一个特征。在这个厂里，东北人居多，包括食堂的阿姨、托儿所的阿姨都是东北人。所以说我们这厂以东北话为主，普通话也是东北调的普通话。还有的分厂比如天平厂都是上海人，他们那个厂里边人讲的话都是上海话，包括厂里的湖南人都讲上海话。当地的人一听我们讲话，不用问就知道你是哪个分厂的。当地人管这种语言叫"仪表话"，说"仪表话"的，都是外地来的。

曾令虎

两次救险立大功

采访时间：2024年4月12日

采访地点：湖南省岳阳市曾令虎家

采 访 人：陈亭宇

摄 制 人：刘 菘

整 理 人：郭晓娜

　　曾令虎，男，1936年生，湖南洞口人，中共党员。1954年参加中国人民解放军，1959年转业到抚顺石油二厂工作。1967年5月到湖南支援三线建设，曾任长岭炼油厂轻油一班班长、退休办副书记等职。

参加抗美援朝的愿望没能实现

我叫曾令虎，1936年10月10日午时生，我老家在湖南省邵阳市洞口县龙头村，19岁（虚）那年我参军入伍。入伍后部队从湖南一路北上，准备参加抗美援朝，但队伍开到四平时就不走了，命令原地待命。在四平整训了6个月后，上级通知我们部队不再入朝，于是我和连里的6名战友被安排到长春坦克技校。在技校我先是担任警卫员，后来我又担任通信员，但参加抗美援朝的愿望没能实现。在担任通信员期间，我成为中共预备党员。

在技校时，我们的首长（校长）是位女同志，她也是四平市的副市长。她和蔼可亲，不喜欢我们叫她首长，让我们管她叫大姐，所以我一直称她为大姐，她叫我小曾。她生小孩儿时，我们还去看望过她。

在坦克技校服役3年，我准备转业回地方，但我的上级领导不愿意让我转业，因为我干得比较好，领导很信任我。我的领导说："你着啥子急呀？等你入党转正后再转业不行吗？"可当时我意已决，就想回地方，所以入党没有转正我就转业了。

1959年我转业后被安排到抚顺石油二厂，在原油车间工作。1960年我就被评上了劳模。1960年6月1日，党组织决定让我转正，我成为一名正式党员。

从澡堂背出8名女员工

在抚顺石油二厂工作期间，我们厂出了一个大事故，三号楼爆炸，致使80米高的饱和塔倒塌，倒塌后正好压在厂里的澡堂子上，将澡堂子上的铁架子压塌。发生事故时，有8名女工刚好在澡堂子里洗澡，突如其来的事故将她们困在了澡堂子里。我们石油二厂的澡堂子是个临时建筑，上面用铁架子搭的，地面上用水泥砌成水池，水池的墙有1米多高，所以上面的铁架子倒塌后，并没有直接砸到人，只是将这8名女工困在里面出不来了。当初我曾参与这座澡堂子的施工，所以知道里面的设计结构，但别人不知道。于是我自告奋勇向领导请战，钻进倒塌的墙体和铁架子里，进入澡堂子救人。进入澡堂子后，我第一时间找到了进水阀，将进水阀关上。接下来我又找到放水阀，将水池中的水都放掉。然后，我就开始一个一个地将8名女员工背出来。

澡堂倒塌后，基本上没有留下进出澡堂的空间，只在铁架子的缝隙中找到一个不大的洞口，如果不是我体形瘦小，很难将这8名女员工背出来。放完水后，就将一个人背在我身上，她就紧紧地抱住我的脖子，我像在部队匍匐前进一样爬着出来的。爬到门口后，门口有救护车，将她送到医院。背出一个送走一个，共计往返了8次，才将所有女工都抢救出来。你看现在我膝盖上还有疤痕，就是当时抢救这8名女工留下的。当时爬行的距离有多远呢，有八九米远，看似不远，但空间狭小，完全是膝盖用力，加上倒塌的砖石瓦块，把我的膝盖刮出了好几道口子。不光膝盖上刮出几道口子，还有一个女同志把我左边的肩膀给咬破了。为什么要咬我，我也不知道，可能是高度紧张与恐惧，下意识咬的。什么时候咬的，我也不知道，因为我一直也没感觉到疼痛，是把这8名女员工都背出来后，其他员工看到我肩膀出血了，并且看到了牙印，才知道是被女员工咬破的。

我上衣的肩膀处和裤子的膝盖处因为出血染成了红色，可我衣服的后背处也被染成了红色，挺让人纳闷的，因为我后背一点儿伤都没受。后来我猜测可能是这些女员工的月经，她们大都在十八九岁的年龄，最大的才21岁，高度紧张或正赶上生理期出现这种现象很正常，她们光着身子趴在我后背上把我衣服染红是最合理的推测。

这几位女同事被及时地送到医院，经过救治，渐渐地好起来，于是她们给厂里打电话要求见见我。电话是我们书记接的，他找到我说："医院的八个女同志打电话叫你去医院见见她们。"我说："我不去，多害羞哇。"那年我刚21岁，这8名女同志也都是20来岁的大姑娘小媳妇，见面后得多尴尬，不好意思见面。书记说："人家就想看看你这个救命恩人，救险英雄，没别的意思。"有书记的话，那我就去吧。单位用车把我送到医院，可我谁也不认识，我只是开玩笑地问了问这几个人，是谁咬的我，可谁也没承认。

这件事很快就过去了，大家都恢复了平静。那时我们厂里没有食堂，大家都带饭盒，尤其那些倒班的同志，必须带饭盒，单位有个锅炉房，统一给大家热饭。当时我的伙食比较简单，或者说比较清苦，不是窝窝头，就是高粱米，都是粗粮。可自从救了这8名女同志后，我饭盒里的食物突然发生了变化，不是大米饭就是馒头，还有肉菜，粗粮变成了细粮。原来是这8名女同志轮流将我饭盒里的饭菜换走了，这种状况持续了一段时间，在我的再三请求下，她们才停止下来，但她们这种感恩的心挺让我感动的。

那年，由于我从倒塌的澡堂中救出8名女同志的事迹，厂里将我评为劳模。评上劳模后，又将我的预备党员转为正式党员。后来厂里又安排我们这些劳模到北戴河疗养了一个月，所以说，这一年我是喜事连连，风光无限。

参与救火立大功

1965年，国家决定抚顺石油二厂支援三线建设，在湖南长岭建设炼油厂。石油二厂的领导，也是后来长岭炼油厂的领导，是一名转业干部，他找

◇ 长岭炼油厂艰苦创业场景

到我说："你叫曾令虎？"我说："是呀！"他说："你愿意回湖南不？"我说："我是湖南人，当然愿意回去了。"他说："这回有机会了，国家准备在湖南建设一座炼油厂，让我们石油二厂支援，需要抽调一些人员，你是我第一个找谈话的人。"我说："我符合条件吗？"他说："你的档案我都看了，你不是劳模吗？完全符合条件！"所以我就回到了湖南参加了三线建设。

1967年5月10日，我从抚顺来到湖南的凤凰岭，正式成为长岭炼油厂的一名员工。到达长岭炼油厂后，我马上就投入到工作中。由于我在抚顺石油二厂有工作经验，又是劳动模范，所以我被任命为轻油一班班长。我们班一共16个人，主要负责从云溪到王洞湖这一条线的运输与巡查工作，即所谓的一条龙工作。当时，我率领这16名员工，像在部队带领一个小分队执行任务一样，格外神气，也特别显眼，不论是长岭炼油厂的职工还是当地的村民，都投来羡慕的眼光。作为班长，我感到特别自豪。

1974年7月11日下午四五点钟的时候，我带领我们轻油一班正在巡查，天空突然乌云密布，天黑得像夜间一样，好吓人的。根据多年的经验，我知道雷暴天气马上要来了。果不其然，一道闪电过后，接着就是一声巨雷，这个巨雷将我厂贮运管理站轻油台四道六号槽车击着起火。看着燃烧的槽车，我的队员个个发蒙，因为他们当中有14个人是刚从农村招进厂的新员工，没见过这种场面。他们站在原地，既不敢动，也不敢说话。因为我是班长，

我在部队里锻炼过，在
抚顺石油二厂时还有过
救险的经历，所以看着
火苗越烧越高，我果断
指挥救火，立即将队员
们分成若干个组，指挥
这组干什么、那组干什
么。我也是身先士卒，
从4米高的铁架子上面跳

◇　长岭炼油厂工人青年突击队在执行施工任务

下来，去关闭下面的一个阀门。我们班第一个发现火情，并第一时间投入到
救险的工作中，且操作得当，为防止火势进一步蔓延起到了决定性的作用。

在我们班积极救险的同时，火车班的同志们也及时赶到救灾现场，他
们冒着油槽爆炸的危险，启动机车，牵引着燃烧的槽车迅速地撤离了油台，
防止了事态进一步扩大，为保护整个油台以及整个炼油厂的安全起到了关键
作用。

火被扑灭后，我坐在地上站不起来了，我的脚踝骨破了一道大口子，骨
头都露出来了，脚也迅速肿胀起来，像气吹的那样快，一会儿就肿得像馒头
一样大。我的胸也痛得厉害，大声说话都疼，我说我完了，可能要不行了。
这时厂长来了，问在这儿抢险的是谁的班，大家说是曾令虎的班，他说把曾
令虎叫过来，大家说我走不了路了，厂长就来到我的跟前，他紧紧地握住我
的手说："谢谢你！谢谢你！谢谢你！"连说了好几遍，说着说着我就倒下
了。后来听说是我班的几名同事把我抬到救护车里送到了医院。到医院检查
后我才知道，不光我的脚踝伤了，脚肿了，脑袋也破了，肋骨还断了两根。
我在医院住了半个多月，才逐渐地好起来。

由于这次抢险救灾处置及时，为国家挽救了财产损失，保障了人身安

全，所以厂党委决定对所有参与抢险的人员进行通报表彰，我们班被记集体三等功，我本人被记个人二等功。

追补一个6万元的大奖章

抢险这件事过去没多久，就开始"批林批孔"运动，厂里也就没有对抢险事迹进行过多的宣传，慢慢地就谁也不提了，就连给我们的那个奖状，也很寒酸，连个框框都没有，就是一张纸。

1976年后，长岭炼油厂已初具规模，生产任务稳步增加，这时厂领导感到当年这件事很重要，是宣传正气的好题材，就开始整理我们的事迹材料。他们找到我，详细地了解了当时的各种情节以及参与抢险的每一个人，不仅找我而且找到了所有参与抢险的人。他们调查了整整一个月，把材料汇总后，上报给后勤部和石油总公司。上级领导看后，感到很吃惊，批评了我们厂的领导。

根据我们提供的材料，石油总公司决定对参与抢险救灾的有功之人重新进行表彰与奖励，追补我一个金质大奖章，据说价值6万元。当年因为这个奖章，我还到税务局上了6000多元的税。听公安局的同志说，如果谁要把是我的这个奖章给抢了或偷了，得判三年以上的徒刑。这个奖章现在不在我家里，被大姑娘带到河南去了，她怕我给弄丢了，不然也让你们见识见识。

由于我的事迹比较突出，厂里决定给我提干，让我做管理人员。我说我不行，我做不了，因为我既没有文凭，又没有技术，我只适合干不动脑子的工作，干不动脑子的工作我会出色地完成。厂里尊重了我的决定，不让我当干部了，并依照我当时的身体情况，决定让我继续看油槽。后来，油槽一直在抬高，每天上上下下很多遍，我的体力有些吃不消。由于我的肋骨断了两根，肺子受到了影响，上下台阶都是上气不接下气的。再后来，厂里又让我看游泳池、看大门，就是当门卫。

后来我的身体越来越虚弱，已逐渐丧失劳动能力，所以1987年就提前退休了。我退下来以后就到了退休办，在退休办搞支部工作，任退休办支部副书记。当年退休办还有一项比较有意义的工作，就是负责青少年的爱国主义教育，关心下一代的成长与进步，成立一个叫关心下一代工作委员会的组织。这项工作我们厂的退休办搞得蛮好，有声有色，受到了学校和家长的欢迎。当时我负责两个学校，一个叫建筑小学，一个叫文桥小学，都是农村的学校。我不光给学生们讲我在部队里的故事，讲我救险故事，还组织我们厂

◇　长岭炼油厂荣获全国工业学大庆先进单位

的职工为这两个学校捐款、捐衣服、捐书包，解决了农村孩子上不起学的问题，使我负责的这两个学校的入学率明显提升，失学率明显下降。在退休办干了两年多，为农村这两个学校服务了两年多后，我才真正退休，什么也不干了。

老伴也是救火英雄

我和我老伴是在抚顺石油二厂时认识的，她也是二厂的员工。1967年来的时候，她没有跟我一起来，还在二厂上班，后来才把她接过来的。她虽然比我晚来了一段时间，但依然受了不少苦，遭了不少罪。她虽然没有像我一样打过地铺，但她来时依然住过席棚子。当时抚顺的条件比这里的条件不知要好上多少倍，可她没有任何怨言。我们在席棚子里住了3个多月后，厂里建了宿舍，优先给我们分了房子，因为我是班长嘛。房子也不大，只有30平方米，两间半，我们全家4口人就住在这30多平方米的房子里。我的两个女儿都是在抚顺生的，与她妈一起来的湖南。

来到湖南后，我爱人就被安排到我们厂的食堂里上班，为厂里职工做饭。我老伴年轻时就比较胖，后来更胖了。胖也不好，她得了糖尿病。由于我是班长，工作比较繁忙，忽视了治疗，后来发展成糖尿病综合征，再加上白内障，眼睛基本上失明了。

我记得是1987年的一天早晨，她突然对我说："我太难受了，死了算了，不连累你了。"当时我也没太往心里去，还到市场上买了几条海带，准备给她做海带馅儿的饺子，她平时喜欢吃海带，然后我就正常上班了。当时我在退休办上班，突然退休办的电话响了，我接过电话，电话那头告诉我："你家出事了，赶快回家，你老伴不行了！"我赶紧给我大女婿打电话，让他叫救护车。救护车挺及时的，把她拉到了医院，我们全家人都到了医院，可是没有抢救过来，凌晨3点多钟的时候她走了。后来听孩子们说，早晨她吃饭时就不能说话了，一说话就呛，得的可能是脑梗之类的病。

她走后，我后悔了很长一段时间，主要后悔这么多年我一直没能很好地照顾她，常年忙于工作，耽误了她的治疗。

她也是救火英雄，1974年那次火灾，她也奋不顾身地参加了。她们食堂离火灾现场有80多米远，看到着火，她提着两个泡沫桶，一直冲在前面，为扑灭明火做出了一定的贡献。后来记功评奖时，她是52名受到通报表彰的人员之一。

她走后，厂里也相当重视，厂工会出面办的出殡仪式，费用全部工会负责，场面很隆重，就因为她是救火英雄！

郑治泰

我参与中国第一座
特厚特宽钢板基地建设

采访时间：2024年5月13日

采访地点：河南省舞阳钢铁公司家属区

采 访 人：王　越

摄 制 人：王　亮

整 理 人：胥翔译

　　郑治泰，男，1931年生，湖南常德人，中共党员。1949年入伍，转业后到本溪钢铁公司工作，先后支援过北满钢厂、酒泉钢铁公司、舞阳钢铁公司，曾任舞阳钢铁公司劳资处副处长、党委办公室主任、工会主席、专职纪委书记等职。

一波三折迁舞阳

我叫郑治泰，今年93岁，湖南省常德县人。1949年我在中国人民解放军军政干部学校参加工作，后来转业到本溪钢铁公司第一钢厂，在第一钢厂做人事工作。1952年因为国家建设需要，我被调到黑龙江省北满钢厂，也就是后来的齐齐哈尔钢厂，我在北满钢厂工作了13年。

北满钢厂是苏联援建的156项重点工程之一，1952年开始建设，建设之初我就去了，我参加了钢厂的筹建，直到1957年全面投产，我参与了整个建设过程。我清楚地记得，工厂全面投产后，举行了盛大庆祝活动，全厂职工大会餐，那真是风风火火、热热闹闹！

将我调到这里来工作我觉得是组织对我的信任。因为这个厂是保密工厂，所有调入北满钢厂的人员审查都是很严格的。钢厂生产的产品全是为军工服务，比如说一车间是生产炮弹钢的；三车间是生产炮管的，我们生产的炮管拿到齐齐哈尔进行再加工才能制造出成品，我们生产的是半成品；五车间是生产坦克炮塔的，坦克上面有个塔，那叫炮塔。所以你看这个厂全是为军工服务的，保密非常严格。

60年代，全国进行三线建设，又将我调到甘肃省酒泉钢铁公司二厂工作。当时酒泉钢铁公司的代号是三九，我去的二厂称为三九二厂，三九二厂是准备生产特殊钢的。当时三九二厂也是苏联援建的，本来选址在包钢，后因中苏关系破裂，这个厂就告吹了。1964年中央决定自力更生重建这个厂子，并将项目放在了酒泉钢铁公司。

我是1967年调到这个厂的，主要参与了这个厂子的筹建工作。后来因为这个厂子离中苏边境很近，大概就300公里，说如果一旦打起仗来，这个厂就会遭到破坏。又因为我们这个厂是直接为国防军工服务的，所以中央决定南迁！刚开始是迁到了兰州附近的永登县连城公社，在那里建了3年，达到了三通一平的程度，所谓三通一平，就是通水、通电、通铁路、平整场地，都是初期的基础建设工作，还没达到建设厂房的阶段，更没有安装设备。

到了1969年，中苏关系进一步恶化，中央感到这个地方还不保险，决定继续南迁。迁到哪儿呢？迁到河南省舞阳县的这个地方，所以我也就跟着这个厂子一同来到了河南省舞阳县，开始建设舞阳钢铁厂。

参加平舞会战

1969年中央决定我们这个厂不在兰州建设，1970年元月我就来到了河南省舞阳县。当时这里是一片荒郊野岭，生活非常艰苦。我们两口子分配到建

◇　十万民兵参与平舞会战

设指挥部，建设指挥部设在平顶山，平顶山离这个地方还有70公里。指挥部的指挥长是河南省委第一书记，当时也称他为司令员，他指挥千军万马在这里搞会战，叫平舞工程会战。

当时这里的条件很苦，参加会战的有10万建设大军，这些人大部分是从修焦枝铁路转移过来的民兵团，共有7万人。还有一部分是从各个厂矿调过来的工人，有几千人。再加上当地省直机关、市直机关、县里的机关干部，都到这里来支援，人数也不少，加在一起号称10万人。

当时工地就是一片荒山，这些建设人员到这里住的是什么呢？住的都是临时搭建的工棚，最后工棚也住满了，那些民兵就地取材，找一些木头搭一个小棚子，晚上好几个民兵就栖身在这小棚子里。当时吃的什么呢？吃的是红皮馒头加咸菜，根本吃不到青菜。喝的是什么呢？喝的是水库里没有过滤的水，当时有很多人因此拉肚子，可以说是苦不堪言。在那种情况下，参加会战的大军以苦为乐、以苦为甜，奋战精神不减，干劲十足，很感人！

我当时在机关工作，没有住在工地，因为司令员的指挥部设在平顶山高中，所以我们跟着指挥部在平顶山办公。但我们不能在指挥部住，自己到农村租房子住。我的房东家也没有多余的屋子，他把自己家的牛棚给我们腾出来，有二三十平方米的面积，我们全家四口人（两个大人和两个孩子）就住在牛棚里。当时住的艰苦，吃的也成问题，供应粮不够吃，我们就自己开荒种地。我们既要到舞阳工地现场了解建设情况，又要照顾孩子。当时孩子就10来岁，没人照顾，学习可以不管，但不能不吃饭哪！没办法就只能每天早晨多做点儿饭，中午两个孩子就对付对付，冷一口热一口的。虽然有困难，但每个人每一户都想尽一切办法克服困难，没有谁找过组织找过领导。当时大家的热情都很高，谁都不肯当面叫苦叫累，有困难都是自己克服。

我们在平顶山待了一年多的时间，之后就随着指挥部搬到现场来了，搬到工地来了。搬到工地就好多了，工地有个临时凑合起来的小学，孩子能到这个学校上学，解决了孩子的问题，最主要的是我们吃住都能在一起，就比较方便了。在会战过程中，虽然我们没有自己挖土方、挑土篮，没有建筑工人那么辛苦，但我们生活与在本溪时、在哈尔滨时，甚至与在西北时比，都要困难得多。

建成中国第一座特厚特宽钢板基地

通过参加平舞工程大会战，我们的思想都得到升华，灵魂都得到洗礼，我们的思想境界提高很多，对我们来说是锻炼考验，同时也有很多收获。

在我一生当中最难忘、最感到自豪的就是参加平舞工程大会战。经过会战，在平顶山舞阳建成了中国第一座特厚特宽钢板生产基地。这段历史我有三个永远不会忘记：第一个是不会忘记中国第一座特厚特宽钢板厂的历史功勋。舞阳钢铁厂建成投产，结束了中国不能生产特厚特宽钢板的历史，打破

◇　四米二宽厚板轧机热试轧成功

了西方国家对中国的封锁垄断，让中国人民从此扬眉吐气；第二个是不会忘记平舞工程会战精神。平舞工程会战影响深远，10万大军参加会战，大家万众一心，众志成城，以改天换地、敢教日月换新天的精神，在一片荒山野岭上建成这个钢厂，成为中国第一座特厚特宽钢板基地，这个可以说是艰苦奋斗、自力更生的典范，彰显了平舞会战的精神内涵；第三个是不会忘记我跟着这个厂风风雨雨、坎坎坷坷奋斗了25年。这25年的历史让我感到很珍惜，感到自豪，铭记在心、终身不忘。从厂房建设到建成投产，全过程参加，全身心投入，直到我离休回家。我可以自豪地说，我为这个厂献了青春献终身！

中国第一座特厚特宽钢板基地是从1964年开始筹建的，前面说过最初这个项目落户在酒泉钢铁厂，后来迁到平顶山。1978年9月8号，舞阳钢厂生产出第一块特厚特宽钢板，结束了中国不能生产此类钢板的历史，这是一段曲折而漫长的历史。

新中国成立初期，我们国家建设非常需要钢板，可特殊钢板完全依靠外国进口。基于当时的国际形势，我们不能总依赖进口，就决定到外国去收集材料，学习如何生产特厚钢板。当时第一机械工业部的沈宏部长带队去德国考察。考察的时候，人家表面上很客气，实际上我们参观时是不许靠近设备的，就是对我们技术封锁，不让我们学习，害怕我们把他们的技术偷跑。

在那种情况下，党中央、国务院决定我们自己干。国家组织全国冶金工程技术人员，开始了攻关工作。他们收集资料，进行课题研究，光设计就搞了5年，形成了初步设计方案。初步设计方案拿出以后，就开始组织全国各个厂家生产设备。我记得整个60年代都在生产相关设备，光设备制造这一项工作就进行了将近10年。四川德阳给我们生产机械，大连起重机厂给我们生产百吨吊车，还有很多设备被陆续制造出来，最后送到我们舞阳钢铁厂的建设现场。从1970年正式大规模会战开始，设备就陆续运到，开始安装，开始

◇ 1970年平舞路建成通车

调试，开始试生产。

　　全国各地支援设备的同时，国家也从各地抽调了大批技术工人和管理干部。当时冶金部抽调3000名工人到这里，本溪钢铁厂抽调一些干部到这里负责管理。我记得那时候本溪钢铁公司调来了张明秀、楚新雅等多位同志，楚新雅的夫人叫郑必云，还有几个处长和技术干部，但名字我都记不清楚了。所以说舞阳钢铁厂生产出第一块特厚特宽钢板，建成了中国第一座特厚特宽钢板基地，是全国大力支持的结果。

我们的成绩可不简单

　　我刚来这里的时候是在指挥部工作，1970年叫平舞工程建设指挥部，我在设计设备组当科员。1973年的3月，舞阳钢铁公司正式成立，我在舞阳钢铁公司任职劳资处副处长。干了几年以后到党委办公室当主任，之后调任工会主席。1986年、1987年的时候我又担任纪委书记。我是舞阳钢铁公司第一任专职纪委书记，原来都是兼职的，我是由工会主席调任嘛，就是专职的纪委书记，一直干到1991年的12月。当时纪委是双重领导，上面有冶金部领导，这里还有同级党委领导。

舞阳钢铁公司建厂50周年之际，我写了一篇回忆录，你们可以看看，我们的成绩可是不简单。我们这个厂原来是专门为军工企业生产特厚钢板，国内其他企业是生产不了的。我们这个厂投产以后生产的钢板，宽是4.2米，厚度是150毫米，当时是最厚的了。我们厂主要是为军舰和装甲车生产钢板，完全是为军工服务的企业。后来和平年代，我们改为民用生产，如北京的"鸟巢"、西气东输钢管、中央电视台新台址、国家大剧院、水立方很多关键用材都是我们厂供给的。还有许多著名的高层建筑比如广州的小蛮腰塔、重庆的朝天门塔都是用我们的钢板。我们国家建设港珠澳大桥关键钢板也是我们供给，别的地方都生产不了，还有很多关键设备也是我们生产的钢板建造的。我们出口的钢板也很多，出口到十几个国家，像日本、美国、西欧各国，他们用我们生产的钢板建造特大型水电站。

从1978年我们厂生产出第一块钢板到1990年，我们这个地区一直叫平顶山市舞钢区。1990年为了适应生产管理需要，改成了市，这个市就叫舞钢市。全国以厂命名的市也就我们舞钢，是独一份。这里叫舞钢市，我们很骄傲。这里从一个荒凉的小山沟，发展成现在这么美丽的城市，号称小江南。我们有个水库，山清水秀，湖光山色，景色很迷人的。很多人过年过节的时候都到这里来游玩，你们有时间的话也去看看那座水库，两边栈桥都是水泥栈桥，不是木头的。西边是湿地公园，有花有草，很美！山水林城融为一体，有山有水有城市。我们这个地方是全国的卫生城市，现在正在创建平安城市——平安舞钢。

新区那边还发展起来了很多工厂，什么特钢厂，什么纺织厂，建设得都不错。人家都说我们这里是最好的养老地，确实是，我们这里有山有水，空气很好。所以说有很多人都想搬到我们这里来。昨天我到水库边碰到一个深圳来的人，他祖辈是河南人，看到这么好的地方，他就准备从深圳搬回舞钢来养老。另外，我们这个地方不光环境好，房价也不贵，到这儿旅游的人都说这是神仙住的地方，大家的幸福指数很高。

我们这个地方原来是隶属于舞阳县管辖，因为舞阳钢铁厂的成立，我们被划归平顶山管理。原来舞阳县的老同志都羡慕我们说："你们舞钢工资水平高，购买力强，带动了我们地方的发展。"中央等有关同志来我们这里参观，也都赞扬舞钢的发展成就。所以舞钢市发展这么好，我是非常骄傲的，因为我参与了这里的建设，见证了这里的发展。我是湖南人、辽宁人，也是河南人，这里是我的第二故乡。

周祖荫

搬迁竹园沟

采访时间：2024年5月10日

采访地点：中石化洛阳工程有限公司

采 访 人：王　越

摄 制 人：王　亮

整 理 人：陈　倩

周祖荫，男，1937年生，天津人，中共党员。1958年3月从天津调到抚顺石油设计院，任技术员、支部书记。1969年随单位搬迁到河南豫西竹园沟支援三线建设，曾任办公室主任、副院长、院党委书记。

陈俊武院士解决了我国催化裂化难题

　　我叫周祖荫，现年87岁，我是1958年3月从天津调到抚顺石油设计院的，从此就没有离开过这个单位。在抚顺时我是技术员，后来当过一段时间支部书记。当支部书记那阵儿正值特殊历史时期，让支部书记靠边站，我就靠边站。搬到竹园沟时当过办公室主任。后来我们迁到李屯，这期间又当过副院长、党委书记。1998年退休了，退休前当过两届党委书记。

　　抚顺石油设计院的全称叫石油部抚顺设计院，该院于1956年10月成立。石油部还有一个设计院，就是北京设计院，北京设计院主要是为天然石油设计建设炼油厂，抚顺设计院主要为人造石油设计建设炼油厂。人造石油就是用煤或油母页岩生产石油，抚顺石油一厂、石油二厂都属于这类企业。

　　1961年前后，大庆油田开发成功，石油部才决定让我们抚顺设计院也进行天然石油炼化设计。因为大庆油出来以后要在全国各地建炼油厂，北京设计院力量不够，无法满足设计需求，所以我们抚顺设计院也由原来设计人造石油加工变成设计天然石油加工。从此以后，

◇　抚顺设计院设计的第一套流化催化裂化装置

石油部就明确了两个设计院都搞天然石油设计。

当时我们抚顺设计院的实验室技术还比较落后。落后怎么办？抓重点！石油部经过研究后，确定重点进行五朵金花设计。所谓的五朵金花就是流化催化裂化、延迟焦化、铂重整、尿素脱蜡及有关的催化剂、添加剂等五项重点内容，重点抓这五项关键技术。搞流化催化裂化，我们院原来有一位科学院院士叫陈俊武，他是这方面的权威，最近刚刚病逝，他为抚顺设计院的发展做出了特殊贡献。当时我们没有图纸，也没有技术，虽然有些苏联的资料，还比较落后。后来听说古巴有美国设计的生产装置，陈院士就带领一些技术人员远赴古巴，收集了大量资料和图纸。在陈院士的领导下，抚顺设计院设计了一座炼油厂，即抚顺石油二厂。

经过不断的消化与吸收，将图纸和资料变成了我们自己的技术。又经过几年的设计与建设，1965年5月石油二厂投产一次成功。这次设计成功，为

◇　抚顺设计院欢送苏联专家

我们东北、为我们辽宁、为我们抚顺做出了贡献，更为全国石油工业发展做出了突出贡献。现在全国各炼油厂，催化裂化是最基本的装置，每一家都有这种装置，这就是陈俊武院士为石油战线做出的重大贡献。

整体搬迁，落户竹园沟

大庆石油会战获得成功，丰富了我国的石油资源。石油部决定在全国各地建设新的炼油厂，新建炼油厂的设计任务责无旁贷地落到我们抚顺设计院和北京设计院头上，因为当时全国只有我们这两家石油设计院。

1969年12月，鉴于我国东北边境严峻形势，石油部军管会给抚顺设计院革委会下达《关于抚顺设计院搬迁河南、湖南的通知》，决定将抚顺设计院由辽宁省抚顺市搬迁到河南省宜阳县红旗炼油厂。同时抚顺设计院还要组建一支具有独立设计能力的300人的设计连队，搬迁到湖南临湘长岭炼油厂承担设计任务。抚顺设计院要认真做好深入细微的思想动员工作，保证搬迁工作顺利进行。同时要求红旗总队和长岭炼油厂要积极做好迎接工作，解决好职工办公及家属的居住问题。

1969年12月21日，抚顺设计院在大食堂召开全体职工大会，由革委会主任肖殿举（军代表）进行动员。决定一连到湖南省临湘县路口铺，二、三连到河南省宜阳县竹园沟。搬迁工作分三步进行：首先将图纸资料档案搬迁，其次组织人员的搬迁，最后桌椅柜等家具的搬迁。广大职工从大局出发积极行动起来，齐心协力做好搬迁工作。在河南与湖南两个现场都安排了人员进行筹备和安置工作。静静的设计大楼顿时沸腾起来，虽然时间紧迫，但搬迁的组织与运作有条不紊地进行。

当时职工家庭的家具比较简陋，都是院里分配的木床、双屉小桌和板

凳，只是个别家庭有立
柜和五斗柜，所以整理
起来比较简单。院里给
每家分配了草袋、草绳
等包装材料。职工自己
也到商店、木工厂等处
买了木板箱、纸箱和柳
条筐。要搬运的各种物

◇ 竹园沟生活区旧址

品统一运到火车站，用火车由抚顺运到宜阳县红旗总队仓库，再用卡车转运
到竹园沟。

抚顺设计院在洛阳市西工旅社设立了接待站，有专人负责接待和组织进
沟工作。职工和家属停留两三天后乘红旗总队大卡车进入竹园沟。

迁到湖南的一连定名为长岭炼油厂设计服务连，后并入中国人民解放军
总后勤部二三四八工程指挥部，定名为设计大队，后改名为后字二七七部队
设计研究所。

竹园沟在哪儿？竹园沟在河南省宜阳县张坞乡。竹园沟是熊耳山一条谷
沟的末端，从偏东南到偏西北走向，全长约11公里，地势较为宽阔。由山水
汇成的一条小河流经这里汇入洛河，此段称龙窝河。河两侧有竹溪、上龙、
中龙和下龙等村庄。竹园沟的出口外有一条沙石公路，至洛阳市约70公里，
我们的设计院就落户到竹溪和上龙一带。

当时竹园沟的条件非常艰苦，大部分人住窑洞，另外一部分人住干打
垒。但大家谁也不叫苦，谁也没说累，克服了很多困难。在纪念公司成立60
周年时，有位老同志写了一首诗，生动地反映了当时大家工作生活与精神
面貌：

一声令下迁豫西，安家落户到沟里。

窑洞板房干打垒，砍柴抬煤挑河水。

先来人员帮后到，搬家买粮砌炉灶。

出沟进沟坐卡车，一路如同沙尘暴。

上班过河回爬坡，下雨走路扭秧歌。

一次暴雨半天多，山洪滚滚成大河。

只有露天演电影，文化生活很简单。

三乡赶集不算远，来回需要大半天。

买鸡买蛋很方便，日常用品有商店。

既有苦来也有甜，野外津贴十二元。

生活环境虽困难，精神面貌不一般。

搬离竹园沟，分离的两支队伍又成为一体

按照"靠山、分散、隐蔽"方针，红旗炼油厂选址在竹园沟，这里虽然靠山、分散和隐蔽，但存在水、电、铁路以及废气排放等实际问题。1969年底，石油部通知红旗炼油厂停建，但此时抚顺设计院的搬迁照常进行着。1970年1月，搬迁工作基本结束。1970年2月，抚顺设计院迁来的职工编为红旗总队设计大队。1971年11月，又改名为红旗总队设计研究所。这期间，红旗总队的机关部门和职工队伍逐步撤出竹园沟，1972年4月红旗总队改名为"燃料化学工业部第一石油化工建设公司"，红旗总队设计研究所的名称也相应改变，称为燃料化学工业部第一石油化工建设公司设计研究所。

设计研究所的工程设计人员一方面适应艰苦的生活环境，一方面努力开展设计工作。1971年底，石油部从石油系统抽调部分技术工人参加设计

工作。

　　红旗总队撤出后，在竹园沟的房产和设施移交给设计研究所管理，职工的工作和生活条件有所改善，西山坡的平房改成了职工宿舍，大仓库改为设计室。

　　作为一家重点石化设计单位，肩负着国家石化工业建设振兴的重任，又有外事活动和业务，应具有良好方便的工作环境，在特定情况下搬迁到竹园沟，并不是长久之计。在上级单位和红旗总队的支持与帮助下，设计研究所逐步做好向洛阳市转移准备工作。

　　1971年，选定洛阳市南郊与宜阳县交界处的龙门公社李屯为建设炼油实验厂和设计研究所的基地。1973年3月，炼油实验厂全面动工开始建设。1975年7月10日，第一次满负荷试运成功，产出合格产品。1973年9月，李屯基地5990平方米的设计大楼及部分住宅建成。1973年10月，设计研究所在竹园沟的职工和家属迁到洛阳市郊李屯基地。

　　1973年5月，搬迁到湖南的设计研究所重新划归燃化部管理，改名为第一石油化工建设公司设计研究所分所。1974年至1977年全体职工（350名）和家属陆续迁入李屯基地，抚顺设计院分离的两支队伍又合为一体。

在简陋的环境中出色地完成各项任务

　　在竹园沟期间，虽然工作环境很简陋，生活条件很艰苦，设计工作在板房、简易大仓库中进行。但是为了更快地开发利用大庆原油，建设炼厂增加炼油能力，广大设计人员仍以高度的热情和忘我的工作精神进行技术开发和设计工作。不顾家庭生活困难，坚持参加现场设计小分队工作，出色地完成了各项任务。

　　一是提出了常压蒸馏——催化裂化联合工艺（简称"一顶二"）方案。1970年12月，在大庆召开的审查会命名为大庆70-1型工艺。此后采用这种新工艺进行了150/60万吨/年、50/12万吨/年等不同规模装置的设计，先后在锦州石油六厂、林源石化厂、吉林炼油厂、沧州炼油厂和丹东炼油厂等20余家炼油厂建成投产，使我国炼油能力显著提高。

　　二是经过大调查提出了炼油实验厂的新技术方案。1971年12月，燃化部批准炼油实验厂项目，并下达了选厂和设计任务。为此，设计研究所组成以工程设计人员为主的16个调查小组，共200人，分赴东北、西北、华北、华东地区各炼油厂、科研院所、大专院校进行大调查，历时3个月，经综合整理，提出各类技术革新方案。1972年9月，正式提出了炼油实验厂的初步设计文件。

　　在此期间，公司炼油实验厂高低并列和同轴提升管催化裂化实验装置相继建成，经实验生产取得了操作经验和可靠的数据，为在设计中采用和推广此项新工艺、新技术起到了关键作用。

　　三是红旗炼油厂在竹园沟停建后，1970年3月开始，在石油部有关部门领导与组织下，各专业设计人员参加了新厂址的选址工作，初步选在黄河北岸济源县，定名为济源炼油厂。这期间炼厂建设任务亦不断变化，规模由加工原油250万吨/年改为500万吨/年。1975年，公司正式做初步设计。直到1976年1月，新厂址确定在洛阳市黄河北岸济源县坡头公社和孟县吉利公社之间，定名为河南炼油厂，后改名为洛阳炼油厂。1976年3月24日，国家计委批准了建设河南炼油厂的计划任务书，并列为国家重点项目。

　　四是完成了一系列重点工程设计。1972年2月开始进行安庆炼油厂一联合及相应系统工程设计；1972年12月，公司完成年加工原油12万吨南阳炼油厂工程设计；1973年完成首都机场储油库工程设计；1973年开始进行秦皇岛—北京输油管线的工程设计和黄岛地下油库的工程设计；1970年开始进行洛阳施工机具修配厂施工图设计，1972年建成投产。

五是派出现场小分队到锦州石油六厂、林源石化厂、吉林炼油厂、丹东炼油厂、洛阳施工机具修配厂、秦皇岛—北京输油管线、红旗运输站、长岭石洞油库等建设单位，进行现场设计或配合施工。

竹园沟旧址是年轻员工受教育的基地

我们搬出来以后，接受了大量的设计任务。随着工作任务的增加，人员规模也不断扩大。当时石油部增设了设备研究所和炼制研究所，还建设一个1000人的炼油试验厂，这些单位和人员都划到我们单位了，人员规模达到4000多人。后来又是按照石油部的要求，设备研究所和炼制研究所又从我们单位分离出去。

由于人员往来不方便，李屯那个地方也不太适应我们单位的发展，所以在洛阳市里，就是现在这个地方又建设了一座设计大楼。大楼建成后，我们又从李屯搬迁到这来了。现在李屯那里什么都没有了，都拆迁了，修了高铁和高速公路，一点儿当年的痕迹都看不出来了。

以上就是我们单位的发展历程。印象最深的还是在竹园沟时期，那时生活非常艰苦，大家住的都是窑洞、板房和干打垒。没有谁搞特殊化，不管你是领导，还是专家，都上山砍柴，都自己打煤坯，自己拿砖砌炉子。我们这些老人，每个人都砌过炉子。吃什么油呢？主要吃猪油。现在大伙不愿意吃猪油。还吃棉籽油，黑乎乎的棉籽油，让人没有一点儿食欲。在竹园沟也不是一无是处，在那里有一个好处，就是在农村买鸡、买蛋特别方便，质量特别好，大伙感到很有乐趣，很高兴的。

竹园沟的旧址现在还存在，如果你们有时间，我建议你们去看一看。现在我们单位新入职的年轻技术人员，公司都要组织到竹园沟旧址参观，进行一次艰苦奋斗的教育，让年轻人了解我们老一代石油工作者如何在这艰苦的环境中生活4年的，如何克服困难的。同时也让年轻人了解三线建设这段历程，了解三线建设为国家发展做出的贡献。通过参观学习，年轻人都受到了深刻教育。

前几年，按照中石化总公司的要求，我们又扩大了业务范围，除了保留洛阳这里的内地业务外，还把一部分力量迁到广州去，扩大沿海地区的业务规模。

我们公司起源于抚顺，当时为辽宁的石化工业建设做出了我们的贡献。特别是起步于抚顺的催化裂化技术，现在已推广到全国，为全国做出很大贡献。从辽宁迁出来参加三线建设，克服了很多困难，我们为中国的石化工业建设，奉献了青春，奉献了力量，大家感到很自豪！

胡云飞

既是一代又是二代
的三线人

采访时间：2024年5月10日

采访地点：河南省三门峡豫西机床有限公司

采 访 人：王　越

摄 制 人：王　亮

整 理 人：曹铖媛

　　胡云飞，男，1954年生，辽宁沈阳人，中共党员。1971年1月跟随父亲来到河南三门峡豫西机床厂支援三线建设，1972年1月至1973年9月回沈阳培训学习，曾任工会主席、车间主任、分厂厂长及党委书记等职。

荒凉的黄土地

我叫胡云飞，1954年9月出生。1971年1月，我父亲作为沈阳第三机床厂的技术工人，来到河南省三门峡豫西机床厂支援三线建设。我们全家跟随父亲都搬迁到河南。当时，我虽然年龄较小，但由于符合招工条件，加之对三线建设职工有优惠政策，我便在河南豫西机床厂上班了。到现在，我已经在河南三门峡这个地方工作和生活了50多年。

当年，带着对未来的美好憧憬，怀着一腔热情，我来到河南三门峡，这也是我人生中的一个重大转变。来之前，我还是在校学生，在沈阳市铁西区启工街五十四中读书。我清晰地记得，我们家是1971年1月2日从沈阳坐火车经北京来到三门峡的。早上8点左右从三门峡西站下车时，因为天刚刚亮，给我什么印象呢？给我的第一印象就是这里到处是黄土，山也是黄土山，一

◇　豫西机床厂大门

个山接着一个山，一眼望去，满眼是光秃秃、黄澄澄。我们从车站往厂里走，大概需要20分钟，但这一路走来，道上的黄土都很厚，很松软，用劲儿一踩，黄土就会扑哧一下，沾满鞋底和鞋帮，与沈阳相比，不免让人产生一种悲凉的感觉。

实际上当时这里还称不上机床厂，因为只有几间民房，没有厂房和车间。当时我们住在哪儿？我们住在三门峡陕县的一个仓库里。

我记得我们到厂后没多长时间就开始军训，因为当时各个厂矿都实行军事化管理。军训之后，开始从事建厂工作，给我安排的主要工作就是栽电线杆子，架设输电线路。我们豫西机床厂的电是从三门峡西站那个变电所引过来的。栽电线杆子是个体力活，具体工作就是挖坑、立杆子、埋杆子。挖坑时坑的宽度和深度要达到要求，尤其是深度，深度不够，电线杆子立得就不牢固，容易倒伏；立电线杆子是个集体项目，需要大家齐心协力完成，因为电线杆子都比较高、比较重，一两个人无论如何都立不起来的；埋电线杆子虽然比较轻松，但也讲究技巧，埋的时候不能只用黄土，需要用一些比较大的石块和砂土，先用大块的石头将电线杆子挤压固定，再用较小的砂石填充，这样电线杆子才能立得牢固。

电线架设完毕，厂子有了动力电之后，我们又开始建设我们的厂房。具体工作主要是挖地基、抬砖、传瓦。挖地基是有工作量的，每人每天要求挖多少立方米；抬砖就是将从砖厂拉回来的砖头从卸车地搬运到建房地，虽然距离不远，但每天往返无数次，也很累；传瓦就是房子或车间封顶以后，在屋顶上要挂一层瓦片，挂瓦是瓦工师傅的活，我们主要负责从地面给瓦工师傅传送瓦片，传瓦时大家保持一定的间距，人传人，手递手，像流水线似的将瓦片传送到房顶。当初建厂时，真是不分男女，不分工种，从领导到普通职工，克服种种困难，都是全身心地投入到工厂的建设中，充分体现了艰苦奋斗的三线精神。

成功焊接100吨油压机

1972年1月，厂里派我回沈阳培训一年零八个月。1973年10月份我就回来了。在沈阳学习结束回到河南三门峡以后，发现虽然离开这里不到两年，但我们的厂子发生了很大变化，很多厂房已经建成，厂区已初具规模了。

不但厂区发生了变化，我回来后的工作也被重新分配，将我分配到焊接班，成为一名负责热处理的电焊工。刚建厂时我们厂的热处理设备是从沈阳第三机床厂带来的，后来我们开始自己制造。自己制造后，我厂热处理设备的自给率达百分之六七十。我记得我制作的第一台设备是100吨油压机，这100吨油压机要求的技术难度、焊接的难度都比较大，因为它要求承受的压力很大。我刚刚学徒回来，对这个印象比较深，因为我们干这个活儿的时候，正好一机部部长周子健到厂里来视察，我还曾经跟他握过手。

当时我们热处理车间的厂房是个小平房，没有吊装设备，焊接大型油压机时相当吃力。焊接不同面的时候，就需要人工翻，压力机有100吨重，大家翻起来的难度可想而知。当时车间主任、支部书记亲自上阵，带领全车间的同志一起翻，翻完一面焊一面。焊接完表面，再焊接油管，我们做的油压机是厚壁管，焊接条件非常不好，需要在地下挖个深坑，我得躺在深坑里头进行焊接。焊接油压机需要气

◇ 豫西机床厂后勤人员往车间送饮用水

压焊这种技术，不是所有人都能掌握的，我在这方面学得比较好，领导很放心。机床厂里好多刀具及稀有金属焊接要求的温度、火候都很有说道，很多焊接工人操作不了，这些高难度的活儿都让我干。

我之所以胜任各种焊接任务，得益于我沈阳的师傅，他传授给我的焊接技艺和工作态度让我受用终身。一是不管干啥一定要追求技术的精益求精，一定要干好；二是不管给谁干，一定要具有认真负责的态度；三是不管你干啥，作业环境都得干净整洁。可以这样说，我当焊工的时候，我的作业环境是全厂的标兵，不敢说一尘不染，但也是利利整整。后来当上领导，我的办公室也从来都是自己打扫，一直保持干干净净。

刚到豫西机床厂的时候，我初中还没毕业，自我感觉学历太低，需要学习的知识很多。后来我参加了河南省委党校工业企业大专班，毕业后被评为助理经济师，算是给自己一个比较满意的交代。可以说我是我们这批人的一个缩影，学历低，但一直有不断进取、拼搏向上的追求与态度。

豫西机床厂带动了当地整体技术水平的提升

1969年，豫西机床厂开始规划。1970年，国家决定由沈阳第三机床厂承建，陆续调来人员与设备。1972年建成投产。1978年以后，机床厂发展得越来越好，职工最多时达到1800多名，是当年国家机械工业部的重点企业。我们厂曾荣获河南省"科技企业"和"高新技术企业"称号。1978年2月，豫西机床厂被授予"大庆式企业"称号，可以说这是企业发展状态最好的时候。这个时期，豫西机床厂在技术革新、自制专用设备等方面取得了显著成绩，主要技术经济指标已经达到了企业的历史最高水平，成为河南省工业领域的一面红旗。获得"大庆式企业"称号那年，豫西机床厂2月份就提前完

◇ 豫西机床厂技工学校培养的技校生成长为生产骨干

成了国家生产计划，取得了开门红。

计划经济时期，企业管理还是非常到位的。当时我是一个分厂的车间主任，我们车间所有的成本，都要说明原因。而且每个管理人员都有自己的岗位责任，每个人都要熟练掌握技术，厂里还定期举行技能比赛，职工们可以蒙着眼睛在100多种零件里轻松找到所需的零件。对于机器工具的保养，要求职工们用白手套去擦，不能留有一点儿灰或油渍。

"翻身不忘共产党，发财不忘机床厂。"这是七八十年代三门峡地区流行的顺口溜。刚开始建厂时，厂周围只有几栋不起眼的平房，随着机床厂的拔地而起，这里先后建起了学校、居民区、医院，成了当时最热闹的地方。由于当地很多企业派人到我们厂来学习，我们又办了个技校。当年我们厂确确实实红火了很长时间，但后来慢慢走入了低谷，直至1998年企业申请破产，被三门峡另外一个企业兼并了。导致这种状况的原因很多，有市场的问题，也有产品的问题。

总体来说，机床厂属于技术密集型企业，对三门峡地区的工业技术与技能的辐射力度还是比较大的，在方方面面都能够带动当地经济的发展，同时也解决了当地劳动力就业问题。不仅如此，从东北地区带来的先进管理经验，培养了当地无数的企业管理者。机床厂办的学校、技校，培养了无数的产业工人，不仅促进了本厂的发展，也带动了周边各企业的发展。

从懵懂学生到管理者

1973年10月份从沈阳实习回来后不久，我就被任命为焊接班班长。后来我又当选为车间工会主席。1987年入党，1988年底我就担任企业的中层领导，当时任热处理车间的车间主任。到2000年，我先后在热处理、锻造、钣金三个车间担任过主任和支部书记。在2000年左右的时候，还兼任过供应科、运输科的支部书记。2000年以后，我担任机动科科长和支部书记，在机动科干了有两年左右，我又从机动科调到铸造分厂，在铸造分厂任分厂厂长和支部书记。2004年至2006年，我调任金工分厂厂长、支部书记。2006年由于改制，我离开企业两年。2008年我重回企业，任销售处处长，一直到2012年离职。

从入职到离职，我经历了很多，进步了很多，收获了很多，曾多次获得厂领导的认可与好评，也曾多次获得优秀党务工作者称号。

我从小受到的都是正规教育，个人的性格也是积极向上的，充满正能量。尽管在工作和生活过程中也会遇到一些困难和问题，但我从来也没有怪罪或埋怨过其他人，都是从自己身上找原因，觉得是自己做得不够，做得不好，鞭策自己不断进取和努力。在机床厂我走了这么多部门，每到一个部门，发展党员我都是最多的，如果能看到档案，支部书记签字肯定是胡云飞签得最多。厂里的红白喜事，我都是主动帮忙，这也充分体现了我们东北人的热心肠。

我想作为我个人来讲，我很感谢这个企业。50年来，我从一个不懂事的学生，到后来企业的管理者，是企业培养了我、锻炼了我。在这个过程中，我娶了河南的媳妇，生活美满，完全适应这里的环境。应该说东北是我第一故乡，河南是我第二故乡。

既是一代又是二代的三线人

我父母当年都是沈阳第三机床厂的职工。由于第三机床厂承建豫西机床厂，父母都到河南来了。我是跟着父母到的河南，他们是正儿八经的三线职工。而我呢，身份就比较特殊，因为我进厂就是工人，又是随着父母来的，既是援建三线的第一代人，又是三线职工的子女，兼具一代和二代两种身份。

我父亲是电工，刚到时主要是从事与基建有关所有电气的安装与维修工作。我父亲技术精湛，我们厂变电室、各车间的电线线路，都是我父亲他们铺设的。当年，我父亲还当过一个学院的校外老师，给学生讲解电路实操相关知识。

来到这里，我父母与其他人一样，也遇到了很多困难。因为来之前我家在铁西区工人村居住，当时工人村的生活条件很好，各家各户都配备了煤气和自来水管道。到这里来，不仅没有煤气，甚至做饭用煤也没有，我们就用厂里木匠干完活儿的刨花，把那个拉回家烧火做饭。刚来的时候没有暖气，屋内屋外温度差不多，所以很冷。吃的这边就是馍，米饭很少，菜也比较少。还有这边主要吃的是甜汤，是将面粉搅拌成均匀无颗粒的面糊，倒到开水中煮，与东北疙瘩汤的做法完全不一样。最初我们还住过类似窑洞的房子。总之，刚到这时很不习惯，包括我父母和我妹妹都不习惯。但随着时间的流逝，我们全家慢慢地适应了这里的条件和环境，觉得在这里也不错，生活充实、平稳。

支援三线建设使我从沈阳来到河南三门峡，三线精神一直鼓励着我，现在我充分理解了国家进行三线建设的重大意义。当年成千上万的产业工人从全国各大城市来到边远的山区，靠的就是无私奉献的精神，这也是我们豫西机床厂的企业精神。在那么苦的条件下，大家都是白天干、晚上干，没有任何人提加班费，也从来没有人为了个人的利益讲条件。比如我自己，当了这么多年领导，我从来都是星期天下午才是自己的时间，星期天上午的时间我都在企业里加班。我一直都是这么干的，当然也得到了大家认可。我的工作虽然谈不上轰轰烈烈，但在心里我自己觉得对得起企业，对得起党的培养。

李景荣
一生一世平高人

采访时间：2024年5月12日

采访地点：河南省平顶山平高集团有限公司

采 访 人：王　越

摄 制 人：王　亮

整 理 人：曹铖媛

　　李景荣，男，1943年生，辽宁沈阳人，中共党员。曾就职于沈阳高压开关厂武装部，1971年5月参加三线建设来到河南平顶山，历任平顶山高压开关厂办公室主任、党委副书记兼纪委书记。

组织让上哪儿去就上哪儿去

我叫李景荣，1966年2月份从部队退役分配到沈阳高压开关厂武装部工作，沈阳成立革委会以后，我就调到办事组当秘书。当时有两个秘书，一个是郭玉清（音），一个是我。厂里让我们两个人当中有一个去三线，我当时也没多考虑，就跟领导说服从组织安排，组织需要我去我就去。我跟父母说了一下，和家属也说了一下，家里人都让我服从组织安排，组织让上哪儿去就上哪儿去。就这样定下来了，我去平顶山支援三线建设。

我是1971年5月份过来的，为啥1971年以前没跟大批人员过来呢？因为当时正好是沈阳高压开关厂要成立党委会，当时我是秘书，得写党委工作报告等材料。党委会成功召开并将所有相关材料整理合格后，领导才让我过来。当时和我一起过来的还有2人，一个是组织部的干事，一个是宣传部的干事。

刚来平顶山时我并没有带家属，是11月份我回沈阳探亲时才把家属带来的。当时孩子才8个月大，我们夫妻二人轮流抱着，火车到北京时孩子还发烧了，列车员看到孩子红红的脸蛋，一个劲儿地劝我们，让我们下车到北京看看医生，烧退了以后再走。当时火车上还有人问列车员火车上有没有会打针的，给孩子打一针，千万别给孩子耽误了。我谢绝他们的好意，不能下车，必须得走。我们就是这样，一路抱着孩子过来的，家属对我支援三线建设是真心支持，一路上虽然遭了很多罪，但一点儿怨言都没有。

我父母也一样，我父亲是沈阳冶炼厂的老工人，我母亲是家庭妇女。他们虽然没有什么文化，但也能深明大义，非常支持我支援三线建设。他们跟我说："你当过兵，当兵的就得有组织性纪律性，组织安排你去支援三线建设就得去。"

走新路，出新产品

我们厂从1970年初开始大规模搬迁，4月份就粗具生产能力，5月份生产出合格产品。当时为了尽早投产，全体领导与职工那真是想尽了办法，如从沈阳运过来的机器设备都是很高大的，车间的大门没法直接进入，所以他们就把简易房扒开，将机器设备安装好后，再把车间的墙和大门重新砌上。

还有就是稳设备。什么叫稳设备？就是将外面运进来的机器设备安装到位，使机器设备稳定牢固。当时没有专业的运输和安装工具，所有的机器设备都是人拉肩扛，靠体力进行运输与安装的。我们的工人也很聪明，都有招。如把大型设备先垫起来一个缝隙，再把铁管塞到缝隙里，机器设备在铁管上滑动就轻松很多，大家一边推设备，一边放铁管，一骨碌一骨碌就把机

◇　平顶山高压开关厂建厂初期到车站迎接支援三线新工人

器设备挪进车间了。挪到指定的位置后，还会根据机器设备的形态，进行凿坑或垫砖头，然后再将所凿的坑或砌的砖头用水泥固定住，这样机器设备就牢牢地稳定在地面上。稳设备是安全生产最重要的一环，也是保证产品质量重要的一环。

另外，为了尽快投产，在下料车间没有建成之前，工人就采取露天下料的方式。春天风沙很大，吹得大家都睁不开眼睛；夏天酷热，再加上切割机或电焊机的余热，工人们每天都是汗流浃背，现在是不可想象的场景，那时真厉害！

1970年搬迁时，国家好像只给了我们40万的搬迁费。但1971年我们就实现产值400万。为什么能做到如此的高效？就是因为我们坚持发扬"三边精神"。所谓三边，即"边搬迁""边生产""边基建"，这也是统筹法的充分体现。"三边精神"使我们仅用两三年的时间就建成一个在当地很有名气和相当规模的高压开关厂，可以说是三线建设的成功典范。当时我们厂运输科只有3辆汽车、1台吊车，搬运大型设备时，都要借助人力，依靠人拉肩扛才能快捷运回厂里并且安装到位。那时大家真是齐心协力，听说来货了，只要大喇叭一响，所有人员会马上集合到位。当时车站距离我们厂子有一二十公里，大家先坐汽车到火车站，然后分工协作，男女老少齐上阵，能拿轻东西的就拿轻东西，有力气的人员就搬运重设备。

我们当时有个口号："走新路，出新产品！"沈阳老厂生产的大都是仿苏产品，后来因为没有更新换代，仿苏产品基本都落后了。所以我们搬到平顶山后，就开始研制新产品，用了两三年的时间研发出六氟化硫开关，成就了平顶山高压开关厂在全国开关行业的地位。当时全国有五大开关厂，分别是沈阳高压开关、西安高压开关、平顶山高压开关，还有北京开关厂和上海华通开关厂，我们厂能在这么短的时间内跻身五大开关厂处于行业领先水平，作为"平高人"确实值得骄傲。

领导带头，身先士卒

当时我们厂领导和工人都一样干活儿，大家都穿着工作服，外人一般分不出来谁是工人谁是干部，有活儿一起干。在这种环境下工作，工人高兴，干部满意，真正做到了干群一条心。当时我们毕厂长负责基建，他和工人一样扛水泥、卸水泥，弄得满身满头都是水泥，有时我们都分不清哪位是毕厂长哪位是其他工人。

秦厂长领着我们机关人员负责砸石头，当时我们买的石头都是拳头大小，需要我们用锤子砸碎后才能用来搅拌水泥。为什么不买小石子儿呢？因为小石子儿比大石头贵，所以为了省钱，秦厂长就带领我们硬是把大石头砸成小石子儿用。除此之外，领导还发动大家挖电缆沟，铺上下水管道，都是几千米几千米地挖，那真是不分昼夜来活儿就干。

我记得我们有个老书记叫王和曲（音），他当时办公室里常备有一把铁锹和一件雨衣，一到下雨的时候他就扛着铁锹巡视工厂，检查哪儿有漏水或者堵水的地方，他就及时地疏通，常年如此。王书记是工人出身，虽然职务是党委书记，但生产方面他也懂，老工人遇到困难都愿意找他，一个是解决生产上的难题，有时候生活上

◇ 平顶山高压开关厂建厂初期职工自建厂房

的困难也愿意和他谈，
他都尽力帮助解决。王
书记一点儿官架子都没
有，大家都亲切地管他
叫老王头，有事就找老
王头。王书记什么事都
是以身作则，虽然当了

◇ 平顶山高压开关厂职工自己铺设中心马路

领导，仍然保持了工人阶级的本色，工作生活都和工人一样。王书记非常关
心群众，有时候他带领机关干部参加劳动，为了改善伙食，让职工吃好，他
亲自下到厨房，了解如何才能把饭菜做得更可口。所以王书记在群众当中有
很高的威望，一提起他大家都竖大拇指，尤其是他办公室里那一把铁锹和雨
衣，给我留下了非常深刻的印象。

　　为了让工人休息得好一些，第二天能更好地工作，领导干部决定把当
时仅有的一栋办公楼腾出来给工人当宿舍，让工人住。腾出来以后，我们机
关人员就搭席棚子作为临时的办公楼。席棚子有个问题，每到下雨天，外边
下大雨，里头下小雨；外边雨停了，里头还不停地滴答。另外，河南这个地
方特别热，席棚子里就像蒸笼似的，我们有时候都光膀子，肩膀上披一个毛
巾，根本不像一名办公室的工作人员。工人看到干部为了大家遭了这么大的
罪，这么关心群众，他们的干劲儿就越来越足。

　　我们的老书记、老厂长都比较注重企业管理和班组建设。过去他们经
常说要夯实基础，班组建设就是企业的基础，基础不牢地动山摇，所以一定
要夯实基础，抓好班组建设。我们当时虽然来了700人，但是我们是整编制
来的，动力车间来多少人，工具车间来多少人，反正都有配套的。当时有多
少干活的工人，有多少技术人员，配套多少管理人员都是有明确规定的。所
以，搬迁到平顶山之后，马上就能投入生产，班组建设的优越性在这个时候

表现得格外明显。那时候国家也号召搞企业整顿，我们就积极响应国家号召，建立规章制度和责任制。企业管理的要求是横向到边、纵深到底，就是把企业全方位地进行整顿，把过去破坏掉的规章制度都恢复建立起来了，所以工作起来井然有序。

当时除了生产以外，我们还经常搞文体活动，通过文体活动来提升集体的凝聚力和战斗力，那时候真是月月有活动、季季有比赛。做广播体操，全厂各单位都站在门口，提前20分钟到场，进到院里一看，上千人同时做广播体操，那气势真是太振奋人心了，工厂看起来显得生机勃勃，大家真是高兴，甚至可以说是兴奋。工厂也经常组织文体比赛，当时每个单位都有球队，我们秦厂长爱打排球，我们厂组建了男女排球队，一到比赛的时候，家属和孩子都在旁边加油鼓劲，气氛特别热烈，那场面也确实令人感动。

干就一条心，黄土变成金

那时候的口号是好人好马上三线，虽然我们从沈阳只来了700人，带了100台主要设备。但是我们到这儿来就能生产，就是因为派来的都是骨干力量，带来的都是好设备。当时领导班子想得比较周全，首先考虑的是生产设备，能从沈阳带的就从沈阳带，沈阳没有的就千方百计购设备，人没到，设备先定好。定完设备定人员，定完人员定中层干部，定完中层干部后再定场地办公，就是这么个策略。

虽然只有700人，却是整建制的，所以到这儿之后，像一个真正的工厂，解决基建问题后，马上就能生产，因为我们有沈阳老厂的工作经验和工作模式，来了就能干活。我们始终坚持艰苦奋斗、自力更生的方针。当时提出了一个口号叫"一不等，二不靠，自力更生建'平高'"。大伙的工作劲头非常足，践行着"干就一条心，黄土变成金"的诺言。另外我们都是从沈阳搬过来的，老工业基地的光荣传统都没有丢。改革开放的时候，我们老厂长秦科才（音）领着我们引进了法国MG公司的六氟化硫开关技术，技术引进之后，我们要自己进行消化，然后把技术变成产品。当时大家不懂法语，那就学，办法语班，翻译资料。大概不到一年的时间，就把图纸都消化了，之后按照图纸进行生产。法国人呢，他都不相信中国人在这么短的时间内，能够把技术资料变成了新的产品，说这是简直难以想象的事情。

我们也非常注重学习当地的一些优良传统，如带着职工去参观红旗渠，受到了非常深刻的教育，看着用人力生生开凿出来的水渠，那种精神确实让我们感动。

另外我们还到大庆去学习。当时国家号召工业学大庆，大庆是工业上的一面旗帜。为了学习大庆，老领导带着我们去学习。为什么能去大庆学习呢？我们有个方便条件，就是大庆建变电站，所用的开关就是我们生产的。所以我们就比较方便地跟他们取得了联系，组织开展参观学习。

除此之外，在沈阳时我们还学习贯彻《鞍钢宪法》，将群众运动、技术革新、技术革命三结合。当时沈阳还成立工会，成立技术协作队，工厂里边出现什么矛盾、有什么难题了，工人技术协作队就马上去解决。我们是带着这些丰富经验来的，来了以后发动群众大搞技术革新、技术革命。除了实干以外，还加上巧干，真正解决了生产和技术上的难题。

支援平高三线建设是我一生的荣耀

我们是从大城市沈阳来的，沈阳是省会城市，到这来一看，这个地方是"三角马路不到头，六个警察三岗楼"。当时平顶山只有一条马路，就是现在的开源路。过去是土路，不是板油路，那真是晴天一身灰、雨天一身泥。当时有句顺口溜叫"蚊子咬，蛤蟆叫，一日三餐放礼炮"。什么意思呢？就是当时我们都住在席棚子里边，那时候蚊子多蛤蟆也多，席棚子没有防蚊设施，挨着蚊子咬，听着蛤蟆叫。平顶山有个石灰窑，一天放三次炮，放炮时正好是我们吃饭的时间，我们是听着"礼炮"声吃饭。

我们高压开关厂建起来后，就带动了整个平顶山的工业。当时这里的工业不太发达，只有煤矿，平顶山是先有平顶山煤矿，再建成的平顶山市。但在机械加工方面，基本上还是空白，我们工厂来了以后将其他的工业都给带动起来了。可以毫不谦虚地说，我们平高对平顶山的发展做出了很大贡献。不说别的，就说我们输送的干部，我们输送到平顶山市的干部有六七个，都是县处级的干部。我们的书记、工会副主席都在市里任职，另外我们厂里有一个清华大学毕业生，后来当了平顶山市的市委常委、宣传部长、纪委书记。我们还输送过一个老厂长，先到省机械厅，之后当上河南省副省长。

我个人认为，三线建设当时虽然是战备的需要，但在客观上促进了全国工业的发展，改变了老工业基地过于集中的状况。另外三线建设也确实锻炼了一批人，有人说三线建设是献完终身献子孙。真是那样，咱们的孩子你现在问他是哪儿的人，他说我是河南人啊。我虽然说东北话，可在河南就生活了50多年，我不是河南人能是哪里人？所以说，三线建设改变了一代人，也锻炼了一代人。

能参与平顶山高压开关厂三线建设，我很自豪。别人问你是哪儿的？我毫不犹豫地说是高压开关厂的。我生是高压开关厂的人，死是高压开关厂的鬼。一提高压开关厂，我心里就自豪，能建成这么好的一个工厂，有我们的功劳。现在平顶山高压集团百万伏产品可以出口国外，高铁、桥梁、超高压设备也离不开我们的产品。你看我们现代化的厂房，管理又那么精细，能不高兴和自豪吗！

冯华民

永远不忘锦州老朋友

采访时间：2024年5月29日

采访地点：山西省运城市档案馆

采 访 人：孟庆来

摄 制 人：邵天一

整 理 人：郭晓娜

冯华民，男，1955年生，山西新绛人。1970年进入山西石英制品厂工作，历任该厂车间主任、副厂长、厂长。

锦州石英玻璃厂组织筹建山西石英制品厂

我叫冯华民，1955年生人，山西新绛县人，今年虚岁70，是山西石英厂最后一任厂长。我15岁就到山西石英制品厂上班，对该厂还是比较了解的。

山西石英制品厂是三线建设时期为军工配套而建立的企业。1970年初，按照建材部在西北建石英厂计划，组建建厂筹备组，先后由锦州石英玻璃厂的王国祥和张克带队，奔赴西北各地考察。筹备组本着"靠山、分散、隐蔽"原则，先后在山西武乡、河南三门峡、陕西华县、山西南部山区各地实地做了勘察和评估，最终拟选交通相对便利、教育和生活条件相对较好的山西省运城地区夏县水头公社坡底村为建厂厂址，并将考察情况上报国家建材部基建局。

1970年5月5日，建材部军管会下发《关于建设山西石英制品厂厂址问题的复函》，同意在坡底村建设山西石英制品厂。

建材部批复后，王国祥即率队开始筹建山西石英制品厂。在建厂过程中，山西运城地区和夏县各级政府在人员、汽车运输、钢材等各方面给予全力支持。更令大家感动的是坡底村村民腾出自家的房屋和窑洞，无偿借给石英厂职工临时居住。

从1970年8月开始，国家陆续抽调辽宁省锦州石英玻璃厂技术骨干参与建厂工作，并与国家分配的大学生组建了政工组、生产组、

◇ 坡底村窑洞旧址

设备组、基建组。1971年，按照国家基本建设委员会《关于山西石英制品厂建厂中几个问题的通知》精神，将锦州石英玻璃厂部分搬迁，辽宁省委按照"好人好马上三线"的原则，将95名技术骨干携同部分家属迁移到山西石英制品厂，其后又招收职工子弟近百人。1971年之后，工厂陆续调入当地各个行业专业人员、复转军人和职工家属100多人。1972年，先后招收在晋南8个县插队的北京和天津知识青年200多人，工厂鼎盛时期职工近600人。

山西石英制品厂占地256亩，建厂资金1700多万元，1970年9月开始进行基本建设。建材部北京玻璃工业设计院负责工厂图纸设计，锦州石英玻璃厂迁来的技术骨干和分配来的大学生在简陋的工作环境下，在窑洞中负责设备设计，全体职工参加厂区基建施工，如建房、修路、挖沟、铺设管道以及运输和装卸设备器材、安装调试设备等。工厂以"边设计，边施工，边生产"的形式，落实中央"先生产，后生活"的指示精神，于1971年生产出合格产品。

山西石英制品厂设有7个车间和1个配电站，车间包括灯工气炼车间、01车间、02车间、氢氮氧站车间、锅炉车间、原料车间、机修车间。行政管理部门设有基建科、技术科、生产科、供销科、财务科、后勤科。

山西石英制品厂最初以生产军工配套产品为主，以后逐渐转为生产民用

◇　山西石英制品厂厂区

◇ 山西石英制品厂大门

产品。产品有透明和不透明石英管、石英坩埚、石英器皿，供给军工科研实验室、电子半导体行业、医疗行业、照明行业等。

山西石英制品厂厂区建成后，又开始分步建设职工生活区，建成了职工宿舍楼、家属平房、食堂、幼儿园、小学校、卫生所、粮店、商店等，逐渐拥有配套齐全的生活设施。

20世纪70年代初期至80年末，是山西石英制品厂鼎盛时期。工厂改变生产营销策略，将"以产定销"转变为"以销定产"的经营模式后，产销两旺，扭亏为盈，向国家年缴利税100多万元，为国家和地方经济建设做出了很大贡献。1976年在山西省委、省政府工业会议上，山西石英制品厂被评为省"先进企业"；1978年，又被评为省"大庆式企业"，全国石英行业人才汇集到山西石英制品厂，召开现场学习交流会议；在1978年国家建材部于秦皇岛召开的全国石英产品质量评比会上，山西石英制品厂获得第一名。

锦州师傅首创石英大钟罩

从锦州迁来的老师傅们刚来时吃尽了苦，比如烧火做饭这件小事，他们就比在锦州时多遭了不少罪。当时，这里没有充足的柴火，每家都发柴火票，按户供应。另外，每家都要打煤糕，就是用煤面、黄土和水搅拌在一起，用模具打成一块一块的煤坯子，像做糕点一样，我们管这个叫打煤糕。

但就是在这样的环境中，他们没有畏难，没有退缩，而是在第一任老厂长王国祥的带领下，艰苦奋斗，使生产逐渐走上了正轨。从锦州来的业务骨干，也是我们厂的老技术科科长刘忠尧（音），他为了提高石英玻璃管质量，发明了两步拉管法工艺，即第一步先把石英打碎炼成石英坨子，第二步再在石英坨子中间钻个眼儿，然后再装到电炉里边加热拉成玻璃管。用这种方法拉出的玻璃管，质量明显提升，也很畅销，当时在国内算是比较先进的工艺，是我们厂的独创。

还有我们厂的老主任杨裕昌（音），在锦州那边是搞玻璃仪器的，来到这里时很年轻。他虽然年轻，但却制作出石英新产品——石英大钟罩。这种石英钟罩有400毫米粗，一般的玻璃车床打不了，所以我们厂制作出来的大钟罩在国内是首创。这种大钟罩在我们厂实验成功后，作为国家尖端设备原子钟的一个装置，发挥了重要作用。据说用上我们厂的石英大钟罩，原子钟的误差都是多少万年才差一秒钟。参与大钟罩工艺制作的还有锦州来的老工人孟庆才（音）和陈曦光（音），他们都付出了很多心血。

另外，我们厂当时制作的大石英坩埚，也是从锦州来的老工人带领北京知青搞出来的，确实不简单。大坩埚是炼制单晶硅的容器，单晶硅片就是芯片，可以说当时我们厂就开始搞芯片。

有人说我们厂的石英制品用于北京一号工程即毛主席纪念堂水晶玻璃棺制作，其实这种说法是不完全准确的。我们厂只是给北京一号工程提供了一些设备，具体参与制作单位主要有上海玻璃仪器厂、上海一五三厂、北京玻璃仪器总厂、北京玻璃总厂等，他们这几家是主要制作单位。我在上海学习时，我上海的师傅就参与过水晶棺的制作，当时北京一号工程总指挥部还给他发了一个带镜框的奖状，给他发了立功证书。

锦州石英玻璃厂培养了我

1970年，我刚刚15岁就被招工入厂了，入厂后的第二年工厂就组织我们这些新来的学生到锦州学习。先是到锦州石英玻璃厂学习玻璃仪器制造，因为我年轻，手脚灵活，学得很快。在锦州石英玻璃厂学习一段时间后，又到锦州一五五厂学习打石英玻璃坩埚技艺，就是专门为炼多晶硅用的坩埚，多晶硅炼成单晶硅，单晶硅就是芯片的原材料。

我到锦州学习不止一次，一共去了三次。当时我们厂里好多人还到沈阳去学习，到沈阳玻璃厂学习制作工艺。我还去上海玻璃厂学习过，当时上海玻璃厂的老师傅与锦州厂的老师傅一样，对我很好，像对待自己的孩子似的，不但教给我很多技艺，还在生活上照顾我们，带我们一起去洗澡，带我们吃当地的小吃，给我留下了深刻印象。

学成回来后，我们第一批学员开始带徒弟。当时我们厂从本地招收了北京、天津来的200多名知青，这些知青一点儿专业技能都没有，厂里就派我们负责指导他们。

厂子投产后，我在车间主要是做石英仪器，后来厂里开办七二一大学，我就进入厂办大学脱产学习了两年，算是有了学历。脱产学成后，我就不在车间做具体工作了，而是改为管理人员，当上了车间主任。当了几年车间主任后，又当上了副厂长。2000年又开始当厂长，直到2012年企业倒闭卖给运城粮库。这就是我的个人简历，我15岁入厂，到今年54了，我觉得一晃就过来了，太快了。为啥这么快呀！主要一点就是一直在忙，除了星期天有一点儿自己的时间，没有不忙的时候。

工厂停产后，厂内职工陆续调离，他们多数回到各自故乡，如太原、运城、锦州、北京、天津、上海等城市。另一部分职工由国家统一分配到大同水泥厂、潞城水泥厂、太原平板玻璃厂等。大部分人员安置后，我带领一小部分职工负责老厂区的守护工作，同时也进行过小规模的经营，但主要工作还是解决山西石英制品厂大量的遗留问题。

在解决遗留问题的过程中，档案起到了很大作用。我们厂有专门的档案室，是三线企业当中档案保存比较完整的单位。后来，我们厂的档案全部移交给夏县档案馆，他们又进行了系统的整理与编目，现在查找起来可方便了。所以在这里我还要感谢你们档案部门，你们所做的确实是一件功在当代、利在千秋的工作。

与锦州结缘

我这辈子与锦州有缘，锦州老厂的老师傅都是我的好朋友，我永远不会忘记他们。像把我招工进厂的杨玉武（音），他是锦州来的，当时是我们厂组织部的副部长，他到我们新绛县把我招进厂；还有你们采访过的许守良（音），我们当年是一个车间的，关系非常好，他在工作上给予我很大的支持，后来调回锦州陶瓷厂了；还有一个叫王文兵（音）的，他是锦州老厂的子弟，我们从小在一块成长，都是十几岁的孩子，他现在也在锦州，我们关系不错，你想从小在一块感情能不深厚吗？

另外，造成我们这些工友之间感情深厚的原因还与当年的企业特点有关，当时是计划经济，不像现在是市场经济，计划经济尤其是我们三线企业都有这个特点，即"小而全、大而全"。"小而全、大而全"就是只要你进了这个厂子，里边就什么都有，从幼儿园开始到初中毕业就不出厂子，托儿所、幼儿园、小学、中学就都在厂子里边念。生活方面就是粮站、菜店、百货商店这里都有，生活上理发店、游泳池也都有。所以过去三线企业，只要你进到厂门，从小管到老，就是退休都不用出厂。这种封闭的管理方式，密切了厂内人员的联系，同时也加深了人与人之间的友谊。

当年锦州来的老师傅都说锦州话，如"那嘎达""嗯呐""干哈去？""上街（gāi）去"等方言，我们也跟着学，现在都成了我的口头语。另外，我从十几岁开始每天和这些锦州人在一起工作和生活，耳闻目睹，说话多多少少都沾点锦州方言，我们都会说锦州话。现在如果我去锦州，跟当地人交流，一点儿障碍都没有。

2000年9月份，我以山西石英制品厂厂长的身份到锦州慰问老职工。在锦州火车站对面的招待所我租了一个会议室，购买了一些慰问品，如食用油、月饼等，因为正赶上中秋节，个别人我还送了一些现金。返锦的职工基本上都参加了这次活动，大家畅所欲言，回忆了在山西的工作，汇报了在锦州的生活，都很开心。这次活动我录了像，你们在百度上可以查到。

另外，我还要讲一下辽宁对全国的付出与贡献。三线建设是党中央、毛主席做出的战略部署，是为打仗做准备的。锦州是一线，要把一线的生产能力往三线迁移，也就是把好的人员、好的设备往边远的山区搬迁，所谓的"好人好马上三线"。为此，辽宁付出了很大的牺牲。辽宁不光援建了我们山西石英制品厂，还援建了包括太原、长治、运城、侯马等山西其他地区的企业，当然更包括全国其他省份和地区。

吃水不忘打井人，我们不能忘记辽宁对山西社会经济发展所做的贡献。对我自己来讲，要没有锦州石英玻璃厂搬迁过来，我都不知道我在哪儿工作，在哪儿上班。我从小学技术，学做石英玻璃仪器，这就是学了一门手艺，技不压身，我到哪里都能混碗饭吃。另外，如果没有进入山西石英制品厂工作，我也没有机会到锦州、北京、上海去学习，我的技艺也不会提升得那么快。所以说我们都很感恩，感恩辽宁当时对内地企业的支持！最后，我还要感谢你们辽宁省档案馆，你们做的这项工作很有意义，没有忘记这些三线的老企业，没有忘记为三线建设付出青春与热血的老职工！

江德有

支援山西小三线建设

采访时间：2024年5月30日

采访地点：山西省晋中市榆次区江德有家

采 访 人：孟庆来

摄 制 人：许雷鸣

整 理 人：郭晓娜

江德有，男，1937年生，辽宁丹东人，中共党员。1959年毕业于内蒙古包头第一机械制造工业学校，同年10月分配到沈阳五三工厂工作，1966年被抽调到山西中阳县车鸣峪村九一四一厂（山西新建机器厂）支援三线建设，曾任九一四一厂厂长助理。

在五三厂我走上设计研发之路

我叫江德有，1937年4月27日生，辽宁丹东人。因家里贫困，从小放牛，1949年前，没有上学。1949年以后，我都10多岁了才上的小学，念完初中考上了中专，学校是内蒙古包头第一机械制造工业学校，1959年毕业。同年10月被分到沈阳五三工厂四二一分厂的冲压车间。

在冲压车间工作了一段时间后，国家要求我厂设计弹射弹，所谓弹射弹就是一旦飞机发生事故，飞行员是要被弹射出机舱的，弹射出舱的动力就是弹射弹。弹射弹带动弹射舱，这样就能保证飞行员的安全。这是空军提出的要求，我们厂负责设计与生产。当时，我们没有现成的图纸，手里仅有一些从苏联引进的资料，我们边研究边实验，不久就试制出样品。就在可以大批量生产的时候，国家来了一份文件，要求中专、大专毕业生必须到基层劳动一年，我是中专毕业，我就下到了车间，可我在基层劳动不止一年，一干就干了3年。

我在沈阳五三工厂四二一分厂一共工作了7年，除前面说的设计弹射弹之外，我还参与了研制美式M14机步枪弹夹的工作。当年越美战争时，越南缴获了一部分美式M14机步枪，但没有与之配套的弹夹。我们厂就专门把我抽调出来，研制这种弹夹。经过一年左右的攻关，这种弹夹就基本定型，投入了生产。后来我就从沈阳来到山西支援三线建设，离开了老厂。

我老伴也是沈阳五三厂的，她是1952年参加工作，在弹壳车间工作。她现在耳朵背，就是挑底火时崩的。她原本不干挑底火这个活儿，可当时生产线人手不够，她临时借调过来的。由于事先没有经过专门的培训，有些规矩她没有掌握，如不能戴手表、不能带钥匙等金属物，这些要求没人跟她讲，所以进车间时她戴着手表。当她插装药板的时候，就把板插响了，结果是手表崩坏了，耳朵也崩坏了。

到车鸣峪建设新工厂

60年代，党中央、毛主席决定进行三线建设。军工三线建设分两部分，一部分是小三线，就是地方军工，比如"九"字打头的；另一部分是大三线，比如"五"字打头的，山西大三线的军工企业主要集中在晋南。

我们厂的代号是九一四一，属于小三线范畴。山西军工有7个厂，一厂选址在孝义，主要生产枪，如步枪、冲锋枪等；二厂选址在中阳县的车鸣峪，也就是我们这个厂子，主要负责生产步枪、冲锋枪的子弹以及配套的弹夹、铁盒、包装箱子等部件；三厂是为这7个厂服务的，做非标工装，非标就是非标准的；四厂主要生产高射机枪，高射机枪分成两种，一种是两管的

◇ 首批支援九一四一厂职工居住的窑洞

12.7毫米的高射机枪，另一种是四管的14.5毫米的高射机枪；为四厂配套的厂子是五厂，主要生产高射机枪子弹，12.7毫米和14.5毫米口径的高射机枪弹；六厂主要生产包装箱和氧气、氢气这些辅助的材料；七厂也在孝义，生产轻机枪。当时国家在山西就布局这7个轻武器的生产企业。

当时国家给我们厂配备的干部也是很强的，我们的厂长是位老军工，他曾是辽宁三七五厂的厂长，也曾任山西省太原二四五厂的厂长、太原电业局的局长；我们厂的党委书记是太原市河西区区委书记。我们的厂长叫王华南（音），在抗美援朝时期就负责炮弹的生产，为抗美援朝做出过贡献。

我们厂按照国家的整体布局，选址在车鸣峪，又配备了强有力的领导班子，接下来就是招兵买马了。1966年3月初，王华南厂长就来到了沈阳五三厂。来到沈阳后他第一个找的人叫杨照清（音），他是五三厂的副总工程师，王厂长曾经是杨照清的直接领导。两人见面后，就开始合计调人之事。当然，调多少人，调哪些人，都是经五三厂同意的。他们根据我们厂生产线的布局和需求，研究决定第一批调9个人。这9个人分别为：一车间林曦元（音），他是老兵工，张作霖时代就在兵工厂工作，他要是活着的话，应该有101岁，但他早就走了；二车间陈彦斌（音），他是山东淄博兵工厂来的；三车间谭志远（音），他是1966年入厂的工人，通过自学已达到见习技术员的能力；四车间就是我——江德有，当时王华南不同意叫我来，杨照清说没关系，他说我是中专毕业，学的虽是压力加工，但可以改行干化工，他年轻可以边干边学，就这么样才把我确定下来；五车间是个大专生，叫吴凌州（音），从沈阳来的人当中就我俩有学历；六车间即工具车间是钱海山（音），钱海山是五三厂工具科的副科长；还有3个管理员，一个是孟宪海（音），是技术科钻车组副组长，调到这儿后任技术科的副科长。另一个就是吕天才，就是你们马上要采访的李淑文的爱人，他是当时计划科的副科长。再就是我们厂的杨总——杨照清，一共9个人。

　　我们这9个人是在3月10号确定公布的。公布以后，我们准备了一天，3月12号就从沈阳动身，坐车奔赴山西吕梁车鸣峪。当车行驶到北京时，领导决定在北京给我们放两天假，休整休整。3月15号早晨我们到了太原，在太原下车后，厂长派人把我们接到当时厂里在太原设的办事处，办事处在新民东街6号，在这里厂长接待我们。3月17号上午在山西省计委开会，人员包括厂领导、我们这9个人，还有山西省的有关领导。3月17号下午由山西省重工业厅派卡车，将我们送往目的地——中阳县车鸣峪村。据说车鸣峪是抗日根据地，在吕梁山的腹地，是个很隐蔽的地方。

　　听说原来我们厂的选址不在这里，在孝义的下马宽，古代这里是兵家必争之地。结果大家意见不统一，说必须得进山，所以才定在了车鸣峪。3月17号晚上到达孝义，18号从孝义出发就没有大路了，我们就沿着河滩走，河滩乱石杂草多，在哪地方卡着车了，我们大家就得下车去推，有时候还得拿出铁锹和镐头挖土填坑，修整路面，就这样200多里的路，我们足足走了一整天才到了车鸣峪。

　　到了以后，我们马上投入工作，勘测地形。工厂先期设计是6个车间，每个车间的负责人根据这里的地形选择各车间的建设地点，专业上讲叫扩初设计，扩初设计就是扩大初步设计。每个车间需要多大的房子，多少设备，多少非标准器具，这些都要计算出来。当时我们没有办公室，就住在老乡家里。也没有办公桌，就把大腿当桌子，在大腿上又写又算。在这样艰苦的条件下，设计了两个多月。你们还记不记得那年邢台地震？当时我们正在山上设计，突然的晃动给我们吓得够呛。

　　设计完了以后，就等着国家批准了。一个多月后，国家正式批准我们厂总投资是1005万。所以当时我们的领导豪言壮语是，要将我们的厂子建设成花果山式的工厂，山上有花有草，河里有虾有鱼，养着成群的鸭子，多么令人向往的蓝图！领导的设想很鼓舞人，我们那时候年轻，都有争强好胜的劲头，当时我们也憧憬着美好的未来，所以我们都是兴高采烈地。

在我们厂召开3次大型会议

由于正赶上特殊历史时期，工厂的建设速度受到一定的影响，直到1968年才准备生产。生产之前我们参观了几个工厂，包括甘肃平凉、河南鲁山、山东土门等地的同类工厂。1968年末正式开始生产，生产规模是一个亿（年产1亿发子弹），工厂类型是大型国有军工企业。设置了4条生产线，每条线是2300万（发），生产线以什么为标准？以装药机为标准，四台装药机就是四条生产线。有一年东南沿海态势紧张，我们就加班加点生产，一天就是30万发枪弹，达到了我们的设计规模。一天30万，一个月将近900万，一年就是一个多亿。

我们厂在搞好军工生产的同时，在走"五七道路""工业学大庆""农业学大寨"等方面都走在了同行的前面。尤其是学大寨，我们利用业余时间开荒种地，解决了职工蔬菜供应不足的问题。

当时我们厂搞得很不错，厂里领导认真负责，在全国都比较有名。为此在我们厂搞过3次全国性的大型活动。第一个大型活动是1977年12月份在我厂召开的全国火工品（火工

◇ 九一四一厂弹头二合一机床

品就是枪弹的底火）会议，会议由五机部牵头，全国生产枪弹底火的厂子基本都派人参会了。

　　第二个大型活动是1985年在我们厂召开的一次全国性石油会议。石油会议为什么在我厂开呢？这是因为我们开发了一个新产品——石油射孔弹。60年代的时候，军工产品需求少了，我们的产量就小了，生产效益明显下降，于是我们就开发新产品，其中就包括石油射孔弹。石油射孔弹就是起爆器，全名叫石油射孔无电缆射孔起爆器，当时美国有，可我们引不进来。华北油田给我们提出了这个课题，我们的党委书记找我谈话问我能不能接，我说能接。所以这项任务就落到我头上，我是这个课题的牵头人。于是厂里就派我带领一个工程师去与华北油田签协议，回来后就开始认真搞这个产品的研发，大概也就三四个月的时间，我们就把样品研发出来了。其实这个产品就是利用枪弹枪栓原理，把起爆器材装好，通过油管把它穿到井底下，比如说3000米处有10米的油层，就下10米的枪，在里头装上射孔弹，射孔弹是90

◇　九一四一厂地头文艺会演

毫米一发，相位角是90
度，四个方向都有，通
过它从顶上引孔投一个
棒，这个棒是6厘米粗、
1.6米长，把它扔下去正
好砸在起爆器引爆装置
上，引爆器通过导爆索

◇　九一四一厂山洞内加工车间

连着射孔弹，打下去以后朝四个方向射孔，射孔以后产生负压，石油就喷上
来了。因为这个产品的开发，我们获得了一个二等奖。更因为我们研制了这
个石油新产品，所以在我们厂召开了全国性的石油会议。

再一个会议就是我们厂走"五七道路"和"学大寨"学得好，在我们这
召开了一个现场会。可以说当时我们厂子搞得还是不错的，受到了行业的认
可，也受到了当地政府的好评。

荣誉面前不争，困难面前不退

因为研发石油射孔弹，我们获得了一个二等奖。按理说这个项目是我
牵头做的，署名时也理应我排第一位，但在正式署名时，我自己主动写在了
后面。这是我一贯的作风，厂里的老同志都知道，我在荣誉面前从来不争，
都是把荣誉让给他人。我也从来不给厂子找麻烦，有多大的困难我都自己克
服，退休以后也是一样。

但是在困难面前，我却从来没有后退过。刚来的时候，我们大家都不太
适应，这里是大山沟子，两座山夹一个沟，看天都得抬起头来看，与沈阳根
本没法比。当时物资也很少，每人每月一两油、一斤猪肉。细粮不够吃就得

吃粗粮，为什么现在的高粱米我坚决不吃，我宁可饿着我也不吃？因为吃伤了，吃完排不出便来，落下了便秘这个毛病。

还有就是她们娘几个刚来时，也是困难重重。刚来时人生地不熟的，粮食不够吃，钱也不够花。没钱花怎么办？我们结婚时她妈给她两个戒指，没办法我说卖了吧，卖了咱好好过日子，我们就把戒指拿到孝义的银行卖了，两个戒指你说卖多少钱？两个戒指才卖18块7毛钱。那是咬着牙也得往外卖，你不卖怎么办呢？4口人你得生活啊！不卖上哪儿借去啊？家家都这样，另外跟人家也不熟。虽然是咬着牙过日子，但我们从没有怨言。

吃菜也很艰难，我们这里无霜期不超过100天，五一时我们在山里开荒种菜，有一年我们种豆角，一连种了三次都没成功，刚长出来叶瓣，下场霜就被冻死。可那地方你自己不种菜就没有菜吃，所以不管种几次，都得坚持种下去。秋天厂子给你出车到外面拉大白菜、胡萝卜和大葱，每家每户都贮很多，得够吃一冬天的。

过去的生活与现在没法比，我们老两口现在一个月开8000多块老保，花不完地花，而且工资还是年年涨，市场上啥都有，想吃啥就买啥。但现在吃不动了，那时候是想吃没有条件，现在是有条件不想吃。

李淑文

孩子不管我叫妈

采访时间：2024年5月30日

采访地点：山西省晋中市榆次区李淑文家

采 访 人：孟庆来

摄 制 人：许雷鸣

整 理 人：胥翔译

　　李淑文，女，1935年生，辽宁沈阳人，中共党员。1952年7月在沈阳五三工厂参加工作，1969年追随爱人来到山西吕梁车鸣峪九一四一厂（现名山西新建机器厂）支援三线建设，任理化室检测员。

加班费都交了党费

我叫李淑文，今年89周岁，1952年7月9日在沈阳五三工厂参加工作，入厂第二年加入共青团（当时叫中国新民主主义青年团。——编者注），我入团的介绍人是张淑兰（音）。1954年9月15日我加入中国共产党，我入党时比较年轻，才19岁，我入党的介绍人是胡桂枝（音）。

我参加工作时正值抗美援朝时期，当时听说五三厂招工，我就第一时间报名了。为什么这样坚决报名呢？因为五三工厂是全国的模范工厂，而且是个保密工厂，是个让人羡慕的单位。

刚入厂时，我们挣的是工分，用工分再折算成现金。第一个月是110分，后来160分，再后来180分，最后挣过210分。210分以后就直接发现金了，多少钱呢？每月工资38块6。

入厂以后我被分配到弹壳车间，从事弹壳的外观检验工作。作为一名弹壳车间的外观检验员，我的职责就是检验车间生产的弹壳是否有裂口、是否有皱褶之类的瑕疵，因为当时没有现代化的检验检测设备，产品是否合格全靠人工检验。为全力支援抗美援朝，我们厂的所有员工都是加班加点地工作，有时车间主任刚让你回家，但又来了一批任务，马上就得回来继续加班。加班是加班，但加班费还是很可观的，我工资是38块6，加班费给了7块8，当时的7块8可不是小数目。我不是自我表扬，我从来也没跟外人说过，跟孩子都没说，就是我入党以后，毫不犹豫将这7块8的加班费，都交党费了。

为什么要将这么多的加班费交党费呢？是源于对党坚定的信念、对党的感恩。小时候，我家里特别穷，穷得叮当响。如果没有党领导人民打败日本帝国主义，推翻国民党统治，我们就不会过上幸福生活，更不会有我今天这么好的工作。所以说我要报答党的恩情，为抗美援朝多做贡献。

北京办展

1956年，国防工办在北京举办一个军工产品展览会，我们五三厂是参展单位之一。1956年3月初，党支部找我谈话，说北京准备办个展览会，让我去当讲解员。这件事政治性很强，资格审查相当严格，祖孙三代各个方面都得了解。我家根红苗正，贫苦出身，顺利通过审查，如愿当上讲解员。

我是1956年3月中旬去的北京，在北京一待就是三年零七个月。为啥待三年零七个月呢？因为这个展览从筹备到撤展正好是三年零七个月，我是全程参与。作为讲解员，我主要负责7.62枪弹（子弹）和高射机枪等轻武器的讲解，如产品从下料到成品的生产过程，其中要重点介绍自动化生产环节，等等。

这个展览在哪儿办的呢？在中南海瀛台，就是慈禧太后关光绪皇帝的地方。为什么在这里办呢？因为毛主席和中央领导都在中南海办公，在这里办主要是为了方便领导们参观。

在筹备展览的过程中，应该是1958年"大跃进"那年，正好是个周末，在中南海举办一个大型晚会，我们办展的这些人都有机会受邀参加。这台晚会其实主要的目的是展示北京市的十大建筑，包括北京展览馆、人民大会堂、苏联展览馆等，都是模型，让中央领导审查。

大家静静地坐在会场里等着，突然有人开始鼓掌并高喊："毛主席来了，毛主席来了！"顺着掌声，我看到毛主席和中央领导来到了会场。他们先是参观了北京市十大建筑模型，之后就与大家一起观看了文艺表演。文艺表演节目挺多，给我印象最深的是侯宝林说的相声，什么拖拉机、不拉机，逗得大家哄堂大笑；还有芭蕾舞剧《天鹅湖》，跳舞的都是小女孩儿，听说得用4年才能练成，真是台上一分钟，台下十年功。

晚会的最后一个项目是跳舞，跟我一起工作的杜晋芳（音）她年岁比我大，具体是哪个厂的我记不太清楚了，应该是哪个炮厂的。她一听说要跳舞，就急切地跟我说："小李，快去请主席！"当时我还小，有些胆怯，没有敢动地方。杜晋芳看我不动，用劲儿一推，就给我推到了舞池中，我急忙走到毛主席跟前，先给毛主席鞠个躬，然后红着脸邀请毛主席跳舞。那时候也不叫跳舞，就跟走路一样，不像现在跳舞又转圈又踩点的。所以我请毛主席跳了一曲舞，就跟陪毛主席走了一段路一样，很简单。在跳舞的过程中，毛主席跟我说："小鬼，你是哪个单位的？"毛主席说的是湖南话，但我也能听懂。我回答说："沈阳五三工厂的。"毛主席又问："你们厂生产啥呀？"我说："生产枪弹的，7.62枪弹。"毛主席说："好哇，多生产！"与毛主席就说这几句话，舞曲就停了。我给毛主席送到座位后，这给我激动的，无法用言语表达。所以我与毛主席跳舞这段佳话，我终生难忘，是最让我自豪、让我全家自豪、让我们五三厂自豪、让我们九一四一厂自豪的事情！能在中南海工作三年零七个月，是我一生的幸运！

跟随爱人一起支援三线

在国家三线建设过程中，我们五三厂作为重点援建单位，开始进行大规模的支援，调派精兵强将和机器设备分别支援了山西、河南等地区。1965年，沈阳五三厂开始成规模地包建三线工厂，要求建设3个分厂，其中就有山西九一四一厂。当时，抽调九一四一厂援建人员时没有抽我老伴，他是劳资计划科的，抽的是计划科科长，但这个同志一审没过关，给刷下来了，所以就让我老伴给顶上了，我老伴叫吕天才。

为什么我们愿意来山西呢？因为我大弟弟是山西晋安化工厂的，如果我们来山西，我大弟弟在山西就有伴了，我们彼此都有个依靠。那时候我们都年轻，都恋家，父母都在沈阳，其他的兄弟姐妹也都在沈阳，我们姐弟俩在山西，家里的父母也放心一些。

三线工厂的选址要求"分散、隐蔽、靠山"，我们九一四一厂的厂址——车鸣峪完全符合这一要求。听说从飞机上往下看，你根本猜不到这里是一座兵工厂，可见车鸣峪多么偏远和隐蔽，其实这里就是一个大山沟。1966年我带着大姑娘来这里看过她爸一回，当时大姑娘才3岁，还没有老二。来到车鸣峪，根本就没有道，全是草。他爸住在老乡家，条件非常艰苦，致使他得了腰病，常年腰痛。

看到老伴太辛苦，回去以后我就决定跟随他一起支援三线，支援山西的三线建设。1969年，在中南海当讲解员结束后，我就来到了山西。我记得很清楚，我拿着户口本，到派出所办理的户口迁移手续，当时我小姑娘1岁，

◇　九一四一厂办公楼之一

◇　九一四一厂大门一角

大姑娘6岁，还没上小学。

我到车鸣峪时这里正在建设员工宿舍，建了8趟房，都是小平房，一家挨一家的，后来又建了军官宿舍。我到这儿以后不久，就住上了宿舍，比起老伴他们先期来的人员，我幸福了不少。

孩子不管我叫妈

虽然住的条件有所改善，但吃的根本没法与沈阳相比。说实在的，当时政府对咱们军工企业还是有政策照顾的，供应粮中白面能占30%，比起地方的供应标准，那是高得很多。但粮食还是不够吃，没办法我们就去老乡家或市场上去买粮，小米1毛4一斤，苞米面9分钱一斤。那时候根本没有青菜，一到冬天，后勤统一组织拉大白菜。拉回来后，大家排成大长队去买白菜。当时每一家都挖一个大菜窖，把买回来的大白菜都放入菜窖中储藏，从入冬开始能吃到第二年五六月份，吃大半年的时间。后来，厂里开始组织人员开荒种土豆，各家各户在房前屋后也种些豆角什么的，逐渐开始有了些青菜。当时鸡蛋也买不到，后来自己家开始养了几只鸡，能吃上鸡蛋了。我家的鸡是用进山费买的，当时山沟里冷，厂里每人给6块钱的进山费。鸡也挺好养，全靠大自然喂养，清早打开鸡

◇ 九一四一厂艰苦创业时期生产培训

笼，它们就自己上山找食吃，山上的草叶、草籽、昆虫都是天然的鸡饲料。晚上用个小木棍敲铁盒子，鸡听到敲击声，就从山上飞回自己的家。说起来也挺奇怪，每家的鸡都能找到自己的家，没有飞错地方的。当时真是自己动手，丰衣足食，虽然苦点，但很充实，一天一天的可高兴了。

在车鸣峪时，我家里有两口大缸，存水用的。当时吃水没有自来水，全靠自己到河沟里去挑水。我家都是老伴去挑，一根大扁担挑两水桶水，如果想把缸装满了，得挑好几回。可他一出差，我就挑不动了，那时候我身体不如现在，手和脚老抽筋，现在才明白那是缺营养、缺钙，可当时不知道，两只手都张不开。所以我家准备了两口大缸，老伴出差前，把两口大缸都装满水，以供我们娘几个用水。取水不易，我们用水就得仔细，淘米水洗菜，洗完菜再端到院里浇菜地。洗脸水也不倒，放在水盆中留着洗手。

生活上的艰苦我们都能克服，但带孩子这事确实不好解决。那时候小姑娘才1岁，大姑娘不到6岁，靠谁带？大的给她留点儿饭让邻居家给热一下能够解决，小的呢？我还要上班，当时厂里要求很严。

有一次，听说我们厂要招工，我小弟来了，但到这儿一看，坚决不到这里上班，怎么劝说都不成。看到我这样情况，我小弟心疼我，上山给我打了好几捆柴火，还从大深沟里弄回了几个大树枝，好让我烧火做饭方便些。可我连大米饭土豆丝都没给我小弟吃上。那时候大米少哇，我妈每年从沈阳给我们家邮4斤大米，4斤大米分成两个包装，2斤一包，邮寄时分别写上我的名字和她爸的名字，像是分别给我们俩邮的。一年就这4斤大米，只有过年时才能吃顿大米饭，因为当地供应的粮食主要是面粉和高粱米，山西这里没有大米。

我爹妈知道我这边的情况后，就让我小弟把我小姑娘带回沈阳，由他们给带。说实在的，当时虽然不舍，但也没有别的办法，所以我是同意的。可当我小弟把孩子领上车，车开走的那一瞬间，我坐在地上哇哇大哭，大喊：

"快把孩子给我抱回来！快把我小姑娘抱回来！"车开走了，我晕了过去。

我这小姑娘在沈阳待了3年，都是我爹妈侍候的。回来后不管我叫妈，像不认识我一样，她爸对她说你不叫妈就不给你饭吃。硬逼着跟我叫的妈。不光我家孩子是这样，听说别人家送走的孩子回来也是这样，不管父母叫爹妈。

晚年生活很幸福

我在九一四一厂从事的工作与在沈阳五三厂差不多，刚进厂时在技术科，一年以后到了理化室，主要是对进厂的原材料进行理化分析与检测，原材料合格了才能进行生产。我们厂子的理化室建在车鸣峪的一个山坡上，有时候晚上就我一个人值班。一个人值班时确实挺害怕，因为山上有狼，时常能听到狼的嚎叫。有时候我爱人能去陪陪我，能给我壮壮胆。当时推广统筹法，所以我的工作效率是很高的，各项分析同时进行，不是干完这个再干那个。

在理化室时，我还去河南安阳分厂工作一段时间。在那里也挺苦，全国三线的企业都一样，没有好坏之分。

因为挣得少，所以我们很少回沈阳，沈阳的家人也都理解我们，我爹妈常说这点工资都捐给铁道部了。那年孩子的爷爷没了，家里人也没告诉我们，后来过了很久才知道的，所以老伴很内疚，但他一点儿也没埋怨他的兄弟姐妹，独自把对父母的愧疚埋在心里。后来我们退休了，他大哥得了重病，我们俩陪护了半年多的时间，算是对亲人尽了点孝心。

因为挣得少，开完工资第一件事是到粮店买粮食，买完粮食后才能考虑干其他的事情。当时供应粮质量都不好，面粉没有白色的，所以不能称为白面。虽然质量不好，但也没钱买议价粮，当时能吃饱就知足了。

1991年工厂搬迁，从车鸣峪搬到了榆次，当时我已经退休了。从1969年来这里到1991年搬迁，在车鸣峪一待就是20多年。从1991年下山来到榆次，在这里又待了20多年，所以说从沈阳到山西一共有50多年，快到60年了。

现在我很幸福，很知足。我现在退休金能拿5000多，我时常跟孩子们说，当年开完工资去买面买油，两个人的工资都没剩下多少，现在拿出1000块钱买面，能推回来一平车，不止10面袋，够吃一年的了。与我小时候一对比，那真是一个天上一个地下，差距太悬殊。以前过年才能吃顿饺子，现在想吃天天能吃。在五三厂时，厂里发了2斤半的黄豆，炒豆时掉了一粒，我都得转圈找，非找到不可。那时我跟老伴都很瘦，我才80多斤。我把炒好的豆装在小瓶里，让她爸出差时带着，因为当时营养不良，他出现了浮肿现象。现在这些小孩儿，像从糖罐里泡出来似的，吃的穿的都是名牌，我都不懂。还有我的两个女儿，她们住的都是大房子。

所以我的幸福感是不能用语言来表达的，感觉就是甜就是美！但话又要说回来，吃水不忘挖井人，我有今天的幸福生活，我要感谢党，感谢党对我的培养，感谢党的好政策，感谢党给我们创造这样美好舒适的环境！

杨承刚

挥洒青春热血
建设长电厂

采访时间：2024年1月11日

采访地点：辽宁省盘锦市档案馆

采 访 人：李思慧

摄 制 人：杨　帆

整 理 人：张琳琳

　　杨承刚，男，1948年生，辽宁新民人，中共党员。沈阳电工厂技校毕业后分配到沈阳电工铸造厂，1972年9月参加三线建设来到陕西咸阳，曾任咸阳长城电工机械厂铸造车间主任。

木棒滚绳子拽搬运距离5里地

　　我叫杨承刚，1948年生人，籍贯是辽宁新民，现在叫新民市。以前沈阳电工厂有个技校，就是中专，我从那毕业之后就被分配到了沈阳电工铸造厂。沈阳电工铸造厂原来归东电公司管，但是一机部也管，1969年10月，一机部下文要求沈阳电工铸造厂支援三线建设去陕西咸阳建设长城电工机械厂。

　　第一批建厂工人是从沈阳电工铸造厂、沈阳电工机械厂和沈阳维修齿轮厂选拔的60名业务骨干，但是数量远远不够，搞基建需要大量的人力。后来又从当地招收了一批知识青年，另外，1970年有80个大学生毕业到厂里来了。就是这些人做的前期工作，从基建到设备，在1972年以前整个厂子基本上建设完成了，这个速度是相当快的了。建厂时提出了"备战备荒""三线建设不好，毛主席不放心"的口号，用那时候的话来讲，主席睡不好觉，那咱们必须得加班干，没黑天没白天地抢速度。

　　咸阳长城电工机械厂在什么位置呢？在现在的地图上叫姚家店，地下就是秦始皇修建的老咸阳城的街道，厂子后边靠着塬，前面是一片麦地。我听同志们讲，刚建厂的时候是很艰难的，小的设备用解放牌大汽车拉到厂里，大的设备机身又大又长汽车装不下，就需要用滚杠从火车站一点儿一点儿往厂里滚；长岭车站距离长城电工机械厂有5里地，相当于2.5公里，就一根木头一根木头地往前倒，大家伙拉着绳子往回拽。

　　另外一个，不像在城市，城市有自来水，这厂得自己打井抽地下水，工业用水是这个，所有工人和家属喝的水也是这个，所以不免就有问题了，我们的孩子牙都黄，因为水质含汞高。现在我女儿和儿子满口牙是黄加黑，大人去了没有这种反应，但是小孩儿只要从那长大的，牙就没看见几个白的。

到了1970年的下半年，有些设备已经进厂了，一些有经验的老工人也过去了，就开始带徒弟，慢慢地就形成一点儿生产能力了。然后从1972年就开始调人，我们建厂的打法和别的厂不一样，别的厂是人、设备一起往里进，我们不是，我们先把基建都搞好，技术工人再过去。因为过去的人都是技术含量高的，早过去没有用，而且耽误老厂的生产。

我给你举个例子，你就可以想象我们调的技术力量是什么样的：中铁厂一共去了20多个人，八级工就有5个，而全厂也没有几个八级工。还有全国劳动模范吴庆吉（音），那是毛主席接见过的，把他都调去了，你说电工机械厂对这个事重视到什么程度吧！二级工、三级工很少，最次的也得三级工以上，技术能力特别强才能往那儿调。

父母事先不知道我上三线

我是1972年9月份去三线的。我为什么去三线？当时偶然一次机会，电工厂的书记来沈阳了，我去看他们。他们问我说："承刚啊，你上三线去不？"我说："你能看中我吗？我这才毕业几年。"他说："没问题，你申请我们就批。"我回来一琢磨，上三线是好事，支持国家建设。我父母也都下乡了，沈阳就剩一个哥哥和妹妹，我说我也走，所以就报名了，报名就批了。像我这个岁数上三线是最小的，还有一个跟我差一岁，我记着我们俩是最小的，一个18岁，一个19岁，其他没有我们这个岁数的，沈阳电工厂调去的都比我们大。我决定去三线了，就跑父母下乡的地方看他们一眼，他们事先都不知道，我说我要走了上三线。我父亲当兵出身，心胸比较开阔，他

◇ 沈阳欢送三线人员合影（1972年8月7日）

说："你去吧，你想到西北去就去吧，锻炼锻炼。"

我们是9月份出发的，每个人三个包装箱子，厂里面给打包装箱，带的东西都在那里头，然后用火车运过去。我们坐的是下午的车，都说故土难离，真是那样，一上火车，我年纪小没有那种感觉，岁数大的人就不行了，虽然没哭出声来，但眼泪却吧嗒吧嗒掉，因为当时送站的人很多，稍微憋不住自己就开号了。就这种状态，火车走了一个多小时才缓过来，因为要去的那个地方到底啥样大家都不知道。火车开了很久，早上7点多钟到的咸阳，当时咸阳就跟东北的县城差不太多，特别小。出了车站一拐弯没有10分钟出了咸阳市区，就是大野地了。到了厂子，两边全都是麦地，再往远瞅就是塬了。啥叫塬？塬就是黄土高坡。走到头一边就是泾河，另一边就是渭河。

这一路也说不出来是啥心情，都没见过这厂到底什么样。其实说起来比第一批去的人还算幸福得多了，到了厂区门口还有小学生敲锣打鼓地欢迎咱们，路口一拐弯的对面就是男独身居民楼，旁边是女独身居民楼，然后再往前面走就到厂区，就这么个地方！你看着几栋楼稍微心情还好转点儿，原来想象这里一定是小平房，没想到楼盖得那么快，等一住下来了慢慢缓解缓解，大家心情都不像原来那个样子了。

我到了之后，厂里安排我负责接待，就是负责到火车站去接人，把老厂来人的东西运回来。为什么选我？因为我原来是电工厂技校的，老厂的人都认识我；这边电工机械厂就更不用说了，更认得我了。所以我就干这个工作，整整干了一年多。

刚开始的时候这里没有暖气，就是小炉子弄点儿炭火，大被捂着腿坐在炕上，但四下冒风。由于东北人习惯坐火炕烧炉子，所以大家还比较适应，但必须得上5里地外的长岭车站去拉煤买劈柴。随着到厂的人越来越多，厂里开始建煤厂，最后这个问题厂里给解决了。

再晚来一个星期，孩子眼睛肯定瞎

这里看病难。我们厂里有几个厂医，是沈阳电工机械厂医院去的，大家也都找他们去看病，但由于水平有限，有的孩子生大病了，就得去咸阳、西安看病。我女儿生病的事我一生都忘不了。

1980年，我带儿子回家看父母，女儿在家就上火了，起疱疹。我回家之后看孩子眼睛老淌眼泪，到厂医院去看，说治不了。后来就跑到咸阳医院，也没看出名堂来。最后我一看这种情况决定上西安，到西安之后确诊是疱疹，但是没有药，没办法我就回来了。回来我一看这种情况不行啊，再耽误孩子眼睛就该瞎了，当天晚上我就连夜买火车票奔北京去了。北京那时候挂号不好挂，我就拿长城电工机械厂介绍信去挂号，前面没写咸阳，工作人员说长城电机厂，你是长城边上的厂子啊？我说对，就给我挂上号了。挂上号我就去看了，医生说我给你开副药，你回家去用，如果两个星期还是不见效，那就没办法了。我又到处求人，最后找到同仁医院的一个老大夫，她说你要是再晚来一个星期，这孩子眼睛肯定瞎。她开始给孩子治疗，往孩子眼睛里打针。那老太太真是绝手，打了4针，治了一个月，眼睛治好了。所以我说我女儿眼睛没瞎，是那老太太的功劳，也是我最大的幸福。你说如果孩子眼睛瞎了，我将来怎么跟她交代？我女儿这件事，应该说是我一辈子忘不了的事，毕竟把孩子眼睛治好了。你就说当时那个医疗条件，那个环境，看个病实在太难了。

这里买东西难，大家想买点儿东西也得要先坐一个多小时火车，再坐一个多小时的汽车。大冬天就坐大敞篷车，呼呼呼地往西安去，而且我们厂还有个情况，西安的职工特别多，他们也经常往返西安和咸阳。后来厂子里边就用大客、敞篷车作为通勤车往返西安，一个星期一次，早上起来送去，晚上接回来。

咸阳的夏天太热，热到什么程度呢？热到睡不着。一宿只睡2个小时的觉，而且一点儿风都没有，越没风越热。3点钟你都没睡着觉，4点钟刚眯着了，一会儿就听到起床号。我们厂实行军事化管理，早上起床要吹起床号，6点钟准时吹，你说能睡多长时间？起床号吹了你就得起来，就得做饭上班。所以那个热劲儿对东北人来说是很难熬的，躺下来就是一身汗，起来的时候席子上全都是水。那几年简直是暴热，热得不可想象。

咱东北人爱吃米，到那儿没有米吃。有的人吃面吃习惯了还行，没吃习惯的烧心啊，天天烧心。后来大家就想了个办法，到厂子对面的西安草滩农场去换大米，那地方种水稻，大家就纷纷拿面去换大米，但得过河，路途也很远，因为过河换米这事还淹死过一个人呢。一开始吃面烧心挺难受，但是后来时间长了，大家也就慢慢习惯了。

还有就是我们与当地人的关系也不是很融洽。当初我们建厂时征用了当地百姓的麦地，当时是该怎么补偿就怎么补偿了，可个别农民给你捣蛋，到厂子里拉沙子。我们制止他们时跟他们讲："这是三线厂，是国家的。"他们还诡辩说："我也是国家的，为啥不让我拉？"就因为这个事，我们厂还联系了当地的派出所和当地政府，三家共同做工作，才制止了当地农民的不法行为。所以说，跟当地百姓的关系也要处理好，不然会影响生产与工作。

工作忙环境苦支援三线永不悔

来到咸阳长城电工机械厂后，我先在厂里的职校工作了几年，厂里的职校是以工宣队名义办的。1976年我被安排到了铸造车间，在铸造车间工作到1983年。铸造车间的环境可想而知，高炉的高温，铁水的热浪，加之天气炎热，我们在车间里真是受不了。1980年，我被提升为车间主任，当上领导，一个星期基本上没休息，铸造两天一炉，第三天打浆，人家打浆的话你不得去吗？有什么问题你要负责任的。那时候工人有代休票，对于我们不起啥作用，因为我们基本不休息。就只有西安的小年轻人老记挂着西安，他们在那儿也不甘心，在西安市多好啊，所以长电厂一开始费老大劲，才把这帮人心拢过来。那个地方带起来也很不容易，把人拢到一起，热火朝天地跟着你们干，老工人我觉得是没问题的，年轻人可能是因为他们离家也近，有些大城市来的，肯定都不喜欢，像我从沈阳到那儿去我们也是一样。我在锻造车间的时候，车间是先进车间。生产上，过去计划经济，后来就走到市场经济，到社会去揽活儿，大家也没有什么怨言，反正你叫我干我就干，老工人还是比较听话的，后来年轻人也很好。

无论你到哪儿去，人家叫你做这个工作，你第一个原则要给人做好，第二个不要挑肥拣瘦。我在铸造厂当干部的时候，我有时候有奖金，有时候还没奖金呢。当时奖金是二、四、六，一线工人拿六，二线工人拿四，管理人员拿二，挣钱多了少了根本就不合计。1980年，我在西安买台电视，200块钱的黑白电视，还得扣几个月，自己拿40块钱，剩下每月给你扣多少。那时候才挣多少钱，38块5。我去的时候就是38块5，工资就是那么多，够花就行了。那时候人都那样，你当干部你更没办法，铸造车间不像别的车间，工人干活儿我们就得跟着干，锻大钢你得锻，倒铁水你得倒，混砂的时候没人你得去干，只有混砂干起来了，这个车间才能转起来。当这几年车间主任真是给我累垮了，机械行业里面翻砂是最差的工作，又脏又累。但是，无论多辛苦，都得好好干活儿，到啥时候这个都是主要的。到哪儿都要干工作的，你不干工作不行，对吧？在工厂里头你不干工作能行吗？你一个车间主任，得把车间这帮人弄明白了，才能完成上级交给的任务。这就是我的主要思想，反正我一辈子就这样，一直到退休。现在也好了，以前没事干我还闹心。

上三线虽然苦，但是我一辈子都没后悔过！为啥我就这么说呢？我发那个帖子2000多人去看。那些人都是谁啊？多数都是厂职工子弟，他们对长电厂那种留恋之情真是没法说，感情就是深。你想，就像部队那样，部队是大伙到食堂吃饭，我们是在自己家吃饭。但是工作、生活都在大院里，所以感情就特别深。厂子就是一个小社会，医院要有，学校要有。我也在学校待过，一开始就几个孩子，一二三四五六年级凑一起，开一个班，后来慢慢地有了初中部分，包括高中部分，我在那儿还送走过一批学生呢。我们在那儿干啥啊？就是帮助学校进行管理，另外也教书，我负责教制图。看电影就是在院里大广场，星期六有时候演个电影，一人搬个凳子去看电影，一点儿不假。

长电厂原来是归一机部管，后来归省机械局管，1984年一机部要撤销了，就由西电公司接管。那时候咱的书记没少往西电公司跑，实际上西电公司几乎也都是沈阳去的，所以后来他们接收了，慢慢这个厂最后延续到现在。我说实在的，我真感到不是滋味，因为厂子黄了。1985年的时候，我家里老爹年纪也大了，我有想回家的意思了。正好那时候盘锦市刚建市，辽河化肥厂要我，我就回来了。

辽宁支援三线建设亲历者口述史料采集情况统计表

（数据截至 2024 年 10 月底）

受访地区	受访者姓名（按姓名拼音顺序）	受访人数
四川	陈厚生、付卫国、高文忠、谷凤宝、何立德、黄明安、李振声、齐仲义、王成良、王大宝、王振亚、徐永万、薛启奎	13
贵州	毕以华、樊雅玲、范学斌、高维江、谷方琪、谷庭佑、郭静瑜、郭仲春、胡德源、黄震泽、姜正甲、冷运琴、李世平、李万芝、林桂梅、刘庆琭、刘绍霖、刘英霞、马贵福、彭海泉、史子和、孙安盛、孙桂芬、孙玉春、谭桂英、唐洪茂、田迪熬、田福庭、佟德凯、佟玉芳、王初开、王聪河、王国昌、王兰英、王淑英、王晓华、王晓萍、王　新、王新利、王学彭、王允恒、王振刚、吴尧森、吴玉兰、徐春刚、徐瑶林、杨宝贵、杨广文、杨　雷、姚年华、余洪举、余　英、张淑清、赵庆山	54
甘肃	安凤玲、包素荣、陈国政、陈振忠、邓常伦、窦洪英、杜志义、段永康、范久安、范明伟、付桂云、高连厚、关庆玉、管永泉、郭天林、国春丽、国占海、韩玉友、何恩生、胡兆龙、黄玉珍、贾复兴、江天籁、姜建本、姜　彤、姜秀贞、李文生、李小虎、李心科、李有平、李元珍、刘　宝、刘甫林、刘海峰、刘学家、刘志春、孟庆云、孟庆志、孟祥忠、苗延广、欧惠芳、潘素琴、彭道东、齐庆吉、任　伟、史凤鸣、宋凤宝、宋维型、孙秀兰、汤义盛、唐梦奇、滕学军、王和平、王美华、王明义、王喜泉、王永明、魏本茂、吴国有、吴素雯、谢在发、徐诚愿、徐义和、许世斌、郇云霞、闫芝琴、杨宝贵、杨万仓、杨长生、张保元、张明达、张明玉、张醒威、张玉阁、张　之、赵桂兰、赵维贵、周文江	78
宁夏	冯贵贤、高登州、景清学、康玉顺、李宗光、乔长仁、邱连昌、王宝珠、肖德民、修惠仁、徐　杰、徐孟先、于凌田、张淑玉、赵建军	15
青海	曹玉民、杜连顺、范世成、冯　武、付志钢、高志全、李凤奎、刘大康、刘永林、刘玉启、马云凤、马志堂、秦振辉、曲兆俊、任雪钢、王淑敏、吴安义、吴德全、赵尚元、朱世喜	20

（续表）

受访地区	受访者姓名（按姓名拼音顺序）	受访人数
湖北	苍惠久、陈淑先、付淑舫、江淑贤、黄素兰、姜福玉、姜丽艳、李淑环、林风成、刘济胜、罗秋林、梅建跃、王传贤、吴　靖、辛保森、于喜凤、张开国、张玉东、赵吉武、郑祥基	20
湖南	陈景芳、陈连元、陈良阁、陈卓玲、陈祖金、丛树英、董桂云、段绪武、方淑珍、冯庆文、高楚湘、高德全、高景铭、韩丽娟、纪秀兰、景玉凤、李绍唐、李淑荣、李永顺、李忠政、刘学林、柳青夷、鲁宏良、马跃堂、沈桂芝、孙素兰、孙　颖、王　东、王金生、王秀英、伍少林、夏绍矿、徐　涛、杨景明、尹学达、曾令虎、张景桃、赵茂成、赵素彦、支明寿、周玉才、朱湘江	42
河南	陈贺年、程　梅、程　中、代良佩、单国栋、单吉凤、都书杰、郭青山、郭志俊、侯　军、胡云飞、姜淑华、老洪成、李炳镇、李广贤、李经纬、李景荣、李淑琴、李相臣、刘阿男、龙中和、乔世森、秦显生、任祥启、史兴记、宋海水、田绍勇、汪素卿、王　冲、王明友、王　鹏、王瑞林、王淑媛、吴永强、武仲元、徐继文、徐执忠、闫希东、杨登武、杨体存、杨玉琴、张企祥、张荣庆、张炜东、张玉琴、张志华、郑洪珍、郑玉本、郑治泰、周祖荫	50
山西	毕长庚、程云超、褚国栋、冯宝军、冯华民、付占元、盖　鑫、宫恩田、郭新铎、江德有、金玉坤、李淑文、刘金山、鲁成有、马成山、马华青、谭韶黎、王俊芝、袁桂荣、袁玉华、张连昌、李会帼	22
重庆	艾福来、安红东、安振久、鲍柱祥、曹　卫、车显平、陈恩禄、陈　刚、陈　霞、陈晓琳、单卿云、董建华、冯桂兰、傅兴江、甘福瑞、高成宝、郭代仪、郭庆弟、何民权、贺广瑷、黄万平、金　霞、李荣祥、刘香琴、马春田、孟令石、邱　斌、宋冬云、宋向东、宋彦红、宋彦伶、宋哲民、汤庆吉、唐　汉、田玉贤、佟玉琴、王景龙、吴红宇、吴逸横、肖素珍、袁洪江、张　华、赵贵栋、赵维利、周清玉、朱雅杰	46
返辽人员	陈广文、顾国民、韩　梅、韩　祥、贺福昌、华北荒、姜　荣、李志强、栗德绵、刘绍宝、吕　刚、吕宪功、邵立权、孙彦捷、汪惠余、王大奎、王泮久、王秀林、许守良、杨承刚、杨维民、于润山、曾　彦、张德东、张齐厚、赵晓东、朱德山、朱桂芝	28
共计		388

1964—1970 年辽宁省部分厂矿迁往大三线情况表

序号	辽宁单位	援建地区	援建单位	援建性质	援建时间	援建设备	援建人数	
							职工	家属
1	沈阳第三机床厂	湖北	第二汽车厂	技术支援	1970年		28	1
		河南陕县	豫西机床厂	一分为二	1970年12月	180台	446	58
2	沈阳鼓风机厂	陕西临潼	陕西鼓风机厂	包建	1968年—1970年	16台	167	750
3	中捷人民友谊厂	宁夏中卫	大河机床厂	全迁	1965年	232台	620	1556
		宁夏银川	长城机床铸造厂	一分为二	1970年		184	524
		宁夏中卫	大河机床厂	技术支援	1970年		105	92
		湖北	第二汽车厂	技术支援	1970年		34	
4	沈阳重型机器厂	四川	第二重型机械厂	技术支援	1965年		250	1200
		四川	第二重型机械厂	技术支援	1966年		178	300
		河南	洛阳矿山机器厂	技术支援	1970年		7	35
		陕西	陕西压延设备厂	技术支援	1970年	17台	500	2000
5	沈阳水泵厂	湖北	第二汽车厂	技术支援	1969年		30	120

（续表）

序号	辽宁单位	援建地区	援建单位	援建性质	援建时间	援建设备	援建人数	
							职工	家属
5	沈阳水泵厂	贵州贵阳	贵州轻工机械厂	技术支援	1970年		20	66
6	沈阳铸造厂	陕西	陕西鼓风机厂	技术支援	1969年	22台	33	152
		湖北	第二汽车厂	技术支援	1969年		20	80
		陕西	富平设备压延厂	技术支援	1967年		113	520
		贵州贵阳	贵阳轻工机械厂	技术支援	1969年		2	
7	沈阳电工铸铁厂	甘肃	天水长城控制器厂	技术支援	1970年		11	64
		湖北	襄樊蓄电池厂		1970年	7台	8	14
8	沈阳矿山机器厂	甘肃兰州	兰州石油机械厂	技术支援	1965年		60	54
		湖北	第二汽车厂	技术支援	1970年		70	15
9	沈阳电工机械厂	安徽黄山		技术支援	1970年		3	
		湖北	第二汽车厂	技术支援	1970年		18	32
		陕西	咸阳长城电工机械厂	全迁	1970年	66台	102	239
10	沈阳变压器厂	四川	东风电机厂	技术支援	1970年		92	328
		湖北	郧阳红卫厂	技术支援	1970年		12	

（续表）

序号	辽宁单位	援建地区	援建单位	援建性质	援建时间	援建设备	援建人数 职工	援建人数 家属
10	沈阳变压器厂	贵州	贵阳电气总厂	技术支援	1964年		4	4
11	沈阳高中压阀门厂	甘肃兰州		一分为二	1966年7月	75台	300	900
12	沈阳低压开关厂	甘肃	天水长城控制器厂	包建	1966年—1970年	129台	483	1663
		河南鹤壁	鹤壁电器厂	包建	1970年		100	
13	沈阳电缆厂	陕西西安	西安电缆厂	全迁	1965年	202台	400	1450
		湖北	第二汽车厂	技术支援	1969年—1970年		66	180
14	沈阳气压机厂	四川重庆	桦中机械厂	分迁	1965年	68台	283	900
		甘肃兰州	石油机械厂	技术支援	1965年		43	130
		四川	简阳气压机厂	分迁	1970年		77	117
15	沈阳风动工具厂	山西	液压件厂（榆次）	技术支援	1964年		220	
		甘肃天水	风动工具厂	一分为二	1966年—1968年	167台	812	
		湖北	第二汽车厂	技术支援	1970年		32	
16	沈阳纺织机械厂	甘肃白银	白银钢丝织布厂	技术支援	1965年		3	12
		湖南邵阳	邵阳一纺织机械厂	技术支援	1965年		3	13

（续表）

序号	辽宁单位	援建地区	援建单位	援建性质	援建时间	援建设备	援建人数	
							职工	家属
16	沈阳纺织机械厂	湖南邵阳	邵阳一纺织机械厂	技术支援	1966年		14	51
		湖南邵阳	邵阳一纺织机械厂	技术支援	1970年		8	17
		陕西咸阳	咸阳纺织机械厂	技术支援	1967年		8	25
		贵州贵阳	贵阳轻工业机械厂	技术支援	1970年		6	18
		湖北宜昌	宜昌纺织机械厂	全迁	1970年	41台	230	821
		湖南常德	常德纺织机械厂	技术支援	1967年		11	45
17	沈阳水泥机械修配厂	陕西西安	西安建材机械修配厂	技术支援	1966年		96	314
		陕西西安	西安建材机械修配厂	技术支援	1969年		18	72
18	沈阳石棉水泥制品厂	云南昆明	昆明石棉厂	全迁	1966年	1台	29	135
		山西太原	太原石棉厂	技术支援	1967年		3	12
19	沈阳玻璃厂	甘肃兰州	兰州玻璃厂	技术支援	1966年		22	75
20	沈阳冶炼厂	四川	七三九厂	全迁	1967年	100台	152	596
21	沈阳冶金选矿剂厂	甘肃白银	甘肃白银选矿剂厂	技术支援	1964年		7	14
		湖南株洲	株洲选矿剂厂	技术支援	1968年		12	26

（续表）

序号	辽宁单位	援建地区	援建单位	援建性质	援建时间	援建设备	援建人数	
							职工	家属
22	沈阳煤矿	四川渡口		技术支援	1965年		30	40
23	六一五厂	四川		全迁	1969年	120台	87	
		四川		技术支援	1966年		50	168
		四川		技术支援	1968年		17	
24	沈阳橡胶机械厂	山西太原	太原新华化工厂	技术支援	1966年		59	172
		湖南益阳	益阳橡胶机械厂	一分为二	1970年	58台	157	471
		广西桂林	桂林橡胶机械厂	一分为二	1970年	32台	200	897
25	沈阳橡胶三厂	宁夏银川	银川橡胶厂	一分为二	1965年	15台	85	120
		广西桂林	桂林轮胎厂	一分为二	1970年			
26	东北制药总厂	青海西宁		全迁	1970年	38台	9	10
27	八一四厂	甘肃兰州	八八四厂	技术支援	1965年		22	84
		甘肃兰州	八八四厂	技术支援	1966年—1970年	2台	238	936
		陕西宝鸡	九〇二厂	技术支援	1965年		43	172
		四川	长城钢厂	技术支援	1966年		4	16

（续表）

序号	辽宁单位	援建地区	援建单位	援建性质	援建时间	援建设备	援建人数	
							职工	家属
28	沈阳桥梁厂	陕西宝鸡		全迁	1966年	136台	745	2066
29	沈阳信号厂	陕西西安	西安信号厂	全迁	1965年	78台	285	1120
30	沈阳机车车辆厂	贵州贵阳	贵阳机车车辆厂	一分为二	1971年	472台		
31	沈阳市电动工具厂	青海	青海电动工具厂	一分为二	1966年	45台	155	1095
32	沈阳市空压机厂	陕西咸阳	咸阳空压机厂	一分为二	1969年	44台	128	500
33	沈阳市二一三机床开关厂	甘肃天水	天水开关厂	包建	1970年	20台		
34	沈阳市钻夹头厂	陕西西安		一分为二	1970年	20台	30	
35	沈阳汽车制造厂	湖北	第二汽车厂	技术支援	1970年		122	42
36	沈阳医疗器械厂	陕西	三园医疗器械厂	技术支援	1970年	23台	139	580
37	沈阳化工厂	青海西宁	西宁黎明化工厂	技术支援	1965年		119	464
		青海西宁	西宁光明化工厂	技术支援	1966年		46	460
		甘肃兰州	兰州橡胶厂	技术支援	1965年		48	192
		甘肃兰州	兰州有机厂	技术支援	1965年		37	148

（续表）

序号	辽宁单位	援建地区	援建单位	援建性质	援建时间	援建设备	援建人数	
							职工	家属
37	沈阳化工厂	甘肃兰州	兰州油漆厂	技术支援	1965年		10	40
		湖南	湖南造纸厂	技术支援	1967年		23	
		湖南	湖南农药厂	技术支援	1969年		8	
38	沈阳冶金修造厂	四川	江油某厂	技术支援	1964年		25	100
		陕西宝鸡	九〇二厂	技术支援	1968年		30	150
		甘肃	陇西某厂	技术支援	1970年		300	1000
39	一一一厂	贵州		技术支援	1968年		36	82
		陕西		技术支援	1970年		120	
		湖北		技术支援	1970年		119	
		四川		技术支援	1970年		112	
40	一一九厂	贵州		技术支援	1970年		675	2400
		湖北		技术支援	1971年	10台	119	15
41	三二一厂	安徽	九四二厂	全迁	1965年	32台	115	470
		内蒙古	九五四厂	技术支援	1965年		52	210

（续表）

序号	辽宁单位	援建地区	援建单位	援建性质	援建时间	援建设备	援建人数	
							职工	家属
41	三二一厂	河南	九四八厂	技术支援	1966年		2	9
		湖北	九四九厂	技术支援	1966年		2	10
		湖北	九四九厂	技术支援	1967年		3	15
		山西	九一四一厂	全迁	1967年	84台	158	650
		河南	九六四一厂	全迁	1967年	84台	5	20
		山西	九一四一厂	技术支援	1969年		145	600
		河南	九六四一厂	技术支援	1969年		254	1080
		内蒙古	九五四厂	技术支援	1969年		3	12
		各省			1964—1970年		364	1400
42	七二四厂	四川			1966年	396台	462	420
43	一一七厂	贵州贵阳	一〇八厂	分迁	1969年	36台	322	700
		河南洛阳	一五八厂	分迁	1970年		98	
44	一三九厂	湖北		包建	1969年—1972年		160	
45	四一〇厂	贵州	〇一一办事处	包建	1966年—1969年		3260	9030

（续表）

序号	辽宁单位	援建地区	援建单位	援建性质	援建时间	援建设备	援建人数 职工	援建人数 家属
46	一一二厂	陕西	四三〇厂	技术支援	1964年		12	48
		陕西	一七二厂	技术支援	1966年		48	192
		青海	二机部某厂	技术支援	1966年		6	24
		四川		技术支援	1966年		27	20
		贵州	〇一一办事处	包建	1966年—1970年	211台	1727	3456
47	沈阳高压开关厂	四川	东风电机厂		1970年		200	
		湖北	第二汽车厂		1970年		30	
		湖南			1970年	100台	700	
48	大连电机厂	陕西西安		全迁	1965年	204台	310	240
		湖北		技术支援	1970年		50	
49	大连医学院	湖北遵义		全迁	1969年		791	1416
50	五七〇六厂	湖北遵义		技术支援	1966年		220	
		湖北当阳		全迁	1969年		574	
		湖北遵义		技术支援	1970年		98	

（续表）

序号	辽宁单位	援建地区	援建单位	援建性质	援建时间	援建设备	援建人数 职工	家属
50	五七〇六厂	四川成都		技术支援	1970年		5	
51	大连轻工机械厂	陕西西安		技术支援	1970年		129	
52	五二三厂	四川		一分为二	1965年—1968年		174	
		陕西西安		一分为二	1970年	14台	428	
53	大连机车厂	贵州贵阳			1964年		305	
		陕西西安			1965年	66台	535	
		山西大同		一分为二	1964年—1969年		265	
		陕西宝鸡		一分为二	1964年—1969年			
		四川		支援	1970年		100	
54	旅大仪表厂	宁夏银川		一分为二	1965年	90台	318	
55	大连钢厂	贵州贵阳		一分为二	1964年	22台	170	
		陕西西安		一分为二	1965年		1504	
56	大连石油七厂	四川		技术支援	1970年		73	180
57	瓦房店轴承厂	宁夏	西北轴承厂	一分为二	1965年—1970年	87台	669	

（续表）

序号	辽宁单位	援建地区	援建单位	援建性质	援建时间	援建设备	援建人数	
							职工	家属
58	大连铲车厂	四川		一分为二	1964年		291	
59	大连起重机厂	甘肃兰州		一分为二	1965年—1970年	87台	348	1200
60	大连一建	陕西		全迁	1965年	227台	1212	
61	大连造船厂	四川		一分为二	1966年—1969年	108台	1250	248
62	鞍钢各矿山、炼铁厂、烧结厂、化工厂、发电厂、燃气厂、氧气厂、无缝厂、运输部、试验室	贵州水城		技术支援	1964—1970年	28053台	2600	480
63	鞍山市阀门厂	贵州水城		技术支援		104台		
64	鞍钢各厂	四川渡口		技术支援	1964—1970年		6700	836
		内蒙古	包钢	技术支援	1965年		13224	
		湖南湘潭等15个单位		技术支援	1969—1970年		708	
65	抚顺矿务局	四川渡口		支援	1964年11月		387	1489
		贵州六盘水		支援	1964年11月		2423	6875
		广东茂名		支援	1965年12月		800	4200

（续表）

序号	辽宁单位	援建地区	援建单位	援建性质	援建时间	援建设备	援建人数	
							职工	家属
65	抚顺矿务局	宁夏		支援	1970年12月		160	650
		贵州		支援	1970年6月		42	72
		湖南		支援	1970年8月		14	10
		四川渡口		支援	1970年8月		45	30
		甘肃兰州		支援	1970年7月		9	
		四川		支援	1965年8月		37	
66	抚顺安全仪器厂	四川重庆		一分为二	1966年	32台	187	20
		四川重庆		一分为二	1967年		24	10
		四川重庆		一分为二	1968年		2	50
		四川重庆		一分为二	1969年			80
		四川重庆		一分为二	1970年		2	164
		四川重庆		支援	1965年—1970年		16	15
		甘肃兰州		支援	1965年—1970年			
67	抚顺矿灯厂	贵州贵阳		技术支援	1966年4月	80台	250	120

（续表）

序号	辽宁单位	援建地区	援建单位	援建性质	援建时间	援建设备	援建人数	
							职工	家属
67	抚顺矿灯厂	甘肃兰州		技术支援	1970年5月	46台	130	613
68	抚顺煤矿电机厂	宁夏		包建、技术支援	1970年5月		281	642
		四川		技术支援	1964年—1969年		10	
		贵州贵阳		技术支援	1964年—1969年			
		湖北		技术支援	1964年—1969年			
69	抚顺挖掘机厂	山西榆次		技术支援	1965年		78	312
		湖北		技术支援	1969年		50	210
		四川泸州		一分为二	1966年—1970年	280台	1170	5000
70	抚顺化工厂	河南		支援	1970年		4	6
		湖北		支援	1970年			
71	抚顺发电厂	贵州		支援			10	
72	抚顺电瓷厂	四川乐山		支援	1966年4月		2	4
		湖北	第二汽车厂	支援	1970年5月		30	7
73	抚顺火电一公司	四川		一分为二	1965年	50台	1200	

（续表）

序号	辽宁单位	援建地区	援建单位	援建性质	援建时间	援建设备	援建人数	
							职工	家属
74	抚顺石油炼建公司	湖南		支援	1965年5月	220吨	930	400
		湖北		全迁	1970年2月	1200吨	1618	1700
75	抚顺石油机械厂	湖北		支援	1969年8月		14	24
		青海西宁		支援	1969年9月—1970年8月		8	22
		河南		支援	1969年9月—1970年8月			
		湖南		支援	1969年9月—1970年8月			
		河南		支援	1970年12月		29	
76	抚顺石油设计院	河南		全迁	1970年7月		500	425
		湖南		全迁	1970年7月		300	300
77	抚顺石油二厂	陕西	六五〇二厂	支援	1966年2月		55	220
		湖南		支援	1970年7月		135	100
		湖北		支援	1970年6月	1359台件756吨	142	50

（续表）

序号	辽宁单位	援建地区	援建单位	援建性质	援建时间	援建设备	援建人数	
							职工	家属
78	抚顺黄金建设公司	陕西潼关		全迁	1969年10月		18	15
79	抚顺矿建公司	贵州		部分	1965年1月		810	473
		贵州		全迁	1970年3月		950	76
80	抚顺华丰	河南			1966年		133	432
		湖北			1967年		45	148
		内蒙古			1968年		44	139
		湖南			1969年	76台	60	266
		河南			1970年	192台	29	32
81	抚顺钢厂	内蒙古	包头二冶		1965年		513	
		陕西西安	五二厂		1966年		126	
		四川	四川长城钢厂		1969年		887	
		四川	四川长城钢厂		1970年		495	
82	三〇一厂	贵州贵阳			1964年		360	321
		贵州贵阳	三〇二厂		1965年		108	184

（续表）

序号	辽宁单位	援建地区	援建单位	援建性质	援建时间	援建设备	援建人数	
							职工	家属
82	三〇一厂	甘肃兰州	三〇七厂		1966年		657	985
		宁夏银川	三〇四厂		1967年		24	18
		宁夏银川	三〇四厂		1969年		140	240
		青海	一二〇厂		1970年		170	284
83	抚顺石油三厂	湖北			1970年	26台	116	145
84	抚顺石油一厂	四川		支援	1965年		256	585
		甘肃兰州		支援	1965年			
		湖南		支援	1966年		188	610
		湖北		支援	1970年	11台	175	125
		湖南		支援	1970年			
85	本溪市合金厂四车间	陕西宝鸡		全迁	1966年5月	188台	102	392
		甘肃白银		技术支援	1966年10月		48	182
86	本溪市水泵厂	陕西宝鸡	红卫水泵厂	一分为二	1967年1月	23台	100	425
87	本溪矿务局	四川渡口		技术支援	1964年		982	620

（续表）

序号	辽宁单位	援建地区	援建单位	援建性质	援建时间	援建设备	援建人数	
							职工	家属
87	本溪矿务局	宁夏	宁夏炭井矿务局	技术支援	1965年		983	2120
		贵州	贵州六枝矿区	技术支援	1965年		115	88
			西南供应办事处	技术支援	1965年		5	8
			西南铁道指挥部	技术支援	1965年		2	8
		云南	云南煤管局	技术支援	1965年		1	4
		湖北	武汉煤矿设计院	技术支援	1965年		30	80
		贵州	盘县盘关电厂	技术支援	1965年		23	4
			西南煤矿指挥部	技术支援	1965年		1	4
		甘肃	酒泉钢铁公司	技术支援	1965年		2	8
		河南	平顶山选煤设计院	技术支援	1965年		2	4
88	本溪钢铁公司钢厂	青海西宁	西北五六厂	一分为二	1969年8月	1117台套	1415	4800
89	本溪钢铁公司	贵州	贵阳钢铁厂	技术支援	1965年		111	400
		青海西宁	五六厂	技术支援	1965年		121	480
			二冶	技术支援	1965年		2141	6000

（续表）

序号	辽宁单位	援建地区	援建单位	援建性质	援建时间	援建设备	援建人数	
							职工	家属
89	本溪钢铁公司	甘肃	八八六厂	技术支援	1965年		562	2000
		甘肃	甘肃三九公司	技术支援	1965年		46	40
		陕西	西安勘探公司	技术支援	1965年		72	80
		四川		技术支援	1966年		250	800
		青海	西宁五六厂	技术支援	1966年		233	800
			西北耐火厂	技术支援	1970年		69	60
90	本溪耐火厂矽石车间		西北耐火厂	全迁	1970年			
91	杨杖子矿务局	四川	重庆一冶	技术支援	1965年8月		1154	
		四川渡口		技术支援	1965年8月		1196	
		山西	太原十三冶	技术支援	1965年8月		443	
		湖北	湖北大冶	技术支援	1965年8月		152	
		陕西金城		技术支援	1965年8月		225	
		甘肃	甘肃三九公司	技术支援	1965年8月		11	
		四川成都		技术支援	1965年8月		8	

（续表）

序号	辽宁单位	援建地区	援建单位	援建性质	援建时间	援建设备	援建人数 职工	援建人数 家属
91	杨杖子矿务局	云南	九〇二厂	技术支援	1965年8月		28	
		河南	郑州铝业公司	技术支援	1965年8月		7	
		宁夏	银川有色公司	技术支援	1965年8月		56	
92	南票矿务局	贵州六枝		技术支援	1965年1月	5台	110	10
		四川渡口		技术支援	1965年1月			
93	四〇一厂		七三九厂、七四〇厂、九〇二厂等厂		1965年		150	195
94	锦州石油五厂	湖南	湖南长岭炼油厂	技术支援	1970年		22	4
		湖北	湖北荆门五七油田	技术支援	1970年10月		191	56
		四川	四川一坪化工厂	技术支援	1969年11月		2	
		湖北	湖北潜江五七厂	技术支援	1968年6月		11	
		四川	四川石油管理局	技术支援	1967年8月		13	4
95	锦州石油六厂	甘肃	兰州仪表厂	技术支援	1964年		6	30
		四川	四川研究所	技术支援	1965年		5	25

（续表）

序号	辽宁单位	援建地区	援建单位	援建性质	援建时间	援建设备	援建人数	
							职工	家属
95	锦州石油六厂	四川	四川管理局	技术支援	1965年—1966年		5	
		甘肃	兰州炼厂	技术支援	1965年		3	10
		湖南	湖南长岭炼油厂	技术支援	1969年—1970年		51	43
		湖北	湖北五七油田	技术支援	1970年		19	
96	锦州华光电子管厂	甘肃	甘肃秦安七四九厂		1970年11月	104台	143	225
		陕西宝鸡	四四〇一厂		1970月8月		50	
97	锦西化工机械厂	河南	三门峡矿山机械厂	部分搬迁	1971年2月	28台	182	724
		云南	昆明轻工机械厂		1970年10月		17	62
		四川	四川化工厂		1965年		123	260
		青海	青海黎明机械厂		1966年		6	5
		四川	四川晨光四厂		1967年		15	40
		贵州	贵州化工厂机械分厂		1967年		12	
98	锦州金城造纸厂	湖南	岳阳造纸厂	技术支援	1964年		1	
		湖南	岳阳造纸厂		1967年		10	42

（续表）

序号	辽宁单位	援建地区	援建单位	援建性质	援建时间	援建设备	援建人数	
							职工	家属
98	锦州金城造纸厂	贵州	贵阳轻工机械厂		1970年4月		2	3
		云南	昆明轻机厂		1970年8月		8	
99	锦州石英玻璃厂	山西	山西夏县水头镇坡底大队	部分搬迁	1970年9月	10台	54	25
100	锦州红卫仪器厂	四川重庆		部分搬迁	1969年4月	15台	48	
101	一五五厂	四川	四川嘉陵玻璃厂		1965年—1966年		30	35
		四川	四川嘉陵玻璃厂		1969年		16	30
		甘肃	兰州玻璃厂		1965年		3	9
102	锦西水泥厂	内蒙古海勃湾		技术支援	1970年		36	
103	锦西化工厂	甘肃	兰州化工厂	技术支援	1965年		17	
			二机部	技术支援	1965年		7	
			西北油漆厂	技术支援	1965年		23	
			西北有机化工厂	技术支援	1966年		25	
		四川	四川晨光二厂	技术支援	1966年—1970年		50	
		甘肃	兰州橡胶厂	技术支援	1966年		143	

（续表）

序号	辽宁单位	援建地区	援建单位	援建性质	援建时间	援建设备	援建人数	
							职工	家属
103	锦西化工厂	青海	青海光明化工厂	技术支援	1966年—1969年		46	
		贵州	贵州有机化工厂	技术支援	1966年—1967年		61	
		青海	青海黎明化工厂	技术支援	1966年—1970年		60	
		四川	四川晨光三厂	技术支援	1966年		18	
		陕西	西安胜利化工厂	技术支援	1966年—1967年		52	
		青海	西宁黎明研究所	技术支援	1966年—1967年		14	
		云南	昆明橡胶厂	技术支援	1966年		2	
		陕西宝鸡	红星化工厂	技术支援	1967年—1969年		4	
		四川	四川晨光四厂	技术支援	1967年		12	
		四川	四川晨光化工厂	技术支援	1967年—1970年		20	
			西北化工厂	技术支援	1968年—1969年		40	
		河南	河南焦作电化厂	技术支援	1970年	34台	97	
		青海	西宁第十化工建筑公司	技术支援	1966年	23台	1000	
		四川成都		技术支援	1966年		230	

（续表）

序号	辽宁单位	援建地区	援建单位	援建性质	援建时间	援建设备	援建人数	
							职工	家属
103	锦西化工厂		永定化工厂	技术支援	1970年	18台		
		内蒙古		技术支援	1968年	12台		
104	丹东各厂支援	四川重庆		技术支援			23	56
		河南安阳		技术支援			19	29
105	丹东化学纤维厂	湖北		技术支援			58	40
106	丹东汽车改装厂	湖南		技术支援			20	50
107	阜新矿务局	宁夏		技术支援	1964年—1965年		1500	7800
		贵州		技术支援	1965年—1966年		2500	
		四川渡口		技术支援	1964年—1970年		2000	
108	营口轮胎翻修厂	四川渡口		一分为二	1966年9月	25台	27	50
109	辽阳精密仪器厂	湖南	湘西仪器仪表厂	一分为二	1970年		17	42
110	辽阳纸板厂	湖南	邵阳市纸板厂	技术支援	1970年		20	110
		陕西	西安市钟表机械厂	技术支援	1970年			
111	辽阳汽车弹簧厂	湖北	第二汽车厂	技术支援	1970年		27	15

（续表）

序号	辽宁单位	援建地区	援建单位	援建性质	援建时间	援建设备	援建人数	
							职工	家属
112	辽阳小屯水泥厂	内蒙古	内蒙古海勃湾市两卓山水泥厂	技术支援	1970年		26	105
113	辽阳造纸机械厂	陕西	西安轻工机械厂	技术支援	1966年—1970年		142	386
		安徽	合肥轻工机械厂	技术支援	1966年—1970年		23	18
		贵州	贵阳轻工机械厂	技术支援	1970年		9	16
		河南	安阳机械厂	技术支援	1970年		7	15
		四川	重庆机械厂	技术支援	1966年		3	
		广东	广州机械厂	技术支援	1966年		3	
		贵州	贵州机械厂	技术支援	1966年		4	
			吉兰太机械厂	技术支援	1966年		3	
		云南	昆明机械厂	技术支援	1970年		39	1
		四川	宜宾机械厂	技术支援	1970年			
114	辽阳制药机械厂	陕西	宝鸡化工机械厂	技术支援	1966年	30台	197	800
		湖南	湖南祁阳县中南制药机械厂	技术支援	1970年	86台	86	400

（续表）

序号	辽宁单位	援建地区	援建单位	援建性质	援建时间	援建设备	援建人数	
							职工	家属
115	二一二电厂	四川		技术支援	1966年前		1090	50
116	朝阳工程公司			技术支援	1966年前		5	
117	朝阳交通部门	四川		技术支援	1966年前		150	
118	北票县			技术支援	1966年前		45	10
119	北票矿务局			技术支援	1966年前		905	40
120	瓦房子锰矿			技术支援	1966年前		164	8

后 记

　　三线精神是新时代进行爱国主义教育和革命传统教育的生动教材，是民族精神、国家精神的重要组成部分，抢救性保护、发掘和征编辽宁支援三线建设史料具有十分重要的现实意义。

　　辽宁省政协文化和文史资料委员会携手省档案馆，历时三年，在前期工作基础上，组织开展辽宁支援三线建设档案史料征集和口述史料采集工作，本着对历史和未来负责的态度，全面收集整理辽宁支援三线建设珍贵图片、文献和亲历者回忆文章。省政协党组副书记、副主席于天敏率文化和文史资料委员会张连波、王中明、孙成杰、滕贞甫、何素君等委员组成两个调研组分赴西北、西南调研。调研组先后奔赴四省八市17个辽宁包建和援建的三线企业、医学院和博物馆，同当地有关同志深入交流，广泛收集相关史料。

　　本书从388人次的采集成果中选取30位援建者，覆盖四川、贵州、甘肃、宁夏、青海、湖北、湖南、河南、山西和重庆共10个省份多个企业，具有一定的代表性。编辑时以第一人称叙述为主，尊重当事人的原话、原意，不做评论，只对口头语或重复性语言进行必要的删减或理顺，并根据讲述内容拟写篇章题名和段落题名。为便于读者直观感受当时的历史背景和援建场景，使史料更鲜活，每篇讲述选取适量老照片插入文中，以达图文并茂之效果。老照片主要来自于当事人捐献、从企业征集和网站下载。

　　受篇幅所限，本书所载口述史料只是接受口述采集援建者中的一小部分，大部分口述者的讲述未能载入，他们的事迹同样精彩，他们的故事同样生动，向所有参与三线建设者致敬！同时也对老照片的提供者表示感谢！对沈阳万卷出版公司的大力支持表示感谢!

参与本书资料整理的陈倩、佟瑷池、曹铖媛、郭晓娜、胥翔译、徐春旭、张琳琳、张睿鑫等同志付出了辛勤的劳动。

由于水平有限，加之时间仓促，书中错误在所难免，望读者批评指正。